ちくま学芸文庫

ムッソリーニ

―イタリア人の物語

ロマノ・ヴルピッタ

筑摩書房

ヴェネツィア宮殿のバルコニーで大衆に語りかける

（左）：1937 年、ドイツ軍の演習をヒトラー（中央）と視察（右側）
（右）：師範予備学校時代

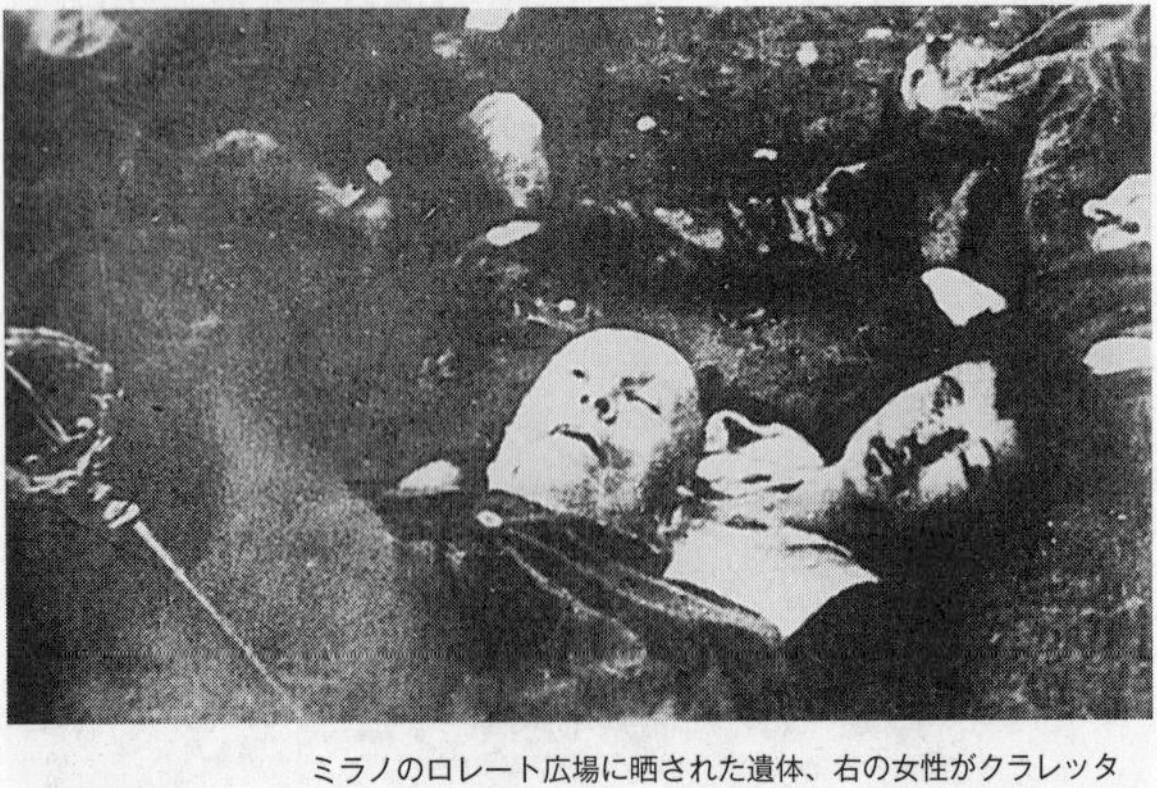

ミラノのロレート広場に晒された遺体、右の女性がクラレッタ

目次

序章　ムッソリーニというイタリア人　009
第一章　鍛冶屋の息子　036
第二章　放浪と反抗の時代　073
第三章　ローマへの道　119
第四章　全体国家の形成　181

第五章　女性遍歴　234
第六章　試練としての戦争　270
第七章　幻の共和国　333
終　章　ムッソリーニの神話　394
ムッソリーニ関連年譜　413
参考文献　422
後　記　428
ちくま学芸文庫版後記　432
人名索引　440

ムッソリーニ——一イタリア人の物語

1945年以前のイタリア
フランス
ドイツ
オーストリア
スイス
ベルン
ローザンヌ
ジュネーブ
コモ
ヴァルテリーナ地方
トレント
トルメッツォ
ウディネ
カルソ高原
ガルダ湖
サロー
ミラノ
ヴェローナ
ヴィットーリオ・ヴェネト
トリエステ
ピアーヴェ川
ヴェネツィア
イストリア
フィウメ
トリノ
クレモナ
ポー川
フェラーラ
ジェノヴァ
レッジョ・エミーリア
ボローニャ
ラヴェンナ
オネーリア
リミニ
フィレンツェ
ピサ
リヴォルノ
リグリア海
アンコナ
ペルージャ
ダルマツィア
アドリア海
グラン・サッソ山
コルス島(フ)
ブラッチアーノ
ローマ
リットーリア
アンツィオ
マダレーナ島
ポンツァ島
ナポリ
バリ
ターラント
サルデーニャ島
ティレニア海
カリアーリ
パレルモ
シチリア島
イオニア海
0
200km
ロマーニャ地方
ポー川
フェラーラ
ボローニャ
ラヴェンナ
ファエンツァ
フォルリー
フォルリンポポリ
チェゼーナ
プレダッピオ
リミニ
サンマリノ
スイス
ジェルマジーノ
ドンゴ
ムッソ
メナッジョ
コモ湖
ジュリーノ・ディ・メッゼグラ
コモ
→ヴァルテリーナへ
↓ミラノへ

序章　ムッソリーニというイタリア人

その評価をめぐって

なぜか、ムッソリーニは戦後日本で人気のない人物である。例えば、同じファシズムの人物であるヒトラーに関する書物が多く出版されているのに、ムッソリーニに関する著書は少ない。悪玉にされても、ヒトラーは一流の人物としての評価を受けているが、ムッソリーニは二流と見なされている。しかも、これは日本に限った現象ではない。イタリア以外では、大体ムッソリーニに対する関心が高いとはいえない。評価されるどころか、滑稽な存在とさえ見られている。恐らく、彼を滑稽視することについて、かのチャップリンの映画『独裁者』の影響が働いているのであろう。世代が替わり、ムッソリーニが歴史的人物となって、当時の生身の印象は記憶から消え、その代わりに『独裁者』に登場するあのナパロニと実物が入れ替えられてしまったのではないか。しかし、ナパロニはセンスの悪いカリカチュアに過ぎない。フランスの歴史学者でムッソリーニの伝記を著したピエール・ミルザが指摘しているように、多くのフランス人が抱えている「カーニバルのカエサル」（カエサルのカリカチュア）としてのムッソリーニのイメージはイタリア人に対する侮辱であり、しかも非現実的である。彼があのような人物であったとしたら、二十年の間、自国民の支持を得、外国でも評価される人物にはならなかったであろう。

反面、イタリアでは歴史上の人物のなかでもムッソリーニに関する著書は非常に多いだけではなく、一般大衆の興味も強く、マスメディアは絶えず彼の話題で賑わっている。彼はイタリア人の歴史的記憶のなかに生き生きと残り、憎悪と崇拝の対象でありつつも、今でも重要な存在である。しかも、ベルルスコーニやレンツィのように強い指導力を発揮しようとした首相は、彼を意識していた。ムッソリーニの歴史的位置づけを考えるには、まずイタリアと外国との間のこの評価の大きな隔たりの意味を理解すればよい。彼を滑稽視する傾向には、イタリア人に対する先入観が見え隠れする。そして戦後における、彼の歴史的役割の過小評価は、イタリア全体のイメージの沈下と並行する現象でもある。同じように、イタリア人がムッソリーニを憎悪したり、崇拝したりする姿勢の根底には、国民的性格に対する自己評価が働いている。彼は、イタリア国民としての野心と挫折を具現化して、人々の無意識裡に存在している。イタリア人にとって、ムッソリーニに対する理解は自己意識上の問題でもあるので、その見解は当然外国人のそれと異なっている。とはいえ、二十世紀の歴史上、自国民の心理にこのように深く入り込んだ人物が何人いたであろうか。詩人ガブリエーレ・ダンヌンツィオが指摘したように、彼は生きながら自分の神話をつくるのに成功した、数少ない人物の一人である。

外国でも、同時代の人たちはムッソリーニを高く評価し、二十世紀の偉人の一人として認めていた。チャーチルによる評価は印象的である。彼は、「ローマの精神を具現化した現在の最大の法律制定者」としてムッソリーニを称賛し、その法制度を「世界の発展の座標」であると断言した。しかも、戦後も彼は考えを変えることなく、著書『第二次世界大戦』で為政者としてのムッソリーニの功績を褒めたたえている。ルーズヴェルトも「現在の最大の問題を理解し、かつ解決する方法」を示したことで、ムッソリーニを評価した。ヒトラーは一生彼を師匠として尊敬したが、レーニンもまた、彼を評価していた。そしてファシズムに対して敵意を抱いたマハトマ・ガンディーも「ムッソリーニは祖国の発展を望む、私欲のない政治家である」と認めていた。

文化人では、アメリカの偉大な詩人、エズラ・パウンドが彼の熱狂的な支持者であったことはよく知られているが、ほかにもムッソリーニに共鳴した人は多かった。モーリヤックは「ムッソリーニによってローマの歴史は今も継続している」と述べ、ゴーリキーも「ムッソリーニは優れた知性と意志を備えた人物である」と認めた。ストラヴィンスキーは「世界でムッソリーニをもっとも尊敬しているのは自分だ」とまで断言した。エジソンにとって彼は「ヨーロッパ最大の人物」であり、フロイトは彼に「文明の英雄」を見たのである。

日本でもムッソリーニは「忠君愛国」の首相として、海外の為政者の中でもっとも人気がある人物で、特に政党政治に対し不信が募った昭和初期に「日本のムッソリーニ」の出現を期待する声が多かった。彼に関する著書も多数で、大衆向けの読み物と少年文学にも及んだ。映画、演劇にも取り上げられた。昭和三年（一九二八）に、当時もっとも人気があった歌舞伎の役者、二代目市川左團次は歌舞伎『ムッソリニ』を上演した。「ムッソリーニ首相の一睨みは千両」という評価があったことも考えると、戦後におけるムッソリーニの不人気は、あの戦争がどのように世界の人々の歴史観を変えたかを痛感させるのである。

ムッソリーニの評価に障害となるのは、ファシズムに関係する諸問題でもある。イタリアはマキャヴェリズムとファシズムという二つの大きな《イズム》を世界に与えたが、両方とも今日負の価値をもつ言葉として用いられている。ただし、マキャヴェリの思想は学術界で正しく評価を得ているのに、ファシズムに関しては、そうとはいえない。ファシズムの印象は、第二次世界大戦にあまりにも結びつけられているため、冷静な理解が困難である。ただし、戦後秩序の変革とともに、少なくとも学術界で、歴史現象としてのファシズムに対するより客観的な評価への動きが現れている。そのなかでエルサレムのヘブライ大学のゼエブ・シュテルンヘルによる、「ファシズムは二十世紀の精神を代表する思想である」という衝撃的な発言は、大きな波紋を起こした。実際、自由主義と民主主義が十八世紀の所産であり、社会主義が十九世紀の所産であるとすれば、二十世紀が生んだ思想はファシズムのみである。この思想の評価はさておき、それを生んだことだけでも、ムッソリーニは二十世紀の大人物の一人として数えられるに値するであろう。

ファシズムは複雑な現象で、その定義について学界で定説は未だ成っていないが、最近「十九世紀後半を風靡した合理主義や実証主義に反発して世紀末に台頭した新しい思想的な傾向を統合し、政治的な表現を与えたものである」という見解が定着しつつある。そうすると、ファシズムの解釈は長い遍歴の結果、出発点に戻ってしまう。なぜならば、この解釈は、ムッソリーニや、ファシズムを哲学的に整理したジェンティーレの理解と一致しているからである。

イタリアのファシズムは、二十世紀初頭のイタリアの思潮を総合し、より古い文化的要素をも含む複雑な運動であった。詩人ダンヌンツィオと未来派と革命的サンディカリズムが直接的な源泉であるが、パレート、ソレル、ニーチェ、ベルクソン、マッツィーニらの思想、社会主義や協調組合論の影響も受けている。したがって、ファシズムの産みの母は多いと言える。だが、この多様な母体に生命力を注ぎ、一つの総合的な政治文化に結合したムッソリーニこそがその唯一の父であると言えよう。彼は、大衆社会の出現という新しい現象を誰よりも早く認め、この社会で台頭しつつある新勢力に政治的動機を与え、彼らに新しい国家体制という具体的な目標を設定した。ただし、彼はファシズムの精神的な指導者としての立場を確保していたものの、レーニンや毛沢東のような絶対的な教条上の権威を有しなかった。ファシズムは本質として、現実を《全体的》に総合する意味で全体主義であるから、必然的に多様な思想と意見を包含し、調和させるものである。ファシズムの多面的な性格は、その創始者の前向きな性格と折衷的な文化観を反映している。

思想家としてのムッソリーニについて言及したが、彼は思想家ではなかったという意見が一般的である。彼は行動家として歴史の舞台に登場したことは事実であるが、師範学校時代に得意な科目が哲学だったことも無視してはいけない。行動と思考との関係は彼がいつも注目した問題である。「《言葉》になる前、ファシズムは《行動》であった。これは本質的な悲劇であるが、しかしこれこそ間違いなく類のない特権でもある」と彼は断言したが、この断言は自分自身の思想家としての《悲劇》と《特権》の自覚を示している。彼の思索は敏感な政治的直観に基づいたものであったが、その背景には思想上の諸問題の意識がある。

彼は行動の人間でありながら、知識人でもあった。師範学校を卒業してからは正規の教育を受けていないが、独学で幅の広い教養を身に付けていた。特に哲学が好きで、十九世紀末、二十世紀初めの思潮に詳しかったし、文学、音楽、芸術にも造詣が深く、当時のイタリアの新鋭の知識人と交わっていた。特にダンヌンツィオ、未来派のマリネッティ、観念論哲学者のジェンティーレ、音楽家のプッチーニとは交友関係にあり、シュペングラーとも親交を結び、パレートにも評価された。社会党時代には、グラムシやサルヴェーミニのような左翼インテリとも交際をもち、彼らにも評価されたのであった。ヒトラーやレーニンに比べれば、彼の知的な背景は遥かに幅広く、多様であった。

ムッソリーニの精神的展開はファシズムの形成の過程を暗示しているといえよう。政治面で彼は、革命家の父親アレッサンドロの思想的遺産を受けてまず社会主義者となった。しかし、父親譲りの社会思想には本格的なマルクス主義的要素が欠落していた。もともとアナーキストだったアレッサンドロの社会主義は啓蒙的な思想であった。彼は社会正義と諸民族の自由を提唱し、世界を再生させる革命のロマンを夢見ていた。

また、十九世紀のイタリアの左翼に対するマッツィーニの人道主義の影響も注目すべきである。十九世紀のイタリア統一のための運動（リソルジメント）の思想的指導者だったマッツィーニは階級闘争を拒絶して、社会正義を保障し、大衆の生活水準の改善を促進する役目を国家に与えている。この理念はファシズムにも受け継がれていたが、マッツィーニは政治活動における道徳的価値観の重要性を強調した。彼の道徳主義は十九世紀の左翼に影響を与え、アレッサンドロも政治における道徳観を重視していた。この空想的な社会思想を植え付けられた後に、ムッソリーニは学校で愛国教育を受けた。この時代に彼に大きな影響を与えたのは、イタリア民族の詩人ダンテ・アリギエーリであった。後に、彼はダンテの構想そのものが、自分の政治的プログラムであると断言した。

政治思想について

ムッソリーニの政治的成熟の時代は、彼の二十代初期のスイス滞在期であった。そこで彼はローザンヌ大学で教鞭を執っていたイタリアの経済・社会学者のパレートに接した。人間行動における非合理的な側面を重視し、歴史を動かすのは力(暴力)であると見ていたパレートの主張はムッソリーニの感情的な革命主義に論理上の根拠を与え、後にファシズムの歴史観となった。また、彼はパレートの提唱するエリートの周流説に決定的な影響を受け、その結果、エリートが政治闘争の主役であるという確信は自分の思想の中核となった。そして、パレートに従って、マルクス主義の階級闘争もエリートの交代として解釈するようになった。

スイスでフランスの革命的サンディカリストの理論家、ソレルの『暴力論』も読んだ。ソレルも人間の非合理的な側面を重視し、大衆の社会行動を心理的な観点から分析した。ソレルからは大衆動員のための、感情的な要素に基づいた確信（政治的ミュトス〈神話〉）の重要性について教わった。パレートとソレルは政治家としてのムッソリーニの性格の二つの側面を象徴するといえよう。政治闘争を、政権を獲得するための力の行使として理解したパレートの哲学は策士としてのムッソリーニの冷静な行動に実現され、政治的ミュトスを分析したソレルの論理は指導者としてのムッソリーニの情熱に発揮された。

スイス滞在期に、彼はソレルの感化を受けていたイタリアの革命的サンディカリストに接近して、彼らの主張に共鳴するようになり、ファシストになるまで、社会党に入党しても本質的に革命的サンディカリストであったと言える。彼らの思想に大きな借りがあることを彼は認めていた。それは、民主主義の否定や、直接行動の称賛や、闘争による人間の精神的向上の観念である。また、一部の革命的サンディカリストが国家と民族の問題を重視していたことは、彼にもこの問題を意識させたのである。

この時期に彼はマルクス主義についても徹底的に研究し、その結果、マルクス主義の良き理解者となり、イタリア社会党の幹部のなかでマルクス主義にもっとも詳しい人物とされたが、マルキストになったとは言えない。彼は、マルクスを自己流に理解し、建前としてマルクスの経済社会論を称賛しても実際には史的唯物論に共鳴せず、マルクス思想を観念主義の範疇へ帰させようとした。彼はマルクスを、ブルジョア階級の破綻を予言し、新鮮な勢力としてのプロレタリアに革命の使命を与えた偉大な思想家として尊敬していたが、マルクス主義を単なる革命の哲学として解釈し、結果的にそれを政治的・思想的に空洞化させてしまったのである。

ムッソリーニがマルクス主義を行動の哲学として理解したことは特に注目に値する点である。こうして、彼はニーチェ哲学との合流への道を開いた。社会主義者としてのムッソリーニの思想の特徴はマルクスとニーチェとの共存である。社会党時代に彼はすでにニーチェ的な人物と見なされていた。しかしニーチェ解釈にも、彼は独自性を発揮した。ニーチェの超人主義をエリートの精神的形成への道として理解し、「超人」に革命を指導させ、大衆の精神的・知的水準を向上させる任務を与えたのである。

第一次世界大戦の勃発は、彼の精神的過程における決定的な節目となった。彼は国の将来が決まる時点で、すべての階級の運命が共通であるのを自覚したことで、民族主義の重要性を理解し、階級闘争よりも国家同士の闘争を重視するようになった。社会の見方も変わり、富の分配について争うよりも、生産を増やすことを、社会問題の解決への道であると認識し、社会闘争がプロレタリアとブルジョアとの間ではなく、生産者と非生産者の間で行われるべきであることを提唱するようになった。加えて戦争の経験は、民族共同体という政治的ミュトスが国民を動員する力があることを彼に教えた。国家に対する認識も変わった。国家組織の強さ、共通の目的へと社会をまとめるその力を認めざるを得なかった。このようにムッソリーニは、自分の社会主義の要点だった階級闘争と国家権力否定の主張を破棄してきたが、社会正義の確立のための革命という父親譲りの夢は決して捨てなかった。ただ革命を既存体制の崩壊ではなく、エリート交代の形を取った社会の再編成として理解するようになり、社会正義の達成のためには労使関係の対立よりも生産者同士の協調が望ましいと考えるようになった。

ムッソリーニの思想の発展が最終的に完成したのは、ローマ進軍の後、哲学者ジョヴァンニ・ジェンティーレとの出会いによってであった。ムッソリーニは、「意志として思考を把握し、行為を知識の源泉とし、無限に変容する世界が思惟の主体において一貫性を得られる」と主張する行動の哲学としてのジェンティーレの観念主義に自分の思想との一致点を見出し、ファシズムの論理上の整理を彼に依頼した。ムッソリーニの名前で発表された「ファシズモの原理」はほとんどジェンティーレの著作と言ってもいい。しかし、ジェンティーレが提出した下書きに対して彼が重要な訂正を付け加えた事実は、ムッソリーニが思想上の問題を意識していたことを証明している。彼はマルクスやレーニンと違って理論家ではなかったし、現実を全面的に解釈し整理しようと主張する体系的なイデオロギーを拒絶していたが、哲学上の問題を重視していた。彼の哲学は論理的思考を超越する直観を強調し、直接知識としての行動を称賛する主意説に立っていた。

ムッソリーニは決定論としてのイデオロギーを否定したことで実践的な政治家とされているが、この否定そのものが彼のイデオロギーであると言える。また、他人の思想を再編成するに止まった独創性を欠いた思想家としての批判もあるが、異なった思想を統合する能力こそ彼の天分であった。彼は十九世紀末から台頭してきた多様な思潮を統合し得る思想的な枠組みを定め、またイタリアの思想的伝統の継続を重視し、新と旧とに一貫性をもたせることも追求した。異なった歴史的・文化的な経験を有する地方を結合して形成された統一国家イタリアは、このような思想を要求した。しかも、あらゆる思想へのアプローチにおいて、彼はいつも選別的で、それぞれから幾つかの要素だけ取り入れて、自分の思想に適合するように解釈した。実際彼は、あらゆる思想との出会いにより感化を受けるよりも、むしろ自分の確信の裏付けを追求し、あるいは自己啓発的な方法で無意識的に感じていたことを自覚し、思想的に整理するようになった。

ロシア革命の波が全世界に広がりつつあった時期に、ムッソリーニが初めて左翼勢力を屈伏させたことは、彼の評価に決定的な影響を与えた。彼は一方で反共の闘士の鑑として称賛され、他方反動的圧政の元祖として憎悪の対象となった。しかし、このイメージはムッソリーニの正確な理解のためには障害となる。左翼革命排撃はもともとムッソリーニの政治的発想の主旨ではなく、歴史の条件によるひとつのエピソードに過ぎない。彼にとって本格的な敵は既成勢力であり、革命的勢力はむしろ競争相手であった。彼は旧体制の全面的拒絶を提唱し、自由主義とともに社会主義をも時代遅れの失敗したイデオロギーとして否定して止まなかった。そのために、彼の思想の分析に当たって反抗的・否定的・崩壊的な性質が強調されるが、ムッソリーニは旧時代の拒絶に止まらず、新しい時代に対して思想・政治上の建設的な提案を投げかけたのである。その提案とは、社会関係を全体として把握しようとする新体制国家の構想であった。

ムッソリーニは、十九世紀を動かした二大思想である社会主義と民族主義を統合するのに成功したことはよく指摘されている。彼は確かに、社会正義への渇望としての社会主義や、民族の権利の主張としての民族主義が国民の意識の底流に共存する事実を理解したが、彼の思想は単なる国家的社会主義に尽きるものではない。彼は、当時新しい現象であった大衆社会の台頭がもたらす諸問題を把握し、ジェンティーレが提唱した国民的ジンテーゼをもって総合的な解決を試みたのである。それは、資本主義と社会主義を超越する「第三の道」であった。政治面で、従来の議会型民主主義が大衆の時代に機能し得ないことを理解し、国民の政治への直接参加を可能にする体制を模索した。経済政策において、資本主義体制の行き詰まりと共産主義型経済の非効率性を訴えて、秩序がある市場を目指して、自由経済体制の枠組みの中、国家の介入を認める混合経済体制を導入した。なお、社会政策において、労働対利益という従来の対立を乗り越え、労使関係を生産を目的とする共同活動として位置付けようとした。そして、国家の運営において国民の強い連帯の意識が不可欠な条件であると強調した。ムッソリーニの思想と政策をいかに評価するにせよ、彼が指摘した諸問題は、今の社会でも未解決のままに残っている。しかも、従来の政治勢力に対する国民の不信感が日増しに強くなり、連帯の意識が弱まり、貧富の差が拡大している今日、彼が提唱した「第三の道」は意外にも時を得てきた。

ムッソリーニは冷静で現実的な政治家として、マキャヴェリストと見なされている。実際、彼はマキャヴェリを高く評価し、政治家としては彼の弟子を自任した。しかも彼こそは、マキャヴェリが理想とした政治家像を具現していた。マキャヴェリは「君主」が「狐」と「獅子」の特徴を兼ね備えなければならないと主張したが、ムッソリーニはまさに狐のように冷静で慎重に振る舞い、相手の心理を察し、その弱点を利用することを憚らない策士である一方、獅子のように勇敢で、戦闘的であり、機を得れば獲物に飛びつく行動家でもあった。しかし、彼にはマキャヴェリの君主像に足りない部分と余った部分とがあった。足りなかったのは政権維持のために必要とされる冷酷さである。彼は善良な性格の持ち主であった。カッとなりやすい直情径行型ではあっても、直ぐに冷静さを取り戻し、人を憎んだりすることはしない寛容さをもっていた。この点で、無数の屍の上に政権を築いた二十世紀の独裁者たちの中では例外である。

反面、余った部分とは、信念の強さであった。社会党の時代に彼に出会った一流のインテリ女性のサルファッティは、彼をルネッサンスの熱狂的宗教家であるサヴォナローラになぞらえた。まさに彼は自らの確信をもち、天命を自覚した理想家であった。ファシスト運動で彼のライバルであったファリナッチが鋭く分析したように、「イタリア人のなかで、彼のようにあの二つの対蹠的な美徳を、劇的で生々しい統合をもって、誰も兼ね備えたことがない。それは、英雄の生活に対する、神秘的、非合理的に近い情熱と、人間と大衆に対する荒っぽい皮肉や悲観論をもたらす現実の直観的な理解である」。やはり、予言者の情熱と策士の冷静を兼ね備える人物は歴史に稀である。この微妙な組み合わせこそ彼の成功の条件であった。

ファリナッチがいう「神秘的、非合理的に近い情熱」からこそムッソリーニのカリスマは生じたのである。《神秘的》と《非合理的》は大事なキーワードである。ムッソリーニの天命の自覚は彼を《神秘的》な人物にしていた。彼は自分の主張に絶対的な確信を表したので、私心私欲をもたないで本音をしゃべる人物として受け取られ、強い説得力があった。そして、ムッソリーニの情熱に圧倒された人々は、彼が示した確信に甘えて安定感を抱き、《非合理的》に彼の主張を信じた。ムッソリーニのカリスマは彼の道徳的な資質によるものであることを、すでに社会党時代から理解していたのは、改良派の幹部、ジボルディであった。草の根の党員のなかでムッソリーニが人気のある理由は、政策よりも一段と高い資質にあり、「それは、信念、素直さ、一貫性、真理への追求心である」と彼は指摘した。

ムッソリーニの天命の自覚には、一種の宗教的な情熱さえ感じられる。二十世紀の独裁者が大体カトリック文化圏から生まれているのは、研究者の指摘する事実である。ムッソリーニは信者ではなかった。若いころは極端な無神論者であったが、晩年には宗教に接近した。しかし、最後までカトリック教会の一員となることについては拒み続けた。宗教を個人の内的な問題としてのみ見たようである。とはいえ、彼もカトリック文化の環境に育ち、自然にその影響を受けている。人間存在を超越するものに自分の生の意味を追求することや、自分の信念のためにすべてを捧げることがカトリックの価値観であると考えると、彼の天命の自覚の基盤をカトリック文化に求めたほうがよい。なお、彼は宗教改革が浸透しなかったことでイタリア固有文化が維持されたと主張したことも重視すべきである。

政治家として、ムッソリーニがマキャヴェリから得たのは主として国家の観念である。人間の本質を悪であると見なしていたマキャヴェリは、国民を抑制し教育する道徳上の任務を国家に与えていた。この点はムッソリーニも同じであった。彼もまた人間の本質について悲観的であったが、教育によって人間は改善できると考えていた。これこそムッソリーニの思想の中核である。大衆の精神的・知的な水準を引き上げることや国民意識を確立することは、国家の任務、政治活動の目標、彼自身の天命であると信じていた。

生来の性質に加え家庭環境もあり、ムッソリーニは教育者の資質を備えていた。母親は小学校の教師で、父親も大衆の向上のために教育を重視していた。彼も師範学校を卒業した。彼は教師になる気はなかったものの、教鞭を執る機会があったとき、よい教師として実績を上げたのは事実である。政治活動に当たっても、彼はいつも教育の面を重視した。社会党時代は、階級闘争もゼネストも、大衆の教化のための手段であると彼は見なしていた。第一次世界大戦参戦の際にも、戦争経験をプロレタリアートの教育として重視し、その後は戦争を国民全体の教育の場として考えた。さらに、政権を取ってからは国民全体の教化の野心的な事業にも携わった。全国民を巻き込む大衆行動、ファシスト党の儀式、レトリックの強調、攻撃的な政策、みなイタリア人を鍛え、偉大な民族に仕立てるためであった。彼の政権が独裁体制を選んだことも、この点から解釈できる。全国民の教師になるためには、彼には絶対的な権威と権力が必要であった。彼は国の最高の教師として、自分自身を模範にして「イタリア人」を形成しようとした。そして、民族としての誇りの回復を願っていたイタリア人は喜んで、自分たちを古代ローマ人の子孫にふさわしい国民に仕立てようとしたムッソリーニの生徒になった。

国民に対する教化に当たって、ムッソリーニはマスコミを効果的に活用した。雄弁な演説者、優秀な新聞編集者であった彼は、意思の伝達の技術における生まれつきの才能を発揮し、それを自分の権力の基盤にした。彼は、早くから新しい大衆社会におけるマスコミの重要性を理解したのである。これについては、初めて大衆心理を分析し、二十世紀の独裁者の師匠とも称されたル・ボンの影響が指摘されている。しかし、ムッソリーニがル・

ボンの著作を読んだとしても、さほどの影響を受けたとは思われない。むしろ、彼は本能的にコミュニケーション技術を開発し、完成させたであろう。ル・ボンと同じようにムッソリーニも大衆を蔑視し、大衆そのものが政治的な役割を果たせるとは考えなかったが、一方で彼はル・ボンと違って大衆の時代の到来を歓迎していた。彼は大衆の台頭が民族共同体の完成のために必要な条件であると、信じていたからである。

彼はまた《大衆》を組織化し、深層に潜在していた民族意識に政治的自覚を与えて、《国民》として成熟させることが自分の政治的な任務であると自覚していた。彼は大衆の台頭の結果、従来の政治のやり方が無用になり、政治決定に当たって下からの圧力が増してくると考え、エリートと大衆との権力の共有と循環に基づいた政治哲学を展開した。エリートは大衆に政治的意識を目覚めさせ、大衆のコンセンサスの上に政権の基盤を築く。また政治的意識を獲得した大衆のなかから次世代のエリートが生まれてくる。この哲学は、独自の政権基盤を有していなかったムッソリーニの実情を反映するとともに、大衆から生まれたエリートとしての意識をもった彼自身の経験によるところが大きかった。

デマゴーグ的な側面があったとはいえ、彼は時代を先取りした、二十世紀の最初の現代的政治家であった。逆説的に聞こえるかも知れないが、彼は民主主義的政治家の一つのモデルであったとも言えるであろう。現代の政治家の特徴である国民との直接接触は、彼によって初めて大規模かつ徹底的に実施されたからである。彼はイタリアを隅々まで訪問し、絶え間なく大衆に政策を説き、目標を訴えて、国民に協力を呼びかけた。またラジオ・映画など新しい技術も効果的に利用したが、なによりも彼は大衆と直接接触することを重視した。数万人の巨大集会、聴衆との対話、印象的なパレードなどを通じて、国民を動員し、参加者に大勢の人々による数の力を認識させ、同じ主張により結束した強力な組織の一員であるという自信を与え、国民共同体の存在を具体的に感じさせようとした。ムッソリーニは先天的な演説の才能に恵まれ、本能と理性をうまく使い分ける優れた演出家でもあった。聴衆の期待や心理的な変化を敏感に摑み、それに合わせて自分の言動を調整したのであった。重要な演説に際しては周到に準備し、何回もリハーサルをしていたが、演壇に登って聴衆の気分を感じ取ったとき最終的な仕上げをしたのである。彼は聴衆に《参加者》の意識を呼び起こし、国民共同体の歴史の重要な決定に主人公として参加しているという実感を与えたのである。

彼は演壇の上に立つ聴衆から切り離された人間ではなかった。大衆に溶け込むことを好み、国民に近い存在として感じられた。彼はまた国民に直接訴えるためにもっとも適した言葉を用いた。大体の政治家は一種の専門用語を使いがちであるのに、彼の用いる言葉は誰にでも理解できる簡単なものでありながら、内容と形式の点では水準の高いもの、つまり啓蒙的で、聴衆のレベルから少しだけ進んだものであった。ムッソリーニには複雑な問題の中核を把握し、それを判りやすく、かつ説得力ある方法で説明する才能があり、したがって聴く相手も「自分が今まで無意識に感じていたことを明らかにしてもらった」という印象を受けたのである。

新聞記者ウゴ・オイエッティは演説者ムッソリーニの人気の秘密をみごとに理解した。「聴衆を支配するために、ムッソリーニは三つの特徴を有している。第一に、文節を決して中途半端にしない、文法上、正確な話し方。第二に、よく記憶に残る印象的で鋭いアフォリズム。（中略）第三の特徴は、安堵感を与える断定的な発言の連続であり、それによって聴衆の多数は信頼をもって安心する。霧もなく、灰色もなく、すべて白か黒である」。しかし、聴衆との関係は一方的ではなかった。彼は大衆が放つエネルギーを吸収して新しい生命力を得ていたようである。また、大衆の支持によって自分の天命を再確認し、より精力的になっていった。孤独な人物であった彼は、大衆との対話に外界との接近点を求めたのであった。

ドゥーチェとして

国民の最高の師匠としてのムッソリーニの職能はDuce（ドゥーチェ）という用語によって表現されている。この言葉は当時日本語で《統帥》と訳されたが、《指導者》がより適切である。ラテン語で国民を指導する英雄を指した言葉で、古代ローマへの憧れが強く感じられた十九世紀のリソルジメント（統一のための闘争）時代に闘争の指導者たちを指す語として使われ、カリスマを備えたリーダーの意味で一種の政治用語になった。ムッソリーニは社会党の地方幹部であった時からすでにドゥーチェと呼ばれていたが、この称号が定着したのは、一九二六年に出たムッソリーニお墨付きの最初の伝記に、ドゥーチェのラテン語の綴りである『ＤＵＸ』が題として使われたときからである。その後、ムッソリーニがこの言葉を独占し、ファシスト政権時代に国家体制における彼の地位を指すようになった。現在のイタリア語ではムッソリーニを指す一種の固有名詞になっている。

ドゥーチェの呼称は、ムッソリーニにぴったりであった。彼は不思議な魅力を備えた人物であった。子供のときから餓鬼大将で年上の仲間にも尊敬され、師範学校時代に学友の間に君臨した。政治活動を始めてもすぐに中心人物になり、社会党の無名の地方幹部からのし上がって長老を追い出し、間もなく事実上の党の支配者になった。離党してから参戦派の指導者になり、その後ファシショ運動を起こしてからも、そのリーダーの立場を争うものがなかった。この驚異的なキャリアを考えると、もともと彼には人に命令し、人を導く天分が備わっていたのであった。まさに生まれつきの《ドゥーチェ》であった。

ムッソリーニのカリスマ性は風貌にも表れていた。詩人マリネッティによる未来派的な肖像は印象的である。「あらゆる物をことごとく砕く四角い顎。人を蔑むような突き出た唇は、のろくて学者ぶった、分析的でめそめそしたあらゆる物に対して、傲慢で攻撃的に唾を撒き散らす。眼は超動的に走る。狼のような、真っ白な角膜は右へ左へ閃光を発する」。

　ムッソリーニの身長は百六十七センチで、当時のイタリア人として平均的であったが、常に上半身を反り返らせたその迫力のある姿により、実際以上に背が高く見えた。彼と接触した人々は強烈な感銘を受けたが、特に印象的なのは目であった。彼の大きく深い真っ黒の目は激しい情熱に燃えているようであったが、一種の優しさも湛えていた。その目は彼の天命の自覚を表現するように見え、強い説得力があった。若い時から禿気味で、そのために額が広く見えた。それも四角ばった顎に合わせて、彼の尊大さに貢献し、強い意志の力を感じさせた。中年になってから髪の毛が薄くなったため、彼は思い切って丸坊主にした。その結果、頭がさらに大きく見えるようになり、古代ローマ人の彫刻を連想させた。手は鍛冶屋の息子に似合わず小さくて繊細で、むしろ知識人のものであった。

　彼は逞しい肉体をもち、身のこなしは柔軟で敏捷であり、体を使うことが大好きであった。乗馬とフェンシングは日課であり、夏には海水浴、冬はスキーを楽しんだ。スポーツカーやバイクでのドライブが好きだったし、飛行機にも夢中であった。一九二〇年から操縦の訓練を始め、訓練中に高度五十メートルのところから墜落して危うく命を落としそうになったこともあったが、諦めず訓練を続けて操縦の免許を取り、晩年まで自分で操縦して飛行機で移動していた。

精神的に勇敢であり、危険を恐れず苦痛にも強かった。ファショ行動隊と左翼との間に流血の闘争が展開されていた時点でも、彼は拳銃をポケットに忍ばせ一人で深夜のミラノの町を歩き廻った。最後に死に臨んだ時も勇ましく振る舞ったようである。また、自分の行動を悔いることがなく、堂々と責任を請け負っていた。彼の性格には冒険主義的側面があり、未知の出来事にはロマン的魅力を感じていた。

健康状態は良好であり、一時は胃潰瘍に悩まされ肉体的・精神的に衰えたが後に完治し、死後の解剖結果ではその肉体は実年齢よりも若かった。にもかかわらず彼はいつも大きな病気に罹っているのではないかと恐れていた。医者を嫌い、薬を飲むのも苦手であったが、健康維持には気を配り、体のフィットネスのためにスポーツとダイエットを重視した。粗食で、野菜や果物の割合が多く、肉はほとんど口にせず、たまに鶏肉を食べるくらいであった。若い時は酒を飲むこともあったが、後に完全に止めてしまい、死ぬまで禁酒を続けた。政権獲得後に煙草を止めたが、第二次大戦終戦直前の一週間ほどは精神的緊張を和らげるためか数本の煙草を吸い、周囲の人たちを驚かせた。私生活は質素であった。それは彼の生いたちからすれば自然のことであったが、彼はこの生活様式を自慢にしていた。彼がイタリア国民の美徳として質素を称賛し、贅沢を頽廃の徴として非難したのは、消費文化を容認しなかったからである。

ムッソリーニは極めて几帳面であったし、時間を無駄にすることも惜しんでいた。清潔好きで、少なくとも週に二回風呂を浴びていた。人に接するのはうまく、聞き上手でユーモアに富んだ会話相手であり、その点で彼に会うほとんどの人を魅了した。しかし、本質として孤独を好み、人間関係は苦手で、社交を避けていた。公務の後は家庭に籠もり、公務以外では、外泊や外食をほとんどしなかった。家庭は彼の憩いの場であったが、同時に彼を外界から遮断した檻でもあった。彼に劣らず強気の性格の持ち主だった妻のラケーレとの関係が険しく、彼女との対話はむずかしかった。したがって、彼が情事に慰めを求めたのは当然の成り行きであろう。

イタリアの格言によると、男を駄目にするのは、バッカス（酒）と煙草とヴィーナス（女性）である。ムッソリーニはバッカスと煙草に関して控えめであった割には、ヴィーナス関係はとても賑やかであった。若い時から女性に魅せられ続け、死ぬまで変わらなかった。時に情事の相手に自分の心を打ち明けたりしていたが、女性には公務について喋らなかったし、彼女たちの進言にも耳を貸さなかった。彼は男尊女卑の文化の人間で、女性は男性より劣っていると公言したりもしたが、実際には、女性に相談することもあったし、何人もの女性から知的影響も受けていた。しかも、彼はイタリアで初めて女性の参政権を認め、兵役への道を開いた政治家でもある。

ムッソリーニは生まれつき人間不信であった。自分の立場が不安定であるという意識がこの傾向に拍車をかけた。貧しい環境から出世した彼は、社会的基盤がなく、人に頼らず、自分の力だけに頼ろうとした。自分と他人との間に隔たりを感じ、青年のときから孤独に耽っていたが、権力の座に就き、政権の責任を全部自分一人で請け負うようになってから、この傾向はさらに顕著になった。彼は側近と本格的な協力関係をもつことはなく、頼みにしていたのは官僚たちのみであった。ムッソリーニが彼らに求めたのは、進言ではなく、職務的な情報だけであった。最終的にはすべての国務を細かいところまで自分一人に集中してしまった。それを可能にしたのは、驚異的な記憶力に支えられた大きな仕事の能力であり、官僚たちの実務能力をうまく使ったことにある。

意思決定に当たってベルクソンに倣い、知性より直観を優先した。彼は自分の政治的感覚に自信をもち、それを「動物的に近いカン」と自ら定義した。「直観的にものを決定して誤ったことはない。合理的に決定すると、いつも過ちを犯した」と晩年に漏らしたくらいである。彼は事情を冷静に分析し、正しい結論を導き出す先見性に富んだ政治家で、決まった事柄を速やかに実行する積極的な為政者としての評価を得ていた。反面、判断に自信がないときには、思い切って決断することを避け、情勢がはっきりするまで待った。こういうときには、他人の意見に左右されがちであった。彼にはもとより、自分の意見にこだわらず他人の意見に建設的側面を見いだそうとする前向きな姿勢があった。これは現実的な政治家に欠かせない柔軟性であったが、彼はまた進言によって翻意を繰り返すこともあった。これは本質的な不安定感の表れであった。ムッソリーニ自身この弱点を意識していたので、なるべく他人に相談せずに、自分で重要な問題には決断を下すようにしていたのである。結果的に、彼はいよいよ孤立へ追い込まれてしまった。優柔不断と人間不信の宿痾は為政者としての彼の最大の欠点であり、最終的に彼を崩壊へ導いた。

彼の直観主義には、運命主義という側面もあった。彼はヒトラーと違い占い師に相談するなどということはしなかったが、自分は運が強いと確信していた。この確信は、四回の暗殺未遂事件、二回の飛行機事故、従軍中の擲弾筒爆発に遭いながら奇跡的に助かったことなどを通じて強まっていった。彼は、自分は天命を果たすために天意により守られていると強く確信し、自分の「運命の星」についてしばしば言及した。しかも、晩年戦況が悪化した際は「自分の星が傾いている」と運命主義的になった。

最後に、彼は潔癖であり、金銭のことには全く無頓着であった。政権獲得のための政治闘争の際には、あらゆる方面から献金を受け、その一部を自分の生活費に充てたことはあっても、金に左右されたことはなかった。金銭と関係ない環境に育てられた彼は、金の価値も分からなかった。給料を貰うようになってからは給料袋をそっくりそのまま妻に渡しており、ほとんど現金を持ち歩かなかった。権力者になっても、現金が必要になったときに、付添いの警官から借りたこともあった。二十年以上総理大臣の座を占めたが、その報酬をずっと辞退して、国会議員の報酬のみを貰っていた。反面、原稿料、印税や、彼が所有していた党機関紙からの収入は豊富であった。金銭的な腐敗と縁のない政治家として、彼の印象は今でもイタリア人のなかに残っている。この潔癖性は、言語の明晰さや決まったことを実行する能力とともに、彼の人気の要因である。しかもそれらは、イタリアの為政者にもっとも欠けている三つの特長でもある。

（付記）日本で「ファッショ」は負の意味での政治用語になっているので、文中ムッソリーニが起こした政治運動を指すのにはイタリア語により近い「ファショ」を使用した。

第一章　鍛冶屋の息子

誕　生

私は一八八三年七月二十九日、プレダッピオ村字ドヴィアの丘にあるヴァラーノ・ディ・コスタと称される古い田舎家で生まれた。日曜日の午後二時のことで、その日はカミナーテ教区の守護聖人の祭りが行われていた。倒れそうに古いカミナーテの塔は、ラヴァルディーノの起伏のところまで傾斜しているアペニン山脈の最後の支脈の上からフォルリー平野を見下ろすように、荘厳な様子で高くそびえている。

太陽が獅子座に入って八日目だった。両親の名前はアレッサンドロ・ムッソリーニとローザ・マルトーニといった。

ベニート・ムッソリーニは一九一一年から一二年の冬にかけて、この文章で始まる自伝を牢獄で書いた。かなりロマンチックな文体からは学校で受けた文学教育の質が想像されるが、彼が大雄弁家となるべき言葉の明瞭さがすでに感じられる。

プレダッピオはポー川下流とアドリア海、アペニン山脈にはさまれたロマーニャ地方の田舎町である。この地方の住民は情熱的でよく暴力を振るう性質を備えていて、昔から気性の激しさで知られている。また、彼らには権力に抵抗する反逆者の気質もある。この地方の歴史は闘いや動乱で特徴付けられ、その山は山賊の巣窟であった。女性も決断力のある強い性格をもち、男性とともに政治闘争に参加する。しかし、ロマーニャ人の性格には激しさとともにおおらかさもある。彼らは音楽、ダンス、美酒美食を好み、女性を愛し、寛大で、家族関係を大事にする。

ムッソリーニの研究家はこぞって彼のロマーニャ人としての特徴を強調している。ロマーニャ地方の文化はムッソリーニの人格形成に大きな影響を与えているのは事実であるが、彼自身はその文化をあまり好まなかったし、同郷人の欠点を批判して止まなかった。むしろ、スイスでの滞在や、とりわけミラノでの経験が彼に決定的な影響を与え、狭い地方文化からの解放に寄与した。ロマーニャ人的と指摘されるムッソリーニの特徴の多くは、実際のところイタリア人全体に共通するもので、長所も短所も合わせて彼が典型的イタリア人であるとする研究家の言い分は正しい。とにかく、ムッソリーニは自分の出身地を捨てることなく、この点でも多くのイタリア人がそうであるように、生地に感情的にこだわっていた。資金上の余裕ができたとき、彼は自伝の冒頭に紹介したあのカミナーテの塔を買って改修させ、そこでよく休息の日を過ごしていた。引退したら、そこに居を構える夢を抱いていた。

ムッソリーニは自分の星座にも触れているが、占星術ファンにとって興味深いことがある。彼が生まれた年の占星術年鑑によれば、七月生まれの男は「激しく、勇敢。優しく、情熱的な愛情の持ち主で、女性には結構好かれる。名誉を求め、それを得る」。さらに、ムッソリーニ生誕の二十四時間前にはナポリ近郊のイスキア島に大規模な地震が起こり、数多くの犠牲者を出している。もっとも驚くべきことは、ちょうど彼が生まれた二十九日午後二時に、オーストリア皇帝の住まいであるシェーンブルン宮の庭園で鷲が雷に打たれて落ちたことである。鷲を象徴としていたオーストリア帝国は第一次世界大戦の結果崩壊したが、この珍事はイタリアの参戦を提唱したムッソリーニが帝国に災いとなることを予言したのではなかろうか。

ムッソリーニの父親アレッサンドロは、村の鍛冶屋であった。彼は社会党の党員として積極的に政治活動に参加し、無神論を主張して教会の敵を標榜していた。けれども、小学校の先生で敬虔なカトリック信者である妻ローザ・マルトーニの執拗な要請に屈して、長男に洗礼を受けさせることにしぶしぶ同意した。ところが、息子の名前を選ぶときには革命という天職をその名に表したがった。そこで、オーストリア＝ハプスブルク家の皇子でメキシコの皇帝になったマクシミリアンを銃殺した、メキシコの革命家ベニート・ファレスに敬意を表して、イタリア語ではなくスペイン語であるベニートという名前をファーストネームとして選んだ。そのうえ、親しく尊敬していた当時のイタリア左派の代表的人物二人に敬意を表すつもりで、アミルカレとアンドレアの名前も加えた。アミルカレ・チプリアニはパリ・コミューンに参加した国際主義的な革命家である。アンドレア・コスタはバクーニンの弟子のアナーキストで、後に社会党の創立者となった。ムッソリーニ夫妻はその後、一八八五年に次男アルナルド、一八八八年に長女エドヴィージェという二人の子供をもうけている。

息子の洗礼に関するアレッサンドロとローザの微妙な妥協は、イタリア国家とカトリック教会間の不和が家族の意見を分かつほどイタリア人の社会生活にいかに深く刻まれていたかを示す例である。イタリア統一という大業は、一八七〇年ローマが併合され、翌年首都になることにより完成された。国家統一を達成するには、ローマを首都にすることが欠かせない条件であった。何世紀にも亙《わた》る地方国家分立時代にイタリア人をひとつにまとめ、民族としてのアイデンティティーを生ませたのは、自分たちが古代ローマ人の末裔であるという意識であった。それぞれ異なった歴史体験をもつイタリアの各地方にとって、古代ローマの伝統は唯一共通する経験であった。民族を精神上で統合するローマという観念なしには、イタリア国家は存在できなかったであろう。

しかし、ローマは中世以来ずっと教皇の領土であり、ローマを併合するのにイタリア軍は武力を以て教皇の領土を略取せざるを得なかった。教皇はローマ併合の事実を認めず、ヴァチカン宮殿に籠居し、イタリアの戦争捕虜になったことを自ら表明して、教会の領土を侵略したイタリア国家に協力しないよう信者に呼びかけた。その結果、国民の大部分、とりわけ農業地帯の住民は、国家に対して敵意ある態度をとり、時として堂々と動乱さえ起こして教皇の訴えに応えた。逆に、イタリアに敵意を示した教皇の立場は多くの人々を教会と宗教から遠ざけ、国民の中に痛ましい断絶を生んだ。ベニートの両親が家庭内で達したあの妥協を、国家のレベルで実現したのがムッソリーニで、一九二九年教皇庁と和解協約を結び、教会はイタリア国家を認め、イタリアは教皇の独立を認めたのである。

ムッソリーニの家系については多くが語られているが、ユダヤあるいはトルコ系の血筋という想像力豊かな説まで出されている。実際のところ、ムッソリーニというのはロマーニャ地方の姓である。すでに九九六年にロマーニャ地方からヴェネツィアへ移ってきたムッソリーニという家族が記録され、また十三世紀にはムッソリーニという姓の貴族がボローニャを支配している。その後、権力の座から追放され、ロマーニャ地方へ逃亡する。教区の記録によれば、ベニートの祖先は十七世紀からずっと土地を所有する農民であった。それ以前は消息がわからず、ボローニャの貴族との結びつきの可能性は否定できない。ムッソリーニが権力の座にいたとき、多くの学者がこの血筋の証拠を必死で探したが、ムッソリーニ自身は貴族出身であるかどうかに興味はなく、自分の祖先は土を耕す農民だったといつも考えていた。一九三五年、彼は父親の生まれた家に、「一六〇〇年から一九〇〇年まで農家ムッソリーニ家は代々、この土地で暮らし、土を耕した」という記念碑を建てた。

ナポレオンは自分の家系が高貴な出であることを証明する書類を見せられたとき、「家系が自分から始まったらよい」と答えたのは有名な話である。自分の家系について無関心を顕示したムッソリーニは、ナポレオンを連想させるが、二人の考え方は全く違う。ナポレオンはまだ貴族社会に執着していたし、新しい系統を確立することによって、平凡な出自を忘れてもらいたかった。反対にムッソリーニは自分の出自に誇りをもっていた。彼自身はこの点についてナポレオンとの違いを意識していた。彼は、ナポレオンを模範としているか、とドイツの作家エミル・ルートヴィッヒから聞かれたとき、断固として、「ナポレオンを模範としたことは決してない。何故ならば、自分は何処から見てもナポレオンと比較し得ないからだ。ナポレオンの活動は自分の活動と全く別個のものだ。ナポレオンは革命を片附けたが、自分は革命を始めたのだ」と答えたのである。

そして、ナポレオンの破滅の原因として「王冠を戴くこと、王朝を建設すること」を指摘した。ルートヴィッヒは有名人の伝記を書いたユダヤ系のドイツの作家である。彼は一九三二年に二週間に亙ってムッソリーニに集中的にインタヴューし、それは多くの国でベストセラーとなった本に纏まった。インタヴューの折、ムッソリーニは気を緩めたこともあって、この著作は彼の性格を理解するために重要な示唆を与えている。ルートヴィッヒの著作は日本語にも訳され、「ルードウィッヒとの対話」の表題で昭和八年に中央公論社から刊行されたムッソリーニの『自己を語る』のなかに収録されている。本書での引用は原則としてこの訳によっているが、多少訂正された部分もある。

王冠を戴いたナポレオンと違って、ムッソリーニには自分が社会に台頭しつつある新興の階層の代表であるという自覚があった。運よく出世するのに成功した鍛冶屋の息子という安易な解釈は的外れである。歴史上、貧しい出自の人間がより高い階級に割って入ることに成功した例はいくつもある。この場合に彼らは自分の出自を忘れようとしている。しかし、ムッソリーニの場合は違っていた。彼は政権を取ったあとも、イタリアの上流社会に溶け込もうとしないで、異質な存在のままであり続けた。彼は早くからマルクスが唱える階級闘争を自分なりにエリートの交代として解釈し、その後、ファショ運動が旧社会と無関係な新世代の所産であることを強調した。彼が政権を獲得するのに成功したのは、イタリアで新しい社会が生まれたことを証明した。この社会のなかで階層間の移動は従来より遥かに幅広く、恒常的に行われ、過去に疎外された階層も新しい社会に参加するようになった。これですべての社会層の参加を前提とする新しい国家形態が誕生したのである。ムッソリーニは自分自身がこの新しい現象の象徴であり、それにこそ自分の人気の基盤があることをよく自覚していたのである。

ムッソリーニは自分が農民の息子であることを好んで自称したし、出自の卑しさを強調するために、よく鍛冶屋の息子と言われた。それはもちろん事実であるが、現実はもっと複雑である。父親は教育レベルが低かったにもかかわらずそれなりのオピニオンリーダーであり、ロマーニャ地方の社会主義運動のなかで小さくない役割を果たした。母親は小学校の先生であった。実際のところ、ムッソリーニの両親は純粋なプロレタリアートではなく、プロレタリアートのなかから形成され、プロレタリアートと従来のブルジョワジーの間を占めた新しい階層の代表者となっていた。ムッソリーニ自身は師範学校を卒業し、ある期間、教鞭を執っていた。教師という職業は当時、社会的階級の低い者が自分の地位を向上させるのに開かれていた数少ない職業のひとつであった。若きムッソリーニは、大衆の向上のために教育を重視した父親の信念を受け継ぎ、他人と差をつけ地位を向上させる可能性を与えてくれたのは教育であるという意識を強くもっていた。ムッソリーニ家は、後にファシズムの社会的、文化的基盤となる中間階層の形成の典型を示していた。このような個人的な経験の結果、彼は他者にはない鋭さでイタリア社会に現れた現象をいち早く理解し、それに政治的表現を与えることに成功した。

両親はムッソリーニの人格形成に大きな影響を与え、彼はいつも両親に対して愛情と尊敬の念を抱いていた。この家族愛という点でも彼は非常にイタリア人的であった。

左翼活動家の父

父親のアレッサンドロは血の気の多いロマーニャ人気質で、当時の典型的なイタリアの左翼活動家であった。彼の政治理想はユートピア的な社会主義であった。実は、十九世紀後半のイタリアの社会主義運動は思想面で曖昧であった。イタリア極左の始まりは、リソルジメント（統一のための闘争）の指導者の一人で、統一とともに社会の再生を主張したジュゼッペ・マッツィーニの共和制思想に求められるが、彼は階級闘争の原則を受け入れなかった。イタリアで社会主義運動の基礎を築いたのはロシアの無政府主義者バクーニンである。彼は、極貧で重税にあえぐイタリア農民の状況が革命につながる可能性を見抜いていた。実際のところ、農業地帯、特に状況がより悲惨な南部の地方では暴動が起こることもよくあった。バクーニンはまず、イタリア国境近くのスイスに移り、少数であっても、すでに多くの地方で活躍していたアナーキストを中心に革命的左翼運動を編成しようとした。

一八七四年八月、バクーニンは機が熟したと考え、ボローニャに移り、彼の指導を受けたロマーニャのアナーキストたちは武装蜂起を試みたが、それは悲惨な結果に終わり、バクーニンはスイスへ逃亡し、革命家を志す者の大部分が検挙された。その中に、当時二十代だったアレッサンドロもいた。まもなく釈放され故郷のプレダッピオに帰り、鍛冶屋を始めた。いきなりの革命が非現実的であることを自分の経験で悟った彼は、村の社会の改革というより具体的な目標に向けて、同郷人を組織することに力を注いだ。だがしかし、警察は相変わらず彼を危険な革命主義者と見なし、監視下に置いた。

一八八二年、友人のアンドレア・コスタがミラノで労働者社会党を設立したときには、アレッサンドロは初期加入者の一人となり、彼の工房は社会主義の宣伝の中心地となった。組織者としての才能があったアレッサンドロは地域に党を根付かせることに成功し、無政府主義に共感を抱き続けながらも、社会党の民主路線を現実的に受け入れたのであった。

一八八二年の選挙でコスタはイタリアで最初の社会党の代議士となったが、その当選にはアレッサンドロも大きく貢献している。この選挙で社会党の候補が当選したのは、投票権が読み書きのできる二十一歳以上の納税者に拡大されたからである。その結果、有権者は総人口の二パーセントから一挙に九パーセントまで増えたのであった。

そのあと、アレッサンドロは、地元の革新的な穏健派の協力を得て、一八八九年にプレダッピオの村議会で社会党が参加する政権の誕生に成功した。当時のイタリアにとって異例なことであった。彼自身は評議員となり、町の行政を改善するために私心のない活動を展開した。革新派が村議会の過半数を失ったあとも政敵から評価されていたアレッサンドロは、村の政治に相変わらず影響を与え、一八九九年には少数派でありながら、政治犯全員に恩赦を要求する決議を村議会で可決させた。当時のイタリアの抑圧的な空気の中でそれは異例なことであり、そのため決議は知事によって無効にされた。

一九〇二年、地方選挙の際にプレダッピオで起こった社会党の支持者と保守党の支持者との衝突に参加した容疑で、アレッサンドロは逮捕された。無実を証明する裁判を待って、六カ月牢獄に入っていた。この経験は彼の肉体と精神に深い傷跡を残した。過労と貧苦により健康を害していたローザに対する心配がこれに加わった。そして、一九〇五年にローザが亡くなったとき、彼は大きな打撃を受けた。「父は苦しみによって麻痺しているように見えた。もはや人間ではなく、人間の影のようだった」とムッソリーニは『自伝』で回想する。成長した息子たちも家庭から離れ、一人になったアレッサンドロは、未亡人で貧しい状況にあったアンナ・グイディと同棲するようになった。一九〇八年、アンナとその娘たちとともに県庁所在地であるフォルリーに移住し、料理店を開いたが、状況は好転しなかった。アレッサンドロの健康状況は次第に悪化し、一九一〇年十一月に五十六歳で亡くなった。彼の名声が党のなかでまだ高かった証拠として、千人以上の党の同志が葬式に参列した。

革命夢想家でありながら政治的現実主義者であっただけに、アレッサンドロ・ムッソリーニには、息子ベニートの人間像が窺える。親子はそれぞれの性格がもっとも根本的な特徴において驚くほど似ている。それは、情熱的な理想主義と、冷静な現実主義という、対照的な要素の共存である。しかも、ベニートは政治理念をまず父親から受け継いだのであった。アレッサンドロにとって社会主義とは「美と正義と真実の偉大な目標を目指す人類の進路」を導く思想であり、「経済、政治、知性、道徳の解放で、したがって理性、秩序、自然法に反するすべてのものを廃止すること」を意味すると『自伝』でムッソリーニは回想する。彼の理想は、大まかな知識しかもっていなかったマルクス主義よりは、リソルジメントの急進的自由主義の伝統を汲み、マッツィーニの人道主義とともに、激しい反教権主義で特徴付けられた。なお、アナーキーな色合いをもっていた。青年ベニートが政治活動を始めたとき、彼の社会主義は大体同じようなものであった。体系的な思想ではなく、革命による社会再生への願望であった。ベニートはそのあと何回もその政治方針を見直してきたが、政治活動の最終的な目標が社会正義の実現であるという根本的な信念を一生守り抜いてきたのである。

また、ベニートは教育問題に対する強い関心もアレッサンドロから受け継いだ。アレッサンドロは貧困階層の意識を向上させるためには教育の水準を高めることが必要であることを認識していたが、それよりも教育を通して労働者の人格を向上させるのが社会主義の目標であると信じていたのであった。その点で彼は、国家が国民を道徳上、指導する義務があると主張したマッツィーニの人道主義の影響を受けていたが、ベニートも一生、人格向上を唱え続けたのである。

教育問題を重視したアレッサンドロは学校をつくるよう村に執拗に要求し続けていた。当時、法律に定められた義務教育は二年だけであったが、その費用が地方自治体の負担になったので、多くの市町村は資金不足で小学校を設けることを渋っていた。その結果、義務教育は十分に普及せず、二十世紀初頭まで識字率は低い水準に停滞した。アレッサンドロの努力はついに実を結び、一八七七年ドヴィア集落の一角に二学年制の小学校が開校された。先生として、美しく優しい十九歳の女性、ローザ・マルトーニがやって来た。アレッサンドロはすぐに恋に落ち、教科書の中に隠して手紙を送り始めた。ローザのほうも、この激情的で心が広く、感じのよい青年の恋心に応じたが、保守的で敬虔なカトリック信者である両親は、無神論者と宣言し警察に監視されている不穏な危険分子との結婚に反対した。

けれども、優しくはあったがロマーニャ人の激しさを併せ持っていたローザは頑として譲らず、一八八二年に二人はついに結婚した。ローザに対するアレッサンドロの愛の強さのあまりに、自分の主義を曲げて教会で結婚するのを受け入れた。結婚問題は当時、国家と教会との間で対立の象徴であった。国家は教会で行われる結婚式に法的効力を認めず、役員の立会いで行われる民事婚を強制した。教会は信者に民事婚を禁じた。この対立に挟まれたイタリア人は宗教の教義と国家の法律を守るのにそれなりの妥協を見つけた。カトリック信者は最初に教会で結婚し、後に時間をおいて、当時唯一法的効力をもつ役所での民事婚を挙げていた。ローザとアレッサンドロもこの手続きを踏み、宗教上の結婚は一月二十五日、民事婚は三月四日に挙げられた。

若夫婦はロマーニャ地方の典型的田舎家に落ち着いた。入口は二階にあり、そこに昇るために外側に階段があった。信仰が厚いローザは、寝室に使われていた部屋には、社会主義者の家に似つかわしくない聖マリアの肖像を置いた。アレッサンドロは埋め合わせをするように、その前に、リソルジメントでの民衆の英雄であるジュゼッペ・ガリバルディの肖像を置いた。ガリバルディは社会主義者を表明して第一インターナショナルに加入し、そのため革命家たちに親しまれた人物であった。政治的情熱が社会生活を妨げないことを示す、大変イタリア的な、むしろロマーニャ的な妥協であった。けれども、信心深かったローザも夫の正義への熱望を分かちあい、彼に向かって、「あなた方のマルクスとバクーニンは実行者にすぎないわね、だってやらなければならないことはもう福音書と聖人たちが言っているもの。あなた方は、聖パウロが言ったように「働かざる者は食うべからず」という風に物事を片付けるなら、世界は救われるわ」とよく言っていた。

一方、ローザの言ったことは、社会主義思想が大衆に浸透してきたことに懸念を抱き、社会問題により注意を向けるようになったカトリック教会の新政策と一致していた。富の正当な配分を主張し、労使協調の原則を表明した一八九一年のレオ十三世の回勅によって社会問題に関する教会の新しい政策が厳かに発表された。カトリック信者も社会党系の労働団体に対抗するために労働団体を結成し始め、二十世紀の初頭に、カトリック系の労働組合は大変強力になった。

結婚初期、アレッサンドロは仕事と家族にのみ専心し、革命家としての熱意は棚上げしたかに見えたが、まもなく政治への情熱を取り戻し、仕事をなおざりにし始めた。党の活動のために一日中外出し、妻にあらかじめ知らせることなく、突然客を連れ帰ることもよくあった。といっても、アレッサンドロは仕事の面でもやる気がないわけではなかった。かえって、時々野心的な行動を起こした。例えば、一八八四年に脱穀機を購入するために組合をつくり、スイスまで機械を買いに行った。一八九一年には二台目の脱穀機を、当時七歳のベニートを連れてミラノに買いに行っている。この試みは彼に先見の明があることを示している。時を経て日雇い労働者と地主との力関係を覆したのは、まさに脱穀機の導入によるからである。同じく一八九一年に協同消費組合を設立したのも先見の明のあることであった。実際、その後農業地帯で社会党（第二次世界大戦後は共産党）の権力基盤を築いたのは協同組合であった。しかし、こういった活動はアレッサンドロに何の金銭的利益もたらさなかった。また、ローザが叔母からかなりの額を相続したときに行なった不動産投資は赤字となっていた。ベニートは『自伝』で現実的にこう語っている。「父は人がよく、独学で頭も切れたが、商売の才能は全くなかった。楽観主義すぎて、信用する価値のないものまで多くを信用していた」。

困っている仲間を助けるために家にあるわずかな金を持ち出す心の広さがそれに加わり、アレッサンドロは家族にとって支えというよりは重荷となっていった。家計に備えなければならなかったのは学校の先生としてつつましい給料をもらっていたローザで、教師の仕事にさらに負担をかけたのは絶え間ない貧乏暮らしと借金による心労であった。ローザは仕事についても夫の政治活動の影響を被っていた。危険分子の妻のもとへ子供たちを送るのを拒否する親が多く、教育監督局から調査を受けることもあった。けれども、こういった困難によってアレッサンドロの知性や男らしさ、心の広さを常に尊敬していたローザの愛情にひびが入ることはほとんどなかった。仕事に関する困難も彼女は夫のせいにせず、身分の卑しい者を抑圧する社会の不公平のせいだと考えた。

貧困と心労がローザの健康を脅かしたが、彼女の体を決定的に衰弱させたのは一九〇三年十月にかかったチフスであった。二年も経たないうちに脳膜炎を患い、ローザは一九〇五年二月十九日に四十六歳で亡くなった。彼女の死は村の人々の心を大きく動かし、村で受けていた尊敬と愛情は、プレダッピオの村長が送ったお悔やみ状で「善良で勤勉で知的な教師で、彼女を知る人にとっては、いとしく優しい人でした」とあることからも窺われる。

ベニートは母親を深く愛し、優しさが魂の強さと結び付いている彼女の性格をよく理解していた。「なかでも母親を愛していた。あのように静かで、優しくて、同時にあのように強く！　私たちを躾けてくれただけでなく、教育の基本も与えてくれた。人間の性質を評価できるようになったときから、母が教育者の務めとして示してくれた誠実さと忍耐力のことをよく思い出す。私はたった一つ怖いことがあった。母親を悲しませることである」と、『自伝』で述べている。とはいえ、ベニートはその閉鎖的な性格や反抗的態度、そして政治への情熱で母親を心配させる種に事欠かなかった。しかしながら、ローザは誰よりもこの息子を愛していたようで、彼に大きな期待を寄せていた。彼女は女友達に、「口にするのは憚られるんだけど、うちのベニートは頭がよいのよ」と言って、自慢にしていた。

母親の優しさに比べて、父親は権威的で厳しかった。当時、ロマーニャ人は息子を叩くことが父親の義務の一つだと考えていた。ベニートは腕白で反抗的な少年だったため、時として父親の罰は荒かった。しかし、父親と息子の絆は大変強く、互いに尊敬し合っていた。アレッサンドロはそのぶっきらぼうな態度にもかかわらず、知性と才能のあるこの息子に愛情を注ぎ、誇らしく思っていた。ベニートがまだ子供だったころから、彼は時々マルクスの一節や自分が地方新聞に投稿していた純粋な革命的情熱がみなぎる記事を読み聞かせていた。彼は自分が失敗した場所でベニートが成功すると確信しており、革命による解放という彼の希望を息子に託していた。ベニートを雇ってくれというアレッサンドロの要望をプレダッピオの役場がはねつけたときには、彼はカッとなって、「息子を職員としていらないだと？　それなら、上司として迎えることになるだろうよ！」と言い返した。

アレッサンドロの予言はみごとに当たったことになる。

妹のエドヴィージェは父親とベニートの関係を次のように回想している。「私たちは極めて質素な生活を営み、家に豊富にあったのは本と新聞のみでした。父は（中略）マルクスの『資本論』の一節を子供たちに読み、自分の良識に基づいて解説し、ありのままの現実主義でそれを当時のイタリア、とりわけロマーニャ地方の社会・政治状況にあてはめました。歴史や哲学の要略書も読んでくれました。夏の夜、幼い兄弟たちを傍らに、家の門の前に座る父の姿がいまだに見えるようです。普通は他の考え事や妄想で気が散るはずの子供には珍しく自分の講読や解説に注意を向けるわが子を父は自慢にしていました。子供たちに知性が備わっていると感じた父は、年が経つにつれて自分よりも二人の息子が博識になり、政治問題や政治闘争に取り組む準備をしていることに気づき、父親としての喜びを味わいました。父は特にベニートに自分の希望と野心を託しました。父の心の大切な理想である社会正義の勝利のために、息子がいつか大きなことをやってくれると確信し、事故を心配する母親が反対するにもかかわらず、まだ幼いベニートを党の集まりや政治集会に連れて行ったものでした」。

ベニートは、父親の多少ロマンチックな正義感に共鳴し、自分の知的形成の基礎付けに関して彼の影響が大きかったことをいつも認めていた。父親が亡くなったとき、ベニートは、社会党系週刊紙『階級闘争』の編集長を務めていたが、そこで悲愴な調子で記事を書き、彼の人間像をこのように紹介した。「心の優しい人で、時にあまりにも人のために尽くしたのである。仲間だけでなく、敵をも助けた。あらゆる観点から、悩み多き一生を過ごした。あまりにも早く亡くなった。物質面で資産を残すことなく、精神面で偉大な遺産を残した。それは彼の理念である」。

惨めな少年期

ムッソリーニの少年期は辛いことが多かった。その時期が彼の人格形成に決定的な影響を与えたという点で研究家は一致している。年を経て、当時のことを思い出すときムッソリーニはそれについてははっきりとした認識を示している。「空腹は一個の勝《すぐ》れた教育者だ。殆ど牢獄や仇敵と同じ位結構なものだ」(『ルードウィッヒとの対話』)。おそらくムッソリーニは自分の少年時代の苦しさをおおげさに描写したのだろうが、彼の周囲に極貧や暴力があったことは確かである。彼自身はこう回想している。「我々の周囲の貧乏は極まっていた。隣同士で、パンや塩や油を互いに貸し借りしていた」(『アルナルドの一生』)。また、ドヴィア地区の住民の短気でけんかっ早い気質はロマーニャ地方でも悪名高かった。

ベニートの誕生後ほどなくして、ムッソリーニ一家は現在のプレダッピオの村役場であるヴァラーノ邸の二階のアパートに移り住み、そこで彼は人生の初期を過ごした。三部屋あるアパートで、入口にある部屋はローザの教室として使われた。台所兼用だった二番目の部屋には、ベニートとアルナルドが一緒に寝ていたトウモロコシの葉を詰めたマットレスのベッドが一台あった。三番目の部屋は寝室で、両親とエドヴィージェが寝ていた。ムッソリーニ家が当時の標準より貧しいとはいえなかったとしても、一家の暮らしはかなり慎ましやかであった。ムッソリーニ自身、「我々の極めて質素な食事は、昼に野菜スープ、夜は皆が同じ皿で食べる野生のチコリーだった」と『アルナルドの一生』で語っている。チコリーの採集は祖母の役割であった。毎日曜日は五百グラムの羊肉を入れたスープが出た。

ムッソリーニが一生続けた粗食の習慣は、貧困が課したこういった食事のせいであった。イタリア料理の名物であるロマーニャ地方の肉入りトルテリーニは年二回、クリスマスと八月の最終日曜日の聖母マリアの祝日に食卓に出るだけであった。このお祭りは一年でもっとも重要な行事であった。村にはロマーニャ地方でも名高いオーケストラがやって来て、その結果であろうか、ムッソリーニは子供のころから音楽好きとなり、生涯それが続いたのである。人々は戸外で食事をしたり踊ったりして、競馬も開催された。しかし、もっともベニートの印象に残ったのは花火であった。

幼児のころにベニートは喋るのに苦労し、聾唖ではないかと、家族が心配した。彼を診察した医師はベニートが聾唖ではないと断じ、「喋りますよ、むしろ、喋り過ぎるぐらいに喋ると思いますよ」と言った。実際、三歳のときに彼は急に方言と標準語で同時に話し始めた。当時は珍しいことであったが、家庭の中では教師だった母親もまた父親も方言でなく標準語を日常的に使用していた。そのためベニートは初めから標準語を覚え、当時の大半のイタリア人と違って、それを学校で習得する必要がなかった。

ムッソリーニ自身が回想しているように、彼は子供のころから「落ち着きのない、けんかっ早い腕白小僧」であった。村で暴れまわった不良少年団のリーダー役を果たしていた。仲間の一人はベニートのことを「口数は少なかったが、手が早かった」と言う。閉鎖的で気難しい性格をもち、感情を素直に表して活発になる時と孤独な時を交互に送っていた。動物を愛し、特に猫が好きで、イタリアでは縁起が悪いとされるフクロウも飼っていた。夜になり目を覚ますと、燐光を発する黄色い目を見てはうっとりした。十代になってから子馬も飼い、大変かわいがった。馬への情熱は一生涯続き、首相時代は仕事に出掛ける前に一時間乗馬をする習慣があった。五歳のときに母親の指導のもとに勉強を始めた。と同時に、父親の工房で鍛冶屋の仕事を学んだ。毎週日曜日には母親と祖母に連れられて教会に行ったが、落ち着きがなく、追い出されざるをえなかった。敬虔なカトリックの信者になった弟のアルナルドと違って、宗教に関しては母親でなく無神論者だった父親の影響を受けた。アレッサンドロは聖職を嫌い、クリスマスにも教会に行かないような、村で数少ない人間の一人であった。

少年時代のエピソードの中でもベニートの記憶に長い間残っていたのは、ブラジルへの移民の出発であった。移民はイタリアで極めて大きな規模に達した現象であった。一八六〇年から一九二〇年の間に一千八百万人が国外へ移住している。それはイタリアの人口の四分の一が流出したことになる。プレダッピオからの移民の何人かはブラジルのミナス・ジェライス州で実質的に奴隷のような状態におかれて悲惨な死を遂げたが、その移民の悲しい出発の記憶がベニートに大きな影響を与え、彼が権力の座にあったときには政府の優先目標の一つとして移民に終止符を打つことが挙げられたのであった。

ムッソリーニは読み書きを学ぶとすぐに、手に入る本はすべてむさぼるように読み始め、父親の書庫が彼の知識の基礎となった。ゾラ等のフランスの社会小説、社会党の小冊子や新聞、歴史や哲学の概略本などがあった。小学校の成績もよく、両親は勉強を続けさせたいと思った。当時のイタリアの小学校は現在と同じように五年制であったのに、プレダッピオには義務教育の二学年制学校しかなかった。ベニートは小学校を卒業するためには、近くの町の寄宿学校に入らなければならなかった。息子の落ち着きのない反抗的な性格を心配していた母親は、寄宿学校での厳しい規律がそれを矯正してくれることも期待していた。

それで、プレダッピオとボローニャの中間の、陶器で有名な小都市ファエンツァにあるサレジオ会の寄宿学校にベニートを送ることが決まった。この件についてローザは、ムッソリーニが「間抜けなほど盲信家」(『自伝』)と称したパルミラ・ゾーリ夫人に世話になった。プレダッピオでもっとも裕福でカトリックの伝統をもつゾーリ家の人々はローザを気に入り、その教師の仕事への献身ぶりと良心的態度を評価したのであった。父親のほうはベニートを寄宿学校、なかでもカトリック系の寄宿学校に送るのに反対であったが、限りある家計の中で息子に教育を受けさせる可能性はそれ以外に方法がなく、宗教色のない学校であると信じているふりをしてしぶしぶ同意した。当時九歳だったベニートは、小学第三学年に編入した。一年遅れていることになり、何らかの理由で法律が規定している六歳ではなく七歳で入学したのだと推測できる。

ファエンツァでの経験は若いベニートにとって不幸なものであった。束縛されないままで、仲間に命令することに慣れた彼は、寄宿学校の厳しい規律に我慢がならなかった。特に耐えられなかったのは、彼の誇りを深く傷つける厳しい社会格差であった。「キリストが説き実践した福音書の平等に敬意を表して、サレジオ会士は我々を食堂で三つのテーブルに分けていた。貴族、中流、庶民。貴族は月六十リラ、中流の者は四十五リラ、庶民は三十リラ支払っていた。私は当然、一番数の多い庶民の組に座っていた。お昼にはスープとメイン料理が出された。ほんの少しのパンに、ワインはなし。テーブルについたらお喋りをしてはならなかった。我々が粗末で時として胸がむかつくような不味《まず》い食べ物をむさぼり食っている間、年長の寄宿生の一人がサレジオ会の会報を大きな声で読み、我々の耳を拷問にかけた」と、若きムッソリーニは皮肉を込めて『自伝』で回想している。

「ルードウィッヒとの対話」で、ムッソリーニはその時の思い出を生々しく述べている。「自分はいつも一番下座に坐って、一番貧乏な生徒等と一緒に食事をしなくてはならなかった。自分は第三組のパンの中に入っていた蟻のことは忘れることがあっても、自分等のような幼少な者を組分けしたことは、まだ今日でも胸の煮え返る思いで忘れることが出来ないのだ」。このようにムッソリーニは初めて社会の不公正を自分で経験するようになり、人間の質を考慮することなく社会的階層によって差別するという事実を目の当たりにした。その結果、強制されることを嫌う彼の性格は社会に対する反抗精神に変わった。「私を矯正し、望まれる特性や性質をすべて備えた素晴らしい若者にするために」(『自伝』)、子供を寄宿学校に送ったローザの思いとは裏腹に、自分を革命家にしたのは「こうした忍び難い屈辱」であったと、ムッソリーニはルートヴィッヒに打ち明けている。

社会党員の息子だったため、ムッソリーニは厳しい監視下に置かれた。校長が風紀係に

「煽動家の息子である」と言いながら、ムッソリーニに注意するように指示するのをベニートも耳にした。なかなか落ち着かない子供であった彼はすぐ罰せられるようになった。初めに、三カ月間、休憩の間遊んではいけないという罰を受けた。彼は仲間が遊ぶのを庭の片隅でじっと見ていなければならなかった。その後、定規で彼を叩いた先生と口論をし、そのお返しとして先生にインク瓶を投げつけた。もちろんそのため、彼にはかなり厳しい罰が科された。夏休みのためプレダッピオに帰ったとき、ローザは息子が何一つ改善されていないことに気づいてがっかりした。休みの間、ベニートはもとの自由な生活を楽しんだが、それだけに寄宿学校に帰ってしまうことはなおさら辛かった。

反抗と処罰が相次ぎ、四年生の終わりに重大な事件が起こった。年長の生徒と口論になり、ベニートが彼をナイフで傷つけた。罰としてその晩は寮に入ることが許されず、中庭に居残されたが、番犬に襲われ、門を乗り越えて助かった。最後には彼に同情した心の優しい先生が寮に入ることを許したが、寒さと興奮のため翌日に熱を出し、精神錯乱に陥った。校長らはベニートをそのまま退学処分にすると決めた。しかし、ローザの哀願と、学年が終わりに近づいていることを考慮し、五年生に進級させたが、翌年度の入学を認めないことにした。ベニートの人格形成に深く影響を与えるこの経験はこうして終止符が打たれた。しかし、アレッサンドロにとって問題はそれで終わったわけではなかった。彼は学費の支払いを怠ったとしてサレジオ会士に告訴され、裁判は何年間も継続した。

学校の書類に残された、生徒ムッソリーニへの評価は記しておくに値する。「ムッソリーニは鋭敏な知性や並外れた記憶力に恵まれていることは明らかであるが、天性として几帳面からは程遠い。（中略）一番の中の一番を志している。筆記試験では皆を圧倒している。一読するだけでどの学課も暗記してしまう。（中略）大勢の中ではずっと悲しく、孤独に感じる。一人でいたがる。（中略）あらゆる懲罰や強制に反抗する」。この評価を読むと、ファエンツァのサレジオ会の教育方法について疑問を覚えざるを得ない。実際、教師はベニートの性格をかなり正しく理解しており、彼が優れた生徒だったことを認識していた。それでも、彼は学校生活に溶け込むことができず、しまいには退学せざるを得なくなった。おそらくサレジオ会士は「煽動家」の息子の教育に関わるのは都合が悪いと考えたのであろう。

このような悲惨な体験に直面すれば、普通の親なら諦めるところであろうが、アレッサンドロとローザはベニートに学校を続けさせることにした。自分の子供たちによりよい将来を与えてやろうという両親の決心は、ますます厳しくなる家計の状況を考えると感嘆に値する。まして、ちょうどそのころ、アレッサンドロは政治思想が原因で危険に脅かされていた。

十九世紀末の十年間は、イタリアにとって政治・社会的に激動の時期であった。その発端は一八九三年に起きたシチリア・ファショの暴動であった。深刻な貧困に喘いで、シチリアの農民や鉱夫がファショという抗議団体を自発的に組織し、騒動を起こしたのである。この暴動は、以前から度々起こっていた農民蜂起よりはるかに規模が大きく、そのために政府は動揺し、十九世紀後半のイタリア政治のストロングマン、フランチェスコ・クリスピが権力の座に就くことになった。クリスピについて賛否の論は激しく対立していたが、優れた資質をもっていても、反面独断的で、慎重さに大きく欠けていた。左派から保守陣営に転じた彼は、国際舞台におけるイタリアの役割について野心的なヴィジョンをもち、国内では産業発展政策を、外交では植民地獲得政策を追求した。彼はビスマルクを信奉し、政府の権限の強化が必要だと考えていた。シチリア・ファショに関しては、軍隊を派遣して秩序を回復することにより鎮圧政策を採った。他の地方でも暴動が起こっていたので、政府は組織的な革命計画が存在すると見なし、一八九四年に社会党系の組織の解散を命令した。

地獄から天国へ

ちょうどその時期に、ベニートはプレダッピオから海岸へ向かってエミーリア街道沿いの小さな商業都市フォルリンポポリにある、宗教色のない寄宿学校「ジョズエ・カルドゥッチ」に入学した。カルドゥッチは当時イタリアで一番人気があった詩人で、現在でも若い世代に大きな影響を与えている。カルドゥッチは社会主義を唱えていたが、彼の詩は擬古典調で、歴史におけるイタリアの栄光を讃え、祖国の偉大なることを切望し、革命思想に強い愛国心を結び付けた。ある意味で彼はファシズムの先駆者で、実際にファシスト時代に教育において彼の詩が重視されていた。校長はこの詩人の弟、ヴァルフレード・カルドゥッチであった。

この学校でベニートは、ファエンツァのサレジオ会の寄宿学校とはまったく違う環境に身を置いた。「私は地獄から天国へと移った。最高の食事、健全な寮の大部屋、心地よく高く聳えるベルティノーロ山地が見えるのびのびとした田舎の魅惑的な場所、より人間的な規則。私は心底からこの変化に満足し、その喜びを父に伝えた」(『自伝』)。学級の先生は彼を好意的に扱い、この学年は静かな雰囲気のうちに過ぎた。こうしてベニートは小学校を難なく卒業した。その結果、ムッソリーニ夫妻にとって、息子に勉強を続けさせるかどうかという問題が次に起こったが、家計の困難にもかかわらず、新たな犠牲を払って同じくヴァルフレード・カルドゥッチが校長をしていたフォルリンポポリの師範予備学校にベニートを入学させることにした。今日の中学校に相当するこの学校は三年制で、そこを卒業すれば、小学校教員の資格が取れる四年制の師範学校に入学が許された。ベニートは教員になることについて夢中になれなかった。すでにこの年齢でロマーニャを狭苦しく感じており、もっと輝かしい将来に憧れていた。この点でおそらく彼は父親の影響を受けており、また母親が送っていた極貧生活を思うと教師になることは彼にとって魅力的ではなかった。しかし、結局は師範予備学校が自分の地位を上げるのに唯一開かれた道であると考え、入学を決めたのであった。学費を節約するためにベニートは寮へは入らず、外部からの生徒として学校に通い、当地の家庭に下宿した。毎週土曜日になると父親はロバに車を引かせてベニートを迎えに来てはプレダッピオへ連れ帰り、日曜日を一緒に過ごした。

最初の学年でベニートにもっとも衝撃を与えたのは、一八九六年三月一日にイタリア全土を震撼させた情報であった。エチオピアに進出していたイタリア軍がアドゥワで全滅したのである。六千人以上の戦死者を出したこの無残な敗北は、東アフリカでの影響圏を拡大しようとしたイタリアの野心を挫折させた。クリスピが敗北の責任を問われて辞任に追い込まれ、彼が精力的に推し進めていた植民地政策に一応終止符が打たれた。

アドゥワの敗北の反響はイタリアで大きかった。ムッソリーニも『自伝』で「学校のなかでも何週間もそれ以外の話題は出なかった」と回想している。アフリカ人の軍隊に敗れたことは、国民にとって大いなる屈辱と受け止められた。さらにクリスピの富国政策は大きな期待を集めていたので、その分幻滅も大きかった。この植民地戦争に送られて死んでいった多くの人々の犠牲に対してベニートが憤慨したのは、父親から受けた人道主義的な教育によるものであったが、彼は数多くの大砲が敵の手に落ちたことに愕然とした。これはイタリア人としての誇りが傷つけられたことを物語っている。翌年、教師がこの戦いを追悼したとき、ベニートは立ち上がって教師をさえぎり、「僕たちが死者の復讐を果たすのだ!」と叫んだ。そして、彼はその約束を守った。一九三五年のエチオピア戦争でアドゥワの敗北に対する雪辱を果たしたのはベニートであった。

三年生になると、ベニートはまた学校で事件を起こした。同級生と口論になり、ポケットナイフで傷つけたのである。しかし、このときも彼は退学をまぬかれたので、卒業資格を得ることができ、一八九八年に師範課程に入った。学校での成績は上位に入り、作文では他の生徒より優れていた。とはいえ、学級で一番ではなかった。いつものごとく規則に対して我慢できなかったことに加え、研究科目から掛け離れた彼の興味による勉強で上の空であったからである。ベニートは幅広い興味をもつ雑食的な読書家で、なかでも歴史や哲学に夢中になった。やがて政治についての関心が目覚め、父親を手本として熱烈な社会主義者になった。その年齢にしては並外れて真面目で厳かな顔付きをし、孤独を好んだ。世俗から離れようとして、よく学校の鐘楼に登り、読書に没頭した。しかし、機嫌がよいときには政治について同級生と真剣に話し、全員を魅了した。

彼の体は強くたくましくなり、スポーツにも秀でた。同級生たちはベニートが音楽が大好きであったことも覚えている。このころに初めての情事もあり、また一九〇〇年に当時の大部分のイタリア男性と同じように、彼は娼家で最初の性体験をしている。彼の反応も他の若者たちとほぼ同様のものであった。「恥ずかしげに頭を下げて、酔っ払いのようによろよろして私は娼家を出た。犯罪を犯したような気持ちであった」(『自伝』)。この経験についての彼の検証には、ゾラの影響が感じられる。「性的快楽を突然知った私はうろたえた。裸の女が私の人生に、私の夢に、私の貪欲さの中に入り込んだ。出会った女の子たちを目で裸にし、頭の中で激しく犯していた」と『自伝』で述べる。彼の性の目覚めは、ロマーニャの若者たちが今でも大好きであるダンスへの情熱と結び付く。ベニートは熱心にダンスホールに通うようになった。他方、この時期に彼は多くの詩も作ったが、後にそれをほとんど捨ててしまう。残した詩の中から、春の到来を歓迎する十三世紀調の「ソネット」の一部分を紹介しよう。

草花を岸に飾って、揺らめくせせらぎは
微笑む　新たなる日の悩ましさに
出で行く、緑なる黄金《こがね》で編んだ
錦衣を召して、春という姫。

せせらぎは微笑む、さまよって
もっとも美しい歌を歌いながら
出で行く。花に触る薔薇色の指。

玉の光をなして、花々は輝く。

この甘い調べはムッソリーニらしくないと思われるであろうが、彼には案外このような側面もあった。しかし、革命家の死を悼む「バブーフ」の激しい調子にはすでに彼のスタイルが窺われる。一七九七年に処刑されたフランス革命時代の空想的社会主義者バブーフは、純粋な理想家として若きムッソリーニが愛した英雄であった。この詩からバブーフが処刑に臨む瞬間を描く部分を紹介しよう。

けだし、バブーフは微笑む。死を見つめる
彼の眼《まなこ》に理想の光は、今や輝き、
来るべき　世紀の光景は映り、

彼の心を支えた　こよなき観念もまた映る。
敗れて、復讐をアルデンヌの
地獄の軍団に頼んだとき。

「バブーフ」の詩から判断すると、彼は当時一番人気のある詩人ジョズエ・カルドゥッチの影響を受けていた。その弟の校長ヴァルフレードは生徒の前で兄の詩を読むことがよくあり、それがベニートの感動を呼び起こした。一八九九年、かのジョズエが学校を訪問し、その際にヴァルフレードは、自慢にしていたムッソリーニを彼に紹介した。しかし、カルドゥッチ以上にムッソリーニはダンテに魅せられていた。『神曲』の何箇所かを空で覚え、大きな声で暗唱しながら寄宿舎の庭の小道を歩いた。特に政治的情熱に富んだくだりが彼は好きであった。

その年、病気で一時休んでいた母親の代理としてドヴィアの学校の教壇に立ち、教師としての実力を試す機会を得た。経験がなかったにもかかわらず生徒から尊敬され、彼は最大限の規律と秩序を生徒に要求した。実際、学校でも成績がいい科目は教育学であった。おそらく教育への情熱を母親から受け継いだのであろう。ともかく教育への志向は彼の性格の重要な特徴であった。

在学の最後の年に、ついに家族の負担を軽減する奨学金三百リラを得て、寄宿舎に入った。その年にはカントやスペンサー、ルソーを読んだ。政治への情熱が彼を支配し、夜にはよくシーツを結んで窓から降りては政治集会に参加した。学校で大部分の生徒は共和党の象徴である黒いネクタイを着けていたのに対し、彼だけは赤いネクタイを身につけて社会党への忠誠を示した。

彼が演説者として最初の成功を収めたのは、その年のことであった。一九〇一年一月二十七日に作曲家ジュゼッペ・ヴェルディが亡くなったとき、ヴァルフレード校長がフォルリンポポリの市立劇場での追悼演説を彼に依頼した。ムッソリーニはそれを引き受けたが、前もって校長の認可を得るために演説内容を提出することは拒否した。翌二十八日の夜、市の要人が占める前方席に向かって、ムッソリーニは確かな調子で政治的な内容の濃い演説をした。彼は音楽家としてのヴェルディの個性よりはリソルジメントのイタリア人としての彼の人間像を強調し、ひいては統一のための闘争のときイタリア人が抱いた国家の将来像やその後に出会った幻滅について述べた。演説の内容があまりに政治的であることを案じた校長は彼を止めようとしたが、無駄であった。とにかく、演説は大成功を収め、ベニート・ムッソリーニの名が初めて新聞に載ったのである。社会党の機関紙『アヴァンティ（進め）！』はフォルリンポポリ発の報道として以下のように伝えている。「昨晩、市立劇場で学生ムッソリーニ同志がジュゼッペ・ヴェルディの追悼演説を行い拍手喝采を受けた」。

当時の同級生はベニートをこう描いている。「燃えるような精神の持ち主で、反逆心があり、真っ黒でいかめしいが落ち着きのない目が彼の男らしい風貌に厳粛な表情を与えていたが、その表情は青春期には厳粛すぎて、怒っているように見えた。服装は地味であったが、彼の肌身離さぬゲートルがある種の上品さを醸し出していた。つばの広い平らな帽子を被り、ネクタイをなびかせていた。しかし、風貌以上に行動や言葉の調子に何か際立ったものがあった。彼の辛辣な、ほとんど非情な答え方は相手をうろたえさせ、もっとも頑固な人々の口もふさいだ。まさに筋金入りの、迫力のある力は戦いを求めていたようであった。この力はときどき抑え切れない勢いで露呈することがあった」。

学校時代のことをムッソリーニは、前述の『自伝』で生き生きと描写している。教師や同級生に関するコメントは興味深い。ヴァルフレード・カルドゥッチや彼が尊敬する教師についてはかなり好意的な表現をしているが、その他の教師や同級生についての評価は辛辣である。しかし、彼は同級生に対してずっと友情を抱き、政権の座に就いたあとも、いつも彼らの要求に気前よく応えたのである。彼の批判的な態度は自分の孤独感を表していたのであろう。大かたが裕福な家庭の出身だった同級生のなかにおかれた彼にとって仕方のないことであった。他の生徒たちの黒いネクタイの中で際立った彼の赤いネクタイは、政治思想の違いのほかに社会的差異も示していた。しかし、それに加えて彼には優越感の自覚と人間に対する不信感があり、それは彼の性格の重要な側面であった。この悲観論は彼を常に孤立に追いやり、しまいには彼の破滅の最大の原因となった。

思春期を通してムッソリーニの性格はほぼ完成された。彼もそれを自覚していた。「ルードウィッヒとの対話」で、彼はこの問題に触れて、次のように述べている。「家庭時代から、もう自分の品性を陶冶することが出来た。この時代に自分を極く接近して観ていた者なら、十六歳の時から既に陰と陽との今日の自分の為人《ひととなり》を認めただろう」と。しかも、フォルリンポポリで過ごした数年間はムッソリーニの思想上の形成のためにとても重要であった。当時のイタリアの教育が強調した愛国心は、父親から受け継いだ社会主義を補完して、彼の思想のもう一本の柱を築いてきた。反抗的な気質が激しいベニートがこの教育に対して逆らわなかったのは、愛国心と社会主義との間に矛盾を感じなかったからであろう。この観点から、社会主義を訴えながら、愛国心に富んでいたジョズエ・カルドゥッチの存在に注目すべきである。また、ダンテとの出会いは決定的であった。ダンテからイタリア民族の偉大さを教わり、その将来について確信を抱くようになった。そして、父親から植え付けられた正義感は、ダンテに出会うことでより高い次元に達した。しかし、この教育の成果は、当分の間、彼の無意識のなかに潜在し続け、意識に現れるには長い年月がかかった。

一九〇一年七月八日、ムッソリーニはもう一人の生徒とともに首席になり、名誉卒業証書を受けた。こうして彼の人生の第一期が終わり、教師の資格を手に職を求めて世の中に出た。学生ムッソリーニを高く評価し愛したヴァルフレード・カルドゥッチは、彼の知性と個性に感嘆して、「彼は私たちの学校に名誉をもたらす人間だ」とよく言っていたが、その反抗精神を心配してもいた。かつて本人に向かってこのように懸念を表したことがあった。「ムッソリーニ、ムッソリーニ! あなたには才能があり、人生でも成功するだろう。神が与えてくれた天賦の才をもつあなたが到達できるところまでは誰も届かないだろう。だが、自制しなさい！　あなたを愛する人の声を聞きなさい。慎みなさい！」。

カルドゥッチの言葉には良識がある。とはいえ、ムッソリーニが自制すれば成功できただろうか？　あるいは、この自制のなさこそ彼の天賦の才であったかも知れない。常に自分の冷酷さをひけらかすのが好きだった若きベニートであったが、校長のこの言葉に対してはすすり泣きながら手で顔を覆った。自分の運命に胸騒ぎを覚えたのか？　あるいはもっと単純に先生の愛情に感動したのか？　確かにムッソリーニは孤独を感じていたが、この孤独感こそが、まだ明確な形にはなっていなかった使命感と結びつき、そのころから彼の人格に深く刻まれるようになったのである。

第二章　放浪と反抗の時代

スイスでの知的形成

ムッソリーニが師範学校で過ごした数年間は、イタリアの激動の時期であった。クリスピ内閣の崩壊の後、社会の緊張が高まり、その頂点が一八九八年にミラノで軍が大衆に向けて大砲を発砲し数十名の死亡者が出た事件であった。その後、政府は社会党、共和党やカトリック系の団体に対する圧力を強め、政治・言論活動が厳しく制限された。さらにミラノの事件の報復として、一九〇〇年に国王ウンベルト一世がアナーキストにより暗殺された。この暗殺の衝撃は余りにも大きく、逆に混乱の状態が一応収拾されてしまった。すべての政治勢力は、状態が行き詰まってしまったことを感じ、打開策を模索するようになっていた。

新国王ヴィットーリオ・エマヌエーレ三世の登場とともに、イタリアは新しい時代を迎えた。社会の緊張は依然高いままであったが、政治闘争のあり方はより穏健化した。社会党内では、漸進改良派が台頭し、革命的路線が次第に見直されてきた。一方、政府は労働運動との対立を避け、抑圧措置を取らないでむしろ労働条件の改善策を講じることで社会的緊張を緩和させようとした。一九〇三年に首相になった自由党のジョヴァンニ・ジョリッティは社会党とカトリック勢力に対して対話路線をとり、政治体制の民主化のため努力した。一九〇四年には、ローマ教皇庁はローマ併合以来イタリアの信者に禁じられていた政治参加を認め、その結果ジョリッティの思惑通り、カトリック勢力は保守穏健陣営に加わることとなった。また、社会党改良派も次第に政府との妥協の姿勢を見せ始めたので、政治体制を安定化させる目的で、一九一二年に男子の普通選挙制度が導入された。これで形としてはイタリアでも西欧型の民主制度が成立したが、反面、ジョリッティは自分の権力を維持するため、あらゆる手段を辞さなかった。彼はムッソリーニ政権の樹立まで実力者として政界に君臨したが、その間金権政治がはびこり、国民は政党政治に対して不信感を抱くようになった。

イタリアの社会がこの新しい時代を迎えようとしたちょうどそのころ、師範学校を終えたムッソリーニは、小学校教師になるため苦戦していた。プレダッピオ村役場にも就職しようとしたが、失敗した。ベニートの将来は不安定に見えたが、彼は余り悲観してはいなかった。相変わらず政治に夢中で、毎日フォルリーの新聞屋ですべての新聞を立ち読みし、また女性を口説いたりしていた。彼は心のなかで、小学校教師よりもっと輝かしい未来を志していた。その本意を察した父親は、「教師にも、事務員にもなりたくない。果たして貴方は何を狙っていますか。まさにクリスピのポストじゃないのですか」と彼を責めた（ムッソリーニ家の社会的地位は低かったのに、親子間の会話ではブルジョアのよい家庭と同じように敬語を使っていた）。かつてクリスピを独裁者として非難したアレッサンドロも、心の奥底では彼に魅力を感じていたようである。しかし、彼も息子の将来に大きな期待を抱いていた。このやり取りの後にベニートが父のもとを去ったとき、アレッサンドロはそこに居合わせた友達に「せがれは勤めには向いていない。彼は指導者として生まれたのだ」と自慢した。

ベニートはついに、ロマーニャ地方から遠くないレッジョ・エミーリア県で、イタリア最大の川であるポーのほとりにあるグアルティエリという静かな町の小学校の臨時教員に採用された。実は当時グアルティエリにはイタリア初の社会党出身の町長がいたことを考えると、そこにアレッサンドロの人脈が効いたと思われる。とにかく、一九〇二年二月中旬、グアルティエリへ移り、四十人の生徒の担任となり、よい教育者としての資質を発揮した。彼の教育理念は、学年末に提出された報告書に述べられている。「教室内の規律をつくるのに、極めて簡単な手段を使った。監視をしながらも、生徒の意欲を促し、関心をもたせたのだ。本当の規律は強制的な手段で得られることはない」と。しかし、教育の場はともかく、彼は政権の座に就いてから、国民の規律をつくるために強制的な手段を辞さなかった。

グアルティエリで過ごした日々は、ムッソリーニの生涯の中でも例外的に穏やかな時期であった。孤独を感じなかったのはこの時期だけであった。友人をつくり、暇な時間は社会党シンパが集まる酒場で飲んだり、トランプに興じたりした。日曜日にはダンスパーティーにも参加した。また、初めての本格的な恋愛を経験した。相手は二十歳の美人で応召中の兵士の妻であった。夫に二人の関係を知られ、彼女が家から追い出されたため、ベニートは公に彼女と関係をもつようになり、町の非難の的となった。その反面、地元の党の幹部に頼まれて数回も講演を行ない、持ち前の雄弁ぶりを発揮して、一応の反響を得もした。しかし、ベニートはこの小さな町で落ち着くはずもなかった。明るい将来への夢を抱いていた彼は、新しい経験を求めて、スイスへ出稼ぎに行くことにした。

当時、経済成長の時期を経験していたスイスでは労働力不足で、多くのイタリア人が出稼ぎに行っていた。その中には、警察の圧迫を逃れようとする革命活動家も交じっていた。

しかし、一九〇二年七月九日、スイスのローザンヌ行きの列車に乗った時のムッソリーニには、何の具体的計画もなかった。ただ、閉ざされた地方社会と、教員という平凡な職業から逃れたかったのである。列車が国境の町キャッソに着いたとき、ベニートは父親の逮捕を新聞で知った。故郷プレダッピオに帰るかどうか彼は迷ったが、最終的には「大したことではないさ」と思いこみながら、スイスへの旅を続けたのであった。

人格的基礎はすでに確立されていたとはいえ、二十歳にもなっていないムッソリーニは、まだまだ新しい経験から知識を吸収し、さらに発展する可能性があった。スイスでは彼は肉体労働や、逮捕と牢獄入り、外国人との交流を経験した。また、大学や図書館に通って自分の教養をより豊かにした。フランス語とドイツ語を十分に身につけたし、政治と言論活動の分野でも頭角を現すようになった。また、言うまでもなく、異性との関係もより多彩になった。

はじめにイヴェルドンで一週間ほど工事現場の仕事に就いたが、肉体労働は彼に向いていなかった。父親の工房で鍛えた体は逞しかったが、そのためにスイスまで行ったわけではなかった。次にローザンヌへ赴いたが、間もなく金がなくなり、食事をとることもできなくなった。七月二十四日橋げたの下で野宿している時、放浪者として警察に逮捕された。ムッソリーニは政権の座に就くまで四カ国で十一回も牢獄入りを体験したが、この時が初めてであった。三日後釈放されたが、その後、彼はローザンヌのイタリア系社会党分子と連絡を取り、ほとんどイタリアの出稼ぎ労働者で構成されていた地元の土木労働者の組合の事務長として採用され、ローザンヌで発行されたイタリア社会党系の新聞『労働者の未来』の記事も執筆するようになった。

これをきっかけにして、スイスに出稼ぎに来ていたイタリア人労働者の中での熱烈な活動が始まった。組合での仕事と新聞雑誌への投稿による乏しい報酬を補うために、土木労働者や店の見習い店員として不定期に働き、生活の資金を稼ぎ、仕事がないときは仲間から援助を受けた。チョコレートの工場でも働いた。そして、新聞に記事を書いたり、演説をしたり、会議に参加したりしているうちに、スイスのイタリア社会党内で評価され、イタリアでもその活動が知られるようになった。持ち前の鋭くてはっきりとしたスタイルで書かれた新聞の論述は、その革命的な情熱で読者には評判がよかった。ニューヨークの社会党系のイタリア語新聞『プロレタリアート』にも投稿するようになった。彼の演説もまた、その雄弁ぶりが人気を集めた。

ムッソリーニは一九〇四年十一月まで二年ほどスイスに滞在した。主としてローザンヌであったが、ベルンやジュネーブにも滞在した。なお、スイスの国境から遠くないフランスのアンヌマスにも二回は滞在した。パリまで足を延ばしたという話もあるが、確証がない。アンヌマスでフランスの警察に協力したという噂は後に出てきたが、それは根拠のない中傷に過ぎないと思われる。この間、一度だけイタリアに帰ったことがある。一九〇三年十月終わりごろ、母親の重病の知らせを受け、慌ただしくプレダッピオへ帰ったのである。

最初、面会を断られたほど、母親の状態は極めて深刻であったが、その後徐々に回復した。彼は母親の看病に集中し、「ベニートのお陰で命が助かりました」と後に母親は述べたほどだった。彼は家族とともにクリスマスを過ごしてから、十二月末スイスに戻った。

この時、イタリアの警察当局は初めてムッソリーニを要注意人物と見なし、彼について情報を記録した。この最初の報告書によると、ムッソリーニは「活動的な性格の持ち主で、時に激しく直情的であるが、十分な教養があって、評判がよい。頭の回転がよく、教育の水準は高い。（中略）党員を募集する目的で、労働者と交際している。家族に対する態度は良好である。（中略）プレダッピオで党の指導者として振る舞っている」。

また、政治活動の関係で二回スイス当局から追放令を言い渡されている。一度目は、ベルン州からの追放であったため、いったん国境まで連行されてから、間もなくローザンヌに帰ったが、二回目の一九〇四年四月、期限切れ旅券の偽造容疑で、ジュネーブの警察に逮捕されたときは大変であった。この時イタリアの警察に身柄を引き渡された場合、スイス滞在で兵役を逃れていたから、兵役忌避で懲役に処せられることになっていた。しかし、彼の引き渡しを差し止めるためスイスの社会党も積極的に動きだし、彼の解放を勝ち取った。この時ムッソリーニ救出のために特に尽力したのはティチノ州の弁護士ジュゼッペ・

レンシであった。懐疑論の哲学者として名声を得ていたレンシは、その後イタリアに移り、初期のファショ運動に参加し、『ファシズムの理論』を著した。間もなく、ファショ運動の右傾化を非難して運動から離れ、最終的に反ファシストとなり、ムッソリーニ政権の下で迫害も受けた。とにかく、ムッソリーニの国外追放の事件はイタリアの新聞にも報道され、ある保守系の新聞は皮肉を込めて、「ジュネーブの社会党支部のドゥーチェ（首領）が追放された」と報じた。これはムッソリーニが初めてドゥーチェと呼ばれた例である。

知的形成の点でスイスでの滞在は重要であった。彼は図書館に通ったり、読書に耽ったりして、あらゆる分野を意欲的に研究した。とりわけ、一九〇四年の夏は、彼が『自伝』で述べたように、「強い知的活動の季節だった。文字通り、図書館全体を読み尽くした時期であった」。その結果、ムッソリーニは父親から受け継いだ感情的な社会主義に論理上の裏付けを追求して、思想面でも成熟した。

スイスに着いた時、ムッソリーニの政治的思考は未だ成熟していなかった。彼は確かに社会革命を願っていたが、社会主義者ではなかった。むしろ、アナーキストに対して共鳴を示したのであった。ローザンヌ大学の社会学部で聴講生として受けたヴィルフレード・パレートの講義は、彼の政治的思考の形成のための重要な節目となった。

パレートはファシズムの先行者の一人と見なされる著名な経済・社会学者で、イタリア人でありながら一八九三年以来ローザンヌ大学で教鞭を執っていた。経済学への彼の貢献は大きいが、ムッソリーニは特に彼の社会学に感化された。悲観的な歴史観を抱いていたパレートはマルクスや実証論者の合理主義を批判し、人間行動における非合理的な側面を重視した。彼によると、人間は合理的な存在ではなく、感情、本能、衝動に動かされ、自分の行動を正当化するために合理性を装っている。したがって、社会学は合理的な論理に基づいた体系的な学問であってはいけない。むしろ、その目的は、この擬似合理性に覆われている人間の本当の動機を追求することでなければならない。彼は技術と経済の発展の結果、人類が平和のなかで進歩していけるという、実証主義学派の楽観的な歴史観を否定し、社会の混乱が不可避であると信じていた。彼はブルジョアを政権から追い出すプロレタリア革命も予言していた。しかし、この社会闘争はマルクスがいう階級闘争ではなく、プロレタリアの不満と力を利用する新しいエリートの台頭である。

パレートによると、歴史には進歩も変化もなく、いつも個人によって構成されるエリートの闘争が繰り返されるだけである。また、民主主義が提唱する説得による政治は幻想に過ぎない。政治の原理は力である。説得とは力を獲得するための手段に過ぎない。力をもち、力を行使する決意をもっているエリートは政権を獲得するが、力を失うとより強いエリートに政権を引き渡さざるを得ない。強いエリートの台頭、政権を取ったエリートの必然的な弱化、新しいエリートとの交代という歴史の繰り返しはパレートが提唱したエリートの周流説である。激しい気質と強い道徳観をもっていたパレートは学者の地位に甘んじることなく政治論争にも参加し、イタリアの政治の腐敗を厳しく非難して止まなかった。

パレートにはムッソリーニが共鳴するところが多かった。彼は特にエリート周流説に深い感銘を受け、パレートに従って階級闘争をエリートの交代として理解した。この解釈は当然正統なマルクス主義からの逸脱であったが、ムッソリーニの思想的な展開の出発点であったといえるであろう。彼はファシズムに対するパレートの影響は主にエリートの周流説に留まると断言したが、論理より行動というムッソリーニの主張も、パレートの実践主義・経験主義の影響を受けている。しかも、より本質的なところを追求すると、国民を指導する任務を強い国家に与えるムッソリーニの提唱した全体主義の道徳上・論理上の根拠は、人間の非合理性を制する必要を指摘したパレートの主張にあると言える。ローザンヌ時代にムッソリーニとパレートが会ったかどうか明らかではないが、ムッソリーニが政治家になったとき、パレートは彼を自分の理論の実践家と見なして、彼にときどき進言し、ローマ進軍を歓迎した。首相になったムッソリーニは彼を元老院の議員に任命した。

この時期に彼は革命的サンディカリストの運動に接近し、彼らの思想的な指導者の一人だったソレルの『暴力論』を読み、大衆を動員するためには感情的な動機づけが必要であることを理解した。単なる経済的な動機だけで革命を起こすのは不可能であることを認識し、さらにマルクス主義から遠ざかってしまった。彼がソレルから受けた影響は決定的であったが、社会党時代のムッソリーニは、ブルジョアと妥協したことなどでソレルを政治面できびしく非難した。ソレルの政治的な立場を非難しても、ムッソリーニは彼の影響を受けていた革命的サンディカリストの運動に好意を抱いていた。当時イタリア社会党内に台頭した漸進改良派に対抗して、ゼネストによる革命を提唱した点で、革命を望んでいたムッソリーニが彼らの思想に共鳴するのは当然であった。また、闘争を通じて労働者のエリートを形成するという点も彼は重視した。

実は、ムッソリーニは社会党系の労働組合のなかで活動しながらも、サンディカリストの運動に近かった。一九〇三年から、前年ミラノで創刊されたサンディカリストの週刊紙『社会主義前衛』へ投稿も始めていた。また、一九〇四年三月、ムッソリーニがジュネーブ州支部の代表者としてスイスのイタリア社会党大会に参加したとき、革命的サンディカリストのアンジェロ・オリヴィエーロ・オリヴェッティと知り合った。オリヴェッティは『開かれたページ』誌を発行し、あらゆる思潮の人物に発言の場を与え、イタリア社会の新しい動きを分析し、将来の社会的・政治的体制の輪郭を描き出すのを目的として、若い知識人に強い影響を与えていた。ムッソリーニは『開かれたページ』へも投稿するようになり、この雑誌との接触で視野を拡大し、ものの見方を多角化した。革命的サンディカリストとの出会いは、ムッソリーニの思想的な遍歴のなかで決定的なものであった。後に彼自身は「ファシズモの原理」で、革命的サンディカリストがファシズムの先駆者であったことを認めたのである。オリヴェッティはファシズムに合流し、その理論家の一人となった。

マルクス主義に関する本格的な研究もこの時期のものである。当時、社会主義運動に関わったすべての人々と同じように、ムッソリーニも自分がマルキストであると思い込んでいたが、実はその知識はとても浅はかなものであった。それを深めるきっかけになったのは、レーニンの秘書も務めたユダヤ系ロシア人の煽動家、アンジェリカ・バラバノーヴァ女史との交流であった。狂信的なマルクス主義者だったこの烈女の指導の下で彼はマルクス主義を徹底的に勉強し、自分の社会主義の思想的な基礎を築いた。その結果、当時のイタリア社会党の指導部のなかでもムッソリーニはマルクス主義のよい理解者となり、これを利用して自分の政治的主張を正当化しようとした。しかし、マルクス主義に出会ったとき、彼の思考はすでに十分に成熟していて、マルクス主義の教義を絶対的なものとしては決して受け入れず、自分の判断の自由を束縛されなかったから、本当のマルクス主義者だったとは言えない。彼は決定論としての史的唯物論を拒絶し、論理よりも行動を重視した。後に彼は完全にマルクス主義から決別したが、それでも思想家としてマルクスを高く評価した。政権の座に就いたあとも、「ルードウィッヒとの対話」ではマルクスを「偉大な批評精神であり、又いくらか予言者であった」と評している。

スイスでムッソリーニは数多くの人間と交流し、視野を広げた。一九〇四年にジュネーブでジャチント・メノッティ・セラーティと知り合った。彼は米・ニューヨークの社会党系のイタリア語新聞『プロレタリアート』編集長を務めたが、その年スイスへ移り、『プロレタリアート』へ投稿していたムッソリーニと知り合った。二人の間に強い友情の絆が形成された。その後、彼はイタリア社会党の急進革命派の指導者の一人となり、社会党時代のムッソリーニと緊密な協力の関係にあったが、ムッソリーニが脱党したとき、この友情は激しい憎悪に変容した。

スイスは政治亡命者の天国であったので、ムッソリーニは多くの国の革命家、特にロシア人やスラヴ人と頻繁に交際した。一九〇四年三月十八日、パリ・コミューンを記念する集会でムッソリーニが演説をしたとき、聴衆の中にレーニンもいた。レーニンはこの若き演説者を評価したが、二人が会ったかどうかは定かではない。それについてムッソリーニは「(レーニンに)逢ったかどうか覚えて居ない、(ロシア人の亡命者は)始終名前を変えて居たから」と、ルートヴィッヒの質問に曖昧に答え、はっきりとした回答を避けた。

一方、レーニンはそれについて言及したことがないが、社会党時代のムッソリーニを知っていたのは間違いない。一九一四年、イタリア社会党の代表者からムッソリーニ追放の報告を受けたとき、レーニンは激怒し、「これで、イタリア社会党は革命を起こす能力を失った」と断言したという逸話もある。ムッソリーニもレーニンを高く評価していた。彼は後にレーニンと思想面で対立したが、「レーニンは優れたオーケストラの指揮者であるが、残念ながら間違った曲を演奏している」と評して、その能力を認めている。

女性との付き合いも相変わらず賑やかで、しかも国際的な性格を帯びてきた。そのなかに、ジュネーブ大学医学部に通っていたエレオノーラ・Hというポーランドの美人との情事はムッソリーニが未だ経験していない情熱的な愛となった。

スイスでのムッソリーニは新聞と講演で強く反宗教を訴え、この分野の専門家と見なされるようになった。ローザンヌで牧師との討論の際、彼は演壇の上に懐中時計をおき、「神は存在しない」と断言した後、「私を殺すために神に五分間をあたえる。もし殺せなければ存在しないという証拠である」と挑発的に付け加えた。聴衆はひやっとした。緊張と沈黙の五分間が過ぎたのち、ムッソリーニは「ご覧の通り、神は存在しない」と叫んだ。幼稚で荒っぽい論理であるのは否めないが、しかし当時の左翼の政治論争の水準はそんなものであった。

その間、イタリアで皇太子が生まれたのを祝うため大赦が行われ、ムッソリーニの兵役忌避罪も赦免された。病が依然完全には回復していなかった母親はこれをきっかけに彼に帰国を呼びかけた。そのころニューヨークの『プロレタリアート』の編集長になる話がきていたが、親孝行のために帰国すべきであることをベニートは意識した。彼は『自伝』でこのように述べている。「私の頭のなかで二つの対立する思考が戦っていた。母が熱望していたようにイタリアに帰るか、またはニューヨークへ行くか。感情的、物質的な複雑な配慮のなかで、私は前者を取った」。確かに、母親の願いを重視したとしても、彼はそれ以上スイスにいるのは無益であることを認識したし、アメリカは魅力的に見えても、正しい選択ではないと感じていた。やはり、自分の将来はイタリアにある、と。

ムッソリーニがスイスを去ったのは一九〇四年十一月十四日である。その前の晩には、ローザンヌの社会党支部で送別会が行われ、彼はネオ・マルキシズムについて講演を行ない、自分が達成したマルクス主義の理解の水準を強調した。そして、『労働者の未来』紙によれば、スイスにおけるイタリア人プロレタリアートの政治的自覚に大いに貢献したその宣伝活動を記念して、彼に万年筆が贈られた。

ニーチェの思想との出会い

翌一九〇五年一月初頭、兵役の義務を果たすため、彼はベルサリエーリ（狙撃隊）に入隊した。ベルサリエーリは歩兵の中の選抜された部隊で、羽根を飾った帽子と、走り足で行軍することで国民に人気があった。軍で彼は当初反体制派の要注意人物として監視されていたが、模範兵として振る舞い、間もなく上官に評価されるようになった。後にルートヴィッヒに語ったように「自分は真に模範兵だった。社会主義との矛盾があるなどとは夢にも考えたことがない。善良な兵士は同時に又階級的闘士でないわけがどうしてあり得よう。（中略）併《しか》し乍《なが》ら、指揮することを習う前に先ず服従することを習得しなくてはならぬ」。『自伝』でも、兵役の期間は懐かしく述べられている。「肉体的行動は私の体にためになった。多くのロマーニャ人と知り合いになり、また多くの他の地方の兵隊たちとも親しくした」。彼は師範学校時代に体操が得意であったが、兵役時代は高跳びでぬきん出ていた。

入隊間もなく、二月十七日に母の容体が悪化し、彼は急遽プレダッピオに戻ったが、ローザは危篤状態で、すでに意識もなかった。十九日に亡くなったが、長年小学校の教師を務めたので、町全体が悲しみに包まれた。葬式の様子を地方紙はこのように報道した。「ドヴィアでこのような荘厳な葬儀が行われたのをかつて見たことがなかった。参列者は千人を数えた。若きベニート・ムッソリーニは最愛の母の柩を墓地まで送り、最後の別れを告げようとしたが、痛ましい努力にもかかわらず、泣きだし、何も言えないままで墓穴へ花を捧げるに留まった」。実際、ベニートは、深刻な衝撃を受け、彼が述べたように「その後は沈黙と悲しみの数週間が続いた」。

兵役の間、ムッソリーニは政治活動を中止したが、文学や文化問題について勉強を継続した。ドイツ・ロマン主義、観念主義、ベルクソンとスピノザについて研究し、国内・国際政治、時事問題についても注目していた。また、彼が隊長への手紙で、オーストリアとの対立に触れて、「北方の野蛮人が（メッテルニヒ宰相が昔言ったように）イタリアを地理学的名称に戻そうとしたら、逞しい肉身の砦を作らなければならない」と強調したのは、注目に値する。これは上官に対する機嫌取りの言葉ではなかった。師範学校時代、エチオピア軍に喫したアドゥワの敗北に対する反応と合わせて考えると、この文章は古典教育やカルドゥッチとダンテの影響を受けたムッソリーニが無意識的に愛国心を宿していたことを証明している。

一九〇六年九月、除隊した彼はオーストリアとの境に近い東北部の小さな町トルメッツォで、小学校の教師になった。この町での滞在は、彼も認めたように「精神上、肉体上、堕落と浪費」の時期であった。ここでも彼は人妻と公然と関係を結び、スキャンダルを起こした。ただしこんな時期でも研究は継続された。地元の聖職者からラテン語と古代ギリシャ語を習い、ルナンの『イエス伝』を読み、『哲学史』と題した野心的な著作の下書きを試みてもいた。また、政治活動を再開した。一六〇〇年ローマ教皇庁によって火あぶりの刑にされた哲学者ジョルダーノ・ブルーノを記念する講演会で、熱烈な弁舌を振るい、地元社会党員の依頼で、反宗教的雑誌の編集も行なった。宗教心の強い地域であるだけに、ムッソリーニの評判は悪くなり、一年間の契約期間が終了したら、彼は教職の再任を諦めた。とはいえ、ここでも彼は教師として能力を発揮した。町役場が発行した証明書によると、彼は「なみなみならぬ能力やたゆみない勤勉さを発揮し、生徒の尊敬を獲得した」。

プレダッピオに戻ったムッソリーニは、フランス語検定試験に優秀な成績で合格した。その結果、高等学校教諭の資格を獲得したが、これは職業的にも、社会的地位としても大きな進展であった。翌年はドイツ語の検定にも挑戦したが失敗した。実際は、ムッソリーニはドイツ語の読み書きは自由自在で、会話の能力も十分にあり、ドイツ語で演説ができるほどであったが、落ちたのはドイツ語ではなく国語の作文であったようである。

一九〇八年三月、ジェノヴァに近い海に面した小都市、オネーリア（現在インペリア）の専門学校でフランス語の教諭になった。学校の教員は三人だけだったので、フランス語のほかに国語と歴史、地理学をも教えたのであった。オネーリアでの滞在は楽しいものであった。「真面目で社交的な人間で一杯で、気持ちのいい都市だ。もっとも楽しい記憶として、ずっと私の心の中に残るだろう」と『自伝』に述べている。

オネーリア市議会では社会党が多数を占め、その幹部にはスイスで友人になったセラーティの二人の兄弟がいたので、地元の社会党に入り込むのは簡単であった。それで地元の社会党系週刊紙『ラ・リーマ（やすり）』の編集長に任命された。編集長は初めての経験であったが、彼は積極的に取り組み、編集の責任を全面的に自分に集中し、すべての仕事を細かいところまで管理し、自分の監督の下で、記者の担当分野をちゃんと決め、彼らに専門的で、合理的な仕事ぶりを要求した。ムッソリーニは私生活こそ乱れていても、仕事のやり方は合理的で、整理整頓が鉄則であった。

反対派の新聞、とりわけ王政派の機関紙である『リグーリア』との激しい論争では、率直で明確、簡潔で切れ味のよい彼のスタイルを発揮した。いつものように彼の得意のテーマは、反資本主義・反教会主義・反軍国主義であったが、三月、子供文学の名著『クオレ』の著者エドモンド・デ・アミーチスが亡くなったときには情熱に満ちた弔文を発表した。『クオレ』が彼の少年時代のよき友だったことを述べたあと、成人しても「永久に過ぎ去ったものへのあこがれに引き付けられて、わが生涯の春の時期に思いを寄せるとき、記憶に蘇る日々は、いつもあの本――『クオレ』と共にある」。この文章は、ムッソリーニのロマン的な側面を露にするとともに、愛国心に富んでいる『クオレ』の影響が、彼の底流にあったことを物語っている。

ムッソリーニが危険人物であるとの連絡をフォルリーの県庁から受けたオネーリア警察は、彼を解雇するよう学校に圧力を掛けた。それで学年が終わった時、彼は解雇され、「大きな未練を残して」(『自伝』)七月の初めにオネーリアを去り、プレダッピオに戻った。帰る直前、『ラ・リーマ』紙上で、県知事・警察宛に挑発的な公開状を発表して政治闘争を継続する旨を宣言し、以後も自分を監視するように呼びかけた。

公開状には根拠があった。先年から革命的サンディカリストが煽ってきた農民闘争は、漸次勢いを増し、ロマーニャ地方とプレダッピオにも広がった。社会党の仲間はベニートに協力を要請し、彼は運動に情熱を込めて身を投じ、直接的な政治闘争に初めて参加した。

ロマーニャでは、メザドリアという経済協力の制度が広く普及していた。それは地主が農民に土地を委託し、その代償として収穫の半分を得ることになっていた。この慣習の結果、農業紛争は独特な性格を帯びていた。当時の農家の生活水準からすれば、この制度はメザドロと称された借り手にとって有利であった。彼らは、日雇い労働者に比べてのみならず、農地からぎりぎりの生活の糧しか得られなかった小規模自作農に比べても、比較的裕福な階層であった。したがって、ロマーニャでの社会闘争とは、農民と地主との対立だけではなく、メザドロを含む微妙な三角関係の形態を取っていた。十九世紀終わりごろには社会党は日雇い労働者の組合を結成して農業地帯に進出したが、労務提供や耕作機械の利用の問題で、この組合とメザドロたちとの対立が次第に激化し、ついに流血の衝突までに発展した。

緊張が最高潮に達する小麦の収穫期に、ムッソリーニはちょうどプレダッピオに着いた。彼は『ラ・リーマ』紙上で報告したように、革命的な雰囲気で数週間を過ごし、「イタリアの農民大衆の前進の輝かしい場面であるこの闘争に、魂の全てを懸けて」参加した。この騒動の間の七月十八日、彼は脅迫罪で逮捕され、一審では懲役三カ月の判決を受けたが、実際は拘置所に十二日間いただけで仮釈放され、二審判決は十二日間の拘置だけだった。またプレダッピオでは、警察当局の許可なく講演を行なったかどで、百リラの罰金を受けたが、それを支払うことができなかったため、拘置所で十日間拘留された。

しかし、政治活動に身を投じても、ムッソリーニの関心は相変わらず思想的な問題に傾いていた。この時期に彼は、ニーチェ哲学を論評する「力の哲学」と題された最初の纏まった論文を発表した。これはイタリア左翼の一般的なニーチェの解釈を離れた独特の読解である。ちなみにムッソリーニはニーチェが抽象的な体系的構造に対する懐疑を表明し、無限に変化しつつある現実を把握し対応するために、具体的行動の優先を主張する点を何よりも評価した。また、行動と生活規範との間の密接な関係を指摘して、行動を通じて新しい社会の要請に応える新しい人間像の創出の発想を重視した。ここにはすでにムッソリーニの思想の中核が表れている。彼の行動哲学は、生活の様式に基づく人間の形成を目的とする倫理学の提唱である。現在もっとも先鋭な研究家たちは、生活の倫理学としてのファシズムの側面に注目していることを考えると、ニーチェとの出会いはムッソリーニの思想的展開のなかで重要な節目であることが理解できる。

この論文は、ムッソリーニが本質的にマルクス主義者ではなかったことを証明し、その後の彼の思想の発展が急な転向ではなく、それまで無意識であった確信の自覚と成熟に過ぎなかったことを裏付けるのである。この論文で戦争や孤独や危険によって鍛えられた、強くかつ自由な精神を備えた新しい人間の到来を予言したことで、彼はそれまでの社会主義から遠ざかっていったのである。ムッソリーニがここで初めて戦争の道徳上の意味を指摘したことは注目に値する。この観念は後に彼を第一次大戦参戦への賛成に走らせたものであるが、彼の意識の深層に深く根を張ったものであり、生涯捨てなかった確信である。ムッソリーニ自身はニーチェとの出会いが決定的だったことを認めていた。一九二四年に

『ニューヨーク・タイムズ』のインタヴューで、彼はニーチェの哲学により「社会主義から自分の熱が冷め、《被統治者の同意》について喋る政治家の偽善的術語や、国会と普通投票の本質的な価値について目から鱗が落ちた。《危険に生きよ》という言葉から、特に深い感銘を受けた」と述べたのである。

ムッソリーニは「超人」と「権力への意志」の観念から強い影響を受けているものの、その解釈に当たってパレートのエリート論とマッツィーニの人道主義を加味して、民族共同体に対し歴史から課せられた天命を自覚する少数エリートの特権として理解したのである。そして、この天命を果たすのに、力の行使も辞さない。エリートの権利の根拠が使命の意識であるというのは、ムッソリーニの思想の根本的な特徴である。エリートが強い道徳上の価値観をもち、それを身の処し方に表して、大衆にとって模範にならなければならない。かくて、ムッソリーニはニーチェの立場からは程遠い教育者の精神を示したのである。彼は、全体的かつ無条件にニーチェを受け入れたわけではなかった。影響を受けたというよりも、ニーチェの思想に接近したとき、ムッソリーニ自身がもっていた思想的特徴が外に現れたと考えるべきである。

しかし、超人の思想は、彼の少年時代からの孤独への志向をさらに強化し、論理的な根拠を与えた。「我々が強力なる所以は、友を持たざるためなり」と書いた彼は、孤独を超人の特権の代償として理解し、孤独を自分の天賦であると感じてきた。この孤独感は人を信用しないという本能的な感覚から生じていたが、自分の優越性の意識とあいまって、人間に対する悲観論に成長した。

この論文が掲載されたのは、社会党と敵対する立場にあった共和党系の『ロマーニャ評論』紙であった。ムッソリーニは、社会党で政治活動に参加しても、思想的に自分の視野を拡大しようとしていた。ちょうどこの時期には、『ラ・ヴォーチェ（声）』という雑誌に接近した。この雑誌はフィレンツェの知識人ジュゼッペ・プレッツォリーニが刊行し、二十世紀の最初の二十年間にイタリアのインテリ階層の形成に重要な役割を果たした。当時の遅れた社会と文化を鋭く批判したり、革新を提唱したりして、現状に不満を抱いた新世代を刺激し、あらゆる政治的・思想的立場の人々が、その誌面で自由に意見を戦わせていた。ムッソリーニも熱心に『ラ・ヴォーチェ』に投稿し、プレッツォリーニと頻繁に手紙を交換して、新しい知的刺激を得るようになった。

民族意識の自覚

ロマーニャでの滞在は長く続かなかった。一九〇九年二月のはじめにムッソリーニはアルプス山脈の南麓の小都市トレントへ移動してそこの労働委員会の事務長になり、またその機関紙『労働者の未来』の編集長も兼ねた。トレントへ向かった彼は、言論活動を自分の道であると思い込んでいたが、この短いトレント滞在は彼に知的・思想的な刺激を与え、政治家としての自覚を促した。

当時オーストリア帝国の支配下にあったトレントで、ムッソリーニは全く新しい環境に出会った。住民はイタリア人であったが、オーストリアの支配を支持するカトリック保守系の国民党が地方の政界に君臨し、ドイツの文化や言葉の普及のため活躍するパンゲルマン主義（汎ドイツ主義）系の団体も健闘していた。反面、地域のイタリア文化の伝統を護持しイタリアへの合併を主張するイタリア民族派は劣勢であった。社会党も弱かったが、その代表者、弁護士のチェーザレ・バッティスティは、教養ある精神的自覚の高い人物で、社会正義の理念に強いイタリア民族の意識を併せ持っていた。第一次世界大戦が勃発したとき、彼はトレント地方のイタリアへの合併を望んで、イタリアの参戦を主張し、オーストリア臣民でありながらイタリア軍に志願入隊した。そして、オーストリア軍の捕虜となり、反逆罪で絞首刑となった。

保守的で無風状態のトレントではムッソリーニの活動は爆発的効果があった。彼は『労働者の未来』を編集するかたわら、バッティスティが主宰した社会党系日刊紙『国民』にも投稿し、後にその編集長になった。彼はこれらの新聞に攻撃的な論調を取り入れ、大衆を動員する能力も発揮した。その結果、『労働者の未来』は発行部数が倍増したし、彼が目的としたトレントの「伝統的な無気力」を揺さぶることをもみごとに実現した。彼の活動ぶりはすさまじく、わずか六カ月の間に百本以上の記事を発表し、その論調もいよいよ激しくなった。主要な攻撃目標はオーストリア政権の後援を受けて政界を支配し、労働運動で社会党系の組合と競争していたカトリック勢力であり、論争の相手はアルチーデ・デ・ガスペリであった。彼は当時トレントで一番発行部数が多いカトリック系日刊紙『トレンティーノ』の編集長であったが、後にイタリアのカトリック政治運動の指導者になり、第二次大戦後、首相として長い間イタリア政界に君臨した人物である。

しかもムッソリーニは労働委員会の事務長として全地域で講演活動を行ない、労働運動にも積極的に関わった。また、この多忙な日程のなかでも、勉強のための時間を割き、毎日トレント市立図書館で数時間を過ごした。この図書館は資料が豊富で、ヨーロッパの主要な思潮について知識を得ることができた。この研究の成果は記事に反映され、彼は社会・政治問題以外の分野についても幅広く発言するようになった。

また独学で熱心にヴァイオリンを練習した。一生続いたヴァイオリンへの熱中は、この時期から本格的となった。トレント市の文化人たちとも交流の機会を得た。特にバッティスティ夫妻との接触は彼に知的な影響を与えた。高い教養と、礼儀正しい生活環境は、ムッソリーニにとって今まで経験できなかったことであった。しかしながら、彼の私生活は相変わらず奔放で、女性関係も多かった。

オーストリア当局は当然ムッソリーニの活動を弾圧した。六カ月の滞在の間、彼は五回も実刑判決を受け、計二十日間拘留された。『労働者の未来』や『国民』も十数回発売禁止になった。トレント警察は早くからムッソリーニの国外退去を図ったが、最初イタリアとの摩擦を避けようとしたウィーンの内務省の反対に遭った。しかし、彼が絶えず問題を引き起こしたので、ついに内務省も重い腰を上げ、九月に警察当局は治安維持法に触れたかどで彼を逮捕した。釈放を求めてハンガーストライキを実行しているさなかに、国外退去を命ぜられた。この事件は政界に相当の影響を及ぼした。ウィーンで社会党が処置撤回を要求し、トレントではストライキが実行された。イタリアの新聞でも取り上げられ、イタリア議会の質疑でも問題となった。その結果、社会党関係者の間でムッソリーニの知名度は高くなってきた。

トレント滞在中に、ムッソリーニはそれまであまり意識していなかった民族問題について関心を抱くようになった。トレントではパンゲルマン主義者とイタリア民族派との対立が日常茶飯事であり、彼はバッティスティをはじめ、イタリア民族派とも接近した。彼らと同調するまでには至らなかったとしても、ムッソリーニは民族と言語の重要性を理解し、社会主義者が提唱した国際的連帯の非現実性を認識した。この経験の成果は、彼の最初の本格的著作である『社会主義者の見たトレント地方』である。『ラ・ヴォーチェ』の出版部で一九一一年に発行されたもので、ムッソリーニの著作の中で、もっとも優れたものの一つと評されている。彼は均衡のとれた姿勢に立ってトレント地方の実情を叙述し、言語の問題やパンゲルマン主義団体とイタリア語保護連盟との対立について述べている。プレッツォリーニに宛てた手紙で、「イタリア人の精神的統合」を形成するため『ラ・ヴォーチェ』が展開しつつあった運動を、ムッソリーニが自分の著作の中に位置づけたことは注目すべき点である。

トレントに関連するもう一つの著作は、全く違った性質のもので、一九一〇年『国民』紙に連載された歴史小説『枢機卿の愛人クラウディア・パルティチェーラ』である。十七世紀のトレントで展開されるマドルッツォ枢機卿とその愛人のロマンスにことよせて、聖職者の腐敗を激しく非難したものであるが、この時期に金に困っていたムッソリーニの実際の執筆動機は、政治的な反教会主義というよりは原稿料であった。彼自身はこの小説を悪書と評したものの、大当たりして新聞の発行部数が増大したので、バッティスティの要請で何度も続編が追加されることになった。彼が生きている間イタリアでは発行されなかったが、六カ国語に翻訳され、国外で出版された。

社会党での本格的活動

さて、トレントから追放されたムッソリーニはイタリアに帰ったが、彼にとってもっとも緊急を要する問題は生活費を稼ぐことであった。彼はしばらく、貧窮に近い状態にあった。追放された時、無一文であったので、フォルリーまでの汽車賃を払うため、父親から送金してもらったほどである。新聞記者としても教師としても仕事がなかったので、取り敢えず父親の経営する料理店で働くようになった。

ちょうどこの絶望的な状態に喘いでいたとき、思いがけないチャンスが訪れ、彼の将来を決定づけた。フォルリーの社会党支部が週刊紙を発行することを決め、ムッソリーニに編集長と支部書記長の職を要請したのである。彼は受諾し、一九一〇年の初めからイタリア社会党での本格的活動を開始した。同じころ、ラケーレ・グイディと夫婦関係を結び、私生活にも一応けじめをつけたのであった。この二つの決断が同時に取られたのは偶然ではないだろう。これでムッソリーニは放浪の生活に終止符を打ち、政治家としての自分の未来を決めたのである。

社会党のなかで本格的に活動することによって、ムッソリーニはいよいよ自分の政治的立場を固めた。以前、社会党の周辺で活躍しても、彼は自由な立場を保とうとしていた。実は感情的に社会党よりも革命的サンディカリストに近かったからである。しかし、ムッソリーニが彼らの運動に直接加担する気にならなかったのは、共鳴するところが多かったのに、その政治路線について重大な疑問を抱いたからである。まず、彼は労働者の運動の限界を意識していた。労働者たちは生活水準の向上に関わる経済的な目標のためには動員できるが、それが満たされたとき、革命的な意志を失い、かえって保守的になってしまうと、彼は考えていた。

なお、社会を抜本的に改革するのは労働者運動を超えた政治運動である。しかも、イタリアのプロレタリアートが革命を起こすのに十分な力がなかったこともムッソリーニは見抜いていた。したがって、革命的サンディカリストたちが提唱したゼネストは、労働者運動の試練として意味があっても、革命へ導くものではないと彼は見ていた。革命を起こすのは、政治運動である。そのためにムッソリーニは社会党のなかでの活動を選び、社会党を革命的なエリートが指導する政党へ変質させようとした。実は、社会党に対するムッソリーニの立場は初めから条件付きであった。彼は社会党を通じて自分の政治的プロジェクトを実現しようとしたのであった。

フォルリー支部の書記長としてのムッソリーニの任務は決して容易でなかった。フォルリーは共和党の天下で、社会党の組織はとても弱かった。共和党はメザドロたちを擁護していたので、農業機械に関する紛争は二つの党の関係を険悪にし、社会党の立場がさらに弱まっていた。しかし彼は支部を再編成し、党員の政治意識を高め、強い革命的な意志を植え付けた結果、辛うじて千三百人を超す程度だったフォルリーの支部は、革命派の先駆的存在として、社会党のなかで重要な存在となった。

彼は新しい週刊紙を『階級闘争』と名付け、まず党員の活性化を図った。創刊号の社説で訴えたように、彼の目的は「(党員の)知恵を開拓し、より優れた生活形態への向上を目指す労働者たちの運動を援助する」ことであった。この文章には、個人の精神的向上を中核としたムッソリーニ独特のニーチェ主義の解釈が窺われる。彼の理解では社会主義とは「個人的かつ連帯的、精神的かつ物質的な向上への努力」であり、政治闘争は人間改造への試練である。新しい社会の設立を狙うこの闘争の前提は党員の人格改善である。そのために、彼は文化・教養と思想の重要性を強調した。この啓蒙活動にあたって、彼はマルクス主義等の社会党の従来の思想にこだわらないで、党外に台頭しつつある新しい思潮も党員へ紹介した。特に、彼が非常に親近感を抱いていた革命的サンディカリストに注目した。

ムッソリーニはこの時点ですでに自分の政治方針と行動計画を決定していた。彼は資本主義段階から社会主義への移行が、議会政治という平和的な方法で実現できるとは考えていなかったし、大衆による行動に対しても懐疑を抱いていた。彼は、大衆的な政党よりも、たとえ少人数であっても、努力と犠牲を辞さないエリートの下に結集するプロレタリアの自覚に基づいた政党を提唱し、継続的な闘争状態を通じて、政権獲得の機会を作ることを狙っていた。この観点から彼は、改良主義者が提唱した連立作戦には社会党が独自の目標を見失うという理由で真っ向から反対した。彼は数よりも質を重視したが、まだ政治活動に参加していない大衆へ政党の影響力を浸透させることもまた必要と考えていた。

意識の高い少人数の党による革命を主張したムッソリーニの政治構想はレーニンのそれ

に似ている。実際、レーニンの感化を受けたことは否定できない。とにかく、二人とも歴史が与えた時機を摑み、少人数の党で政権を獲得するのに成功した。しかし、二人の構想の類似性は表面的で、戦略に留まる。根本的な相違は党を指導するエリートの性格である。レーニンはインテリ、理論家による党の指導を提唱したが、ムッソリーニは行動による自覚を得たエリートの到来を提唱した。この点にこそ、マルクス主義の主知説とファシズムの主意説の相違が表れている。

社会党の革新の理念の下、ムッソリーニは支部党員数を倍増させ、その精力的な活動で党員の全面的な支持を得て、自分個人の立場を強化し、短期間でフォルリー支部を、当時社会党内で支配的であった改良派との主導権争いの基盤にした。

この時期の政治闘争で知り合った人々のなかで、何人もがその後ファショ運動に合流した。しかし、ムッソリーニに政治面でもっとも近い人物はニコーラ・ボンバッチであった。フォルリンポポリ師範学校に通い、その時代からムッソリーニの強い個性に惹かれていた彼も、小学校の教師を務め、フォルリーから遠くない地方都市チェセーナの社会党支部の書記長となり、革命派に属したのでムッソリーニと行動を共にすることが多かった。しかしその後、二人の進路は分かれてしまった。ムッソリーニはファシズムの創立者になったのに、ボンバッチは一九二一年イタリア共産党を創立し、対極の人物となった。戦闘ファショの行動隊のなかで「ムッソリーニのブーツを磨くためにボンバッチの口髭でブラシを作ろう」という歌が流行ったが、二人の間の友情の糸が断たれることはなかった。第二次世界大戦の末期に二人はもう一度接近し、ボンバッチはついにムッソリーニの不帰の旅の伴になることを選んだ。

さて、この一九一〇年十月ミラノで社会党の大会が開催され、ムッソリーニはフォルリー支部の代表団を引き連れて参加した。大会の争点は急進革命派と漸進改良派との対立であった。彼はスイス時代から交際していたセラーティやバラバノーヴァに指導された革命派を支持したが、劣勢となったので革命派の脱党と新政党の形成を提案した。革命派の幹部は党の分裂を望まなかったのでその提案は退けられたが、彼は革命政党の結成の計画を諦めなかった。そして、間もなくそれを実現しようとした。翌一九一一年三月に、改良派の中心的人物だったレオニダ・ビッソラーティが社会党の代議士として初めて組閣のための国王との会談に出席したことは、社会党による国王の役割の認知と、共和制の主張の事実上の放棄と見られて、党内での反発は激しかった。ムッソリーニは機が熟したと思い、ビッソラーティの追放を要請した。党指導部がそれを却下したとき、フォルリー支部は離党を宣言した。ところが、革命派の幹部は離党を拒絶し、離党運動が外の州へ拡大しなかったので、ムッソリーニは孤立してしまった。

ムッソリーニの作戦は失敗に終わろうとしていたが、思いもかけない助け舟が現れた。一九一一年夏にイタリアの政治事情は急に新局面に向かい、政界の関心はトルコとの戦争の問題に集中した。地中海におけるイタリアの立場の強化と、植民地獲得の目的で、当時トルコ領だったトリポリとリビアの占領を要請する声が国民の中にかねてから多かったが、国際情勢が有利になったと判断した政府はその実現のため、トルコとの戦争へ動き出した。国粋派と保守勢力はもちろん、中産階級の大部分は戦争に賛成であったが、愛国心の機運の盛り上がりのなかで左翼でも意見が分かれてしまった。社会党の中で、植民地戦争への反対は党員間に圧倒的であったものの、国家の発展がプロレタリアートの生活水準の向上をもたらすという意見もあった。とにかく、指導部は政府との関係を考慮して慎重であった。

この条件の下で、反戦運動はなかなか盛り上がらないのは当然で、勢いを示したのは、フォルリーを中心とするロマーニャ地方だけであった。ここで、毅然として反戦の立場を取ったムッソリーニは、支部の組織を動員して精力的に抗議運動を推進したのであった。当時の彼の言動からは、たった三年後に起きた転換は予想できなかったであろう。祖国を「もはや時代遅れになった虚構」と断定し、国家間の戦争を階級闘争に変容させるため、ゼネストを提唱した。彼の呼びかけに応えて、戦争の勃発が間近になったとき、フォルリーの社会党系の労働組合は九月二十六日から無期限のゼネストに突入した。共和党系の組合も同調し、ゼネストは一応成功したが、他の地方で同じような動きがなかったのでフォルリーでもそれを中止せざるを得なかった。とにかく、ムッソリーニは強い指導力を発揮し、左翼陣営のなかで注目されるようになった。

反戦運動がフォルリーで盛り上がったのは、ムッソリーニが共和党と協力関係を結ぶことに成功したからである。その基盤は共和党系労働評議会の書記長を務めていたピエトロ・ネンニとムッソリーニとの相互信頼であった。二人の友好は後々まで続き、一九一四年ネンニもムッソリーニとともに参戦を主張したし、ファシスト運動の形成にも参加し、一九一九年三月にボローニャの戦闘ファショの設立者の一人となり、ムッソリーニが創刊した日刊紙『ポポロ・ディタリア』の編集長をも短期間務めた。しかしその後、彼はファシスト運動の右傾化を批判して社会党に入党し、そのリーダーとなった。第二次大戦の時、フランス亡命中のネンニはドイツ軍に逮捕され、間もなく釈放された。それはムッソリーニの介入の結果ではないかとネンニは推測したが、本当のところは知らなかった。実際、ムッソリーニの手記によりこの事実は確認されている。戦後ネンニはイタリア社会党を指導し、共産党と緊密な協力の路線をとった。ハンガリー動乱のあとには、徐々に共産党から離れ、一九六〇年代にキリスト民主党と連立を組んで長い間継続した中道左派体制を確立し、外相・副首相などを務めた。しかし戦争中、自分の命が助かったのは、旧友のムッソリーニのおかげであったかどうかという謎を死ぬまで解くことはできなかった。

反戦運動は失敗したものの、ムッソリーニは大衆のなかに革命への意欲が潜在していることを感じていた。それを発揮させるのはエリートたる革命家の任務であるという彼の確信がさらに強化された。しかしフォルリーのストライキの成功は警察当局に動揺を与え、首謀者だったムッソリーニとネンニは、違法活動の煽動等のかどで十月十四日に逮捕された。ムッソリーニはフォルリーの店でコーヒーを飲んでいる最中に逮捕された。彼は連行しようとした警察官にコーヒーを飲み終わるまで待ってくれと頼み、また「いよいよ執筆中のヨハンネス・フスに関する論文を書き終えることができるだろう」とうそぶいたものの、実際妻子がいる今ではそんな気楽に下獄するわけにはいかなかったはずである。

裁判のとき、ムッソリーニは具体的な容疑を否認したものの、騒動の道義的責任は認め、彼の行動が国に背いたのではなく、国が危険な冒険を犯さないようにとの愛国心に基づいたものであったと主張した。そして判事に向かって、「無罪になれば喜ぶだろうし、有罪になれば名誉となるだろう」と、挑発的に断言した。判決は一審で懲役十二カ月であったが、二審で五カ月に減刑され、一九一二年三月十二日に出所した。服役中に彼はフスに関する論文の執筆を終えただけでなく、『自伝』をも執筆し、ロシア語の勉強も始めた。この事件は革新陣営に大きな反響を及ぼし、ムッソリーニの名前は外国でも知られるようになった。ソレルはムッソリーニを評して、「彼は普通の社会主義者ではない。おそらくいずれ、聖なる軍団を率いて、剣でイタリア国旗に敬礼する姿を見せるだろう」と述べ、彼の将来を予言した。

出所してからムッソリーニはフォルリー支部を社会党に復帰させた。革命派が党内で勢力を伸ばしていたので、党の指導権を獲得する時が近いと見たからである。実際は、一九一二年七月、レッジョ・エミーリアで開催された党大会では、ムッソリーニは中心的な役割を果たし、彼の思惑通り革命派の勝利で終わった。党大会に参加した労働者運動の指導者の一人は、ムッソリーニの出現をこのように描いている。「三十歳にもならないベニート・ムッソリーニは、アフリカの荒野から出てきて、優雅なアレキサンドリアの哲学者の集会を杖で叩いて追い散らした、あの修行者たちのような狂信的な非妥協性を示して、会議に登場した。修行者たちと同じように彼の外観は粗野であり、ボロを纏《まと》い、不潔で醜かった。指導者を得ることを熱望した参加者の多数は彼の演説に圧倒された。あの演説をいま読みなおすと大したことはないが、確かに出世の意欲に満ちた若人の激情があった。天から遣わされた人物のように見え、大きな成功を収めたのは確実である」。

この大会でムッソリーニは大衆の心理を感知し、大衆を魅了する能力を発揮したのである。彼の激烈かつ巧妙な演説は、聴衆を刺激し、大会の結果を決めた。彼は、参加者の政治的意図と感情的変化を察知したうえ、その代弁者になってトルコとの戦争に積極的に反対しなかった改良派の指導部を党から追放することを提案した。もとより戦争に反対だった党員はこの提案を賛成多数で決定した。革命派は圧倒的な勝利を収め、執行部のポストをすべて獲得し、ムッソリーニもその一人に選ばれた。地方の党役員に過ぎなかった彼が、党に君臨した長老たちを追い出すという想像できない成果を収めた。これで、ムッソリーニは革命的社会主義の新しい指導者として頭角を現した。

レッジョ・エミーリアでの成功の後、ムッソリーニはフォルリーに帰り、しばらく事態を静観した。この時間を利用して、初めて南部イタリアを旅行し、その実情に触れたことで、いわゆる南部問題に目を開いた。これ以降、南部をイタリアの民族共同体に位置づけることが、ムッソリーニの重要な政治信念の一つになり、政権獲得後、この問題の解決のために政策を精力的に展開したのであった。

党機関紙『アヴァンティ!』の編集長

社会党執行部の任命によりムッソリーニは一九一二年十二月一日付で党機関紙『アヴァンティ!』の編集長になった。彼が年齢的に若く党歴も浅かったので、この任命は当初暫定措置として決定されたが、彼はすぐに新聞の主導権を握り、編集長としての能力を発揮して新聞に活力を与え、しかも明確な政治路線を決め、自分の主張を党内で宣伝するための基盤とした。彼が就任した時点で発行部数は二万八千であったが、二年もしないうちに六万部に伸ばし、時には十万部に達したこともあった。また彼は社会党の政治活動のあり方を変革した。従来社会党の基盤は党の組織であったが、ムッソリーニは宣伝活動を重視し、とりわけ社会主義的な世論を形成する目的で機関紙の役割を強調した。機関紙の責任者は党内で政策決定に関わり、それを外に発表した。したがって彼は編集長として、党内で大きな権力を獲得するようになった。しかし、彼の権力は確固たる組織的基盤がなく、機関紙の管理と党員の共鳴に依存していたので、こわれやすいものであった。つまりムッソリーニが党を支配できたのは草の根の党員の感情を代表したからである。しかし、参戦を主張した途端人気を失った彼を党から追放することは容易であった。

社会党の再生を願望した青年たちは、ムッソリーニを仰ぎ見ていた。グラムシも指摘するように、ムッソリーニは『アヴァンティ!』を「メリディオナリスト（南部問題を重視する人たち）とサンディカリストのための道場」のようなものに変身させた。また新しい思潮に紙面を割いたため、マルクス主義の色が薄れてしまった。このように、社会主義の思想を再考し、イタリアの新しい文化的・思想的な条件に適合させるという過程が促進された。

ムッソリーニは一九一二年の十二月末、『アヴァンティ!』の本部があるミラノに移動した。編集長としての月給は五百リラで、これまでの収入を大きく上回った。いよいよ貧しい生活から解放されることとなり、一九〇七年から友人に借りっぱなしだった四十四リラも返すことができたが、それだけでミラノでの中流の生活を維持するには不十分であり、彼は相変わらず金に困っていた。

新聞の編集長の仕事に際し、ムッソリーニはすぐに自分のスタイルを発揮した。「俺が主宰する新聞で政治記事を書くのは俺だ」と断言し、前任の編集長のクラウディオ・トレヴェスの投稿を退けた。トレヴェスは穏健派の指導者の一人で、ムッソリーニにとって彼の影響力は排除すべきものであったが、何回も当選した代議士でありながら若造に屈辱を喫せられたトレヴェスは終始敵対の姿勢を崩さなかった。

党の機関紙編集長としてのムッソリーニの立場は容易ではなかった。彼の極端な主張は、改良派はもちろん、革命派の穏健分子にも歓迎されなかった。また、彼はミラノの社会党の雰囲気にはなかなか馴染めなかった。ミラノは当時、イタリアで知的にもっとも活発な都市であり、社会主義運動の中心地でもあった。社会党にとって、ミラノに構えられていたアンナ・クリショーヴァのサロンは重要な存在であった。この優秀なユダヤ系ロシア女性は、イタリア社会党の創立者のアンドレア・コスタとパリで同棲していたが、そのあとミラノに移り、社会党の指導者の一人だった穏健派のフィリッポ・トゥラーティと友好関係を結んだ。彼女のサロンには社会党の幹部と社会党に近い知識人のほかに、ミラノの文化人と政治家、企業家、官僚らが集まり、落ち着いた雰囲気で意見の交換が行われていた。当然、「革命」は禁句であり、むしろこのサロンに出入りする人たちは、現政権との妥協を望んでいた。この環境のなかでムッソリーニは異質な存在であった。トレヴェスに対する侮辱的な振る舞いで反感を買ったが、もとより野暮ったい彼にこのブルジョア的な雰囲気は似合わなかった。クリショーヴァは初めから彼に対して違和感を覚えた。「マルキストではなく、社会主義者でもない。ちっぽけな詩人にすぎない。ニーチェを読んだちっぽけな詩人」と、ムッソリーニを評した。

ムッソリーニの言動に対する長老たちと穏健派の不満は一九一三年五月に爆発した。きっかけは彼が革命的サンディカリストが主催したストを支持したことである。革命的サンディカリストは、漸進改良路線に反対して資本主義国家の崩壊をもたらすべくゼネストの行使で革命を提唱し、労働運動を政党の指導から独立させることを主張して、一九〇七年社会党から離党し、改良派が指導する「労働総連盟」（CGL）の穏健な政策にあきたらなかった多くの労働者の支持を受けて勢いを増し、一九一二年に独自の組合組織「イタリア労働組合連合」（USI）を結成していた。

サンディカリストの運動はミラノで特に強かった。運動の中心的な人物だったフィリッポ・コリドーニは労働者のなかで大きな人望を集め、支持層を拡大していった。ムッソリーニは、スイス時代からサンディカリストに接近していたが、ミラノでさらに関係を緊密なものとした。一九一三年五月、USIはミラノで金属加工労働者のストを実施したが、CGLと改良派が牛耳っていた社会党ミラノ支部は反対の立場を取った。しかしムッソリーニはこのストライキを新聞で支持し、検察の弾圧への抗議として六月に実施されたゼネストに際してもこれを評価し、その成功を歓迎した。しかも、ストライキに反対したCGLの書記長を激しく攻撃し、辞職に追い込んでしまった。この言動でムッソリーニは明らかに党の規律を乱したのである。彼を敵視した党内勢力は彼の解任を要求したが、草の根の党員のなかでの高い人気は彼の強みであった。七月に開かれた党執行部会議では激しい論争の結果、『アヴァンティ!』の政治方針が承認され、ムッソリーニの信任が再確認された。ムッソリーニは失脚するどころか、党のなかでの影響力をさらに拡大した。

秋には初めての男子普通選挙が行われ、社会党は大いに前進した。この勝利はムッソリーニの政治方針が労働者の支持を得たことの証拠として受け取られ、『アヴァンティ!』紙上でのキャンペーンや、街頭演説で勝利のため大きく貢献した彼の立場の強化に役立った。ムッソリーニもフォルリー選挙区から出馬したが、共和党の強いこの区では、初めから当選が望めるところではなかった。ムッソリーニは実際、自分の選挙区では一回しか演説せず、あとはよその応援演説ばかりしていたにもかかわらず、共和党の五万七千票に対し、三万三千票を獲得して上々の成果を上げた。

政権を獲得するには革命以外道がないと考えていたムッソリーニは、代議士のポストに魅力を感じていなかった。むしろ、革命への志向を漸進主義に変容させる議会活動について警戒心を抱いていた。それで翌年当選確実なミラノの補欠選挙に出馬を要請されたときは、彼はそれを断り、その代わりに父親の友人であったフランスに亡命中の老革命家のチプリアニを推薦した。

当時、ムッソリーニの政治路線は、まだまだ明確ではなかった。大衆動員の観点から六月のゼネストに賛成はしたものの、大衆に革命を起こすだけの能力がないということをよく理解していたので、その後も煽動を続けるサンディカリストに対して批判的になった。「強力に組織されている資本主義者に対して戦うには、同じように労働者大衆も強力な組織を持たねばならない」と断言したが、イタリアの労働者はそれほどの組織を持つには程遠かった。このような状況のなかで、サンディカリストたちの極端な行動は労働者を失望させ、為政者の弾圧を呼び起こす危険を孕んでいると見ていた。党の組織のなかで政治意識が高く有能なエリートを育成し、大衆の緊張感を維持しながら、革命のための適切な機会を待つというのは、彼が主張した戦略であった。

彼は自分が思想的に未熟であることを意識して、いつも新しい知識を追求していた。一九一三年十二月、『ユートピア』という雑誌を創刊し、党機関紙の編集長の束縛から離れて自由に自分の意見を述べ、党内に自分の派閥を作ろうと試みた。しかしなによりも『ユートピア』は新しい知的経験を通じて若い世代を刺激する探究の雑誌であった。語学に強いムッソリーニは、仏・英・独語圏での社会党系雑誌の論述を紹介し、諸外国の思潮についての情報を提供した。この時期に『ユートピア』やその他の雑誌で「オム・キ・シェルシュ（探究する人）」というフランス語のペンネームを使っていたのは、彼がまだ自分の道を探究しつつあったことを示唆している。この不満は、ムッソリーニの精神のなかで起こりつつある大きな変化の兆しであった。

一九一四年の党大会は四月にアンコナで開催され、ここでムッソリーニはかねてから懸案だった社会党におけるフリーメーソンの問題に重点を置いた。フリーメーソンとは、統一以来イタリア政治に大きな影響を及ぼした秘密性の高い結社で、上層部の会員だけに伝授されている宇宙の原理があると主張し、その原理に従って友愛、自由と理性に基づいた秩序を地上に創設することを目的にしていた。フリーメーソンは十七世紀の終わりごろのイギリスで結成されたが、その由来が古代ユダヤのソロモン王によるエルサレムの神殿建設にあると主張し、古代オリエントの密教やユダヤ教の象徴主義を模範にした教義と儀式を中心とする一種の秘教である。会員は秘密にされている合図、合言葉などで互いに認識し合い、上司の指令に服従しなければならない。「ロッジ」と言われる集会は組織の基礎であり、各国にすべてのロッジを統括する「大ロッジ」があり、それは国際的な繋がりがある。イタリアに主な大ロッジは二つあり、それぞれがイギリスとフランスの大ロッジの系統である。

十八世紀の後半に、フリーメーソンはフランスを中心にヨーロッパとアメリカのブルジョワジー、特に知識人のなかに浸透し、当時盛んであった啓蒙主義の影響を受けて、世界市民主義、合理主義、個人主義や自由主義を提唱した。アメリカ革命とフランス革命で重要な役割を果たし、ナポレオン政権の主な支えにもなった。十九世紀に各国で自由と独立の運動を後援し、フランスで反カトリック闘争を指導した。弁護士、医者らの自由業や軍人や公務員や政治家のなかに会員が多く、ヨーロッパ各国の政治に大きな影響を与えるようになった。イタリアで統一闘争の時代に重要な役割を果たし、統一後勢力を伸ばし、最盛期に三百以上のロッジが数えられた。フランスと同じように、カトリック教会に対し強い敵意を抱いていた。フリーメーソンは高尚な理念を提唱しているが、その本当の力は会員の連帯感と互助の精神である。会員の入会の実際の動機は互助であり、幅広い人脈を作って、出世することである。したがって、当時のイタリアの腐敗構造の大きな要因であった。

社会党にもフリーメーソンが多かったが、党の利害よりも、結社の利害や個人的な私利を追求していると非難を受けていた。ムッソリーニは彼らが各政党に浸透し、水面下であらゆる政治勢力と連絡を取り、妥協ともたれ合いの構造の中心であると信じ、目の敵にしていた。党大会で彼らを徹底的に攻撃し、会員の社会党からの即時追放を要求する動議を提起し、圧倒的多数で決議された。もはやムッソリーニは事実上党の指導者になり、それを革命的組織へと脱皮させようとしていた。

彼が期待していた革命の機会は、間もなく「赤い週間」の名称で知られる騒動として現れたかに見えた。六月七日イタリア中部の港町アンコナで開催された左翼集会の折に、警察との衝突で三人の民間人が死亡したことに対する抗議として、ゼネストが実施され、町が騒乱状態に陥った。抗議運動は急にイタリア全体に広がり、各地で自発的に暴動が発生し、ロマーニャとマルケ地方で本格的な革命の様相を呈した。社会党系の労働組合は全国ゼネストを宣言した。ムッソリーニは待ち望んでいた機会が到来したと感じ、『アヴァンティ!』紙上で過激な論調で反乱を叫び、社会党・共和党・サンディカリスト・アナーキストの指導者たちとともにミラノのアレーナ（運動場）で三日間激烈な演説を行なった。九日に他の指導者たちとともに数万人のデモ隊を率いてミラノの中心へ向かったが、治安出動した軍隊と衝突し、デモ隊は追い散らされた。コリドーニが検挙され、ムッソリーニは袋叩きに遭った。

最終的に「赤い週間」は一時の騒動で終わってしまったので、左翼は革命の機会に乗じるだけの組織力をもっていなかったことを証明した。かえって、反乱者の過激な行動は既成権力に危機感を与え、反動を呼び起こすという逆効果になった。この時はじめて国粋主義者団体が街頭に出て左翼のデモ隊と衝突した。ジョリッティが十数年間追求してきた政治的・社会的和平の政策に終止符が打たれ、政府は保守主義的な方針をとった。イタリアの政治闘争は極端化してきた。「赤い週間」の後実施された地方選挙では、ほとんどの大都市で社会党が勝利し、ミラノの市議会も社会党が多数を占め、ムッソリーニも当選した。

ムッソリーニは「赤い週間」の教訓を真剣に受け止め、「かねて渇望している歴史的な日はまだ来ていない」ということを、『ユートピア』で認めた。しかし、騒動が大衆における広く根強い革命への志向を露にしたことは事実であった。状態が熟しつつあることが感じられた。「革命は必ず実現するだろう。（中略）それは社会的革命ではないだろうか。かまわない。あらゆる政治的革命はまた社会的でもある。（中略）イタリアは革命を必要としている。そしてイタリアはそれを得るだろう」という予言でムッソリーニは「赤い週間」の分析に結論をつけた。

革命の機会、「歴史的な日」はまさに近づきつつあった。数カ月前から予感していた世界大戦は、彼の眼には渇望していた革命の機会と映った。これは社会的革命にはならなかったが、「かまわない。あらゆる政治的革命はまた社会的でも」あったのである。

第三章　ローマへの道

第一次世界大戦の勃発

一九一四年の夏に第一次世界大戦が勃発したとき、ムッソリーニにとって決定的な転換期が始まった。彼の心理に微妙な変化の兆しが現れてきたのは数年前からであったが、戦争はこの過程を急に終結へと導き、彼の思想と政治的思考を成熟させ、新しい人物に変えたのである。戦争がイタリア社会を徹底的に変化させるだろうことを彼はどの政治家より早くかつ明確に見抜き、革命の機会が生ずることを予感した。しかも、戦争を資本主義体制の崩壊とプロレタリア革命の機会としたマルクスの見解を越えて、彼は戦争の結果、大衆が民族意識に目覚め、国民共同体のなかに進出すると予測し、それによって起こされる社会の激変が、意識の強いエリートに政権獲得の機会を与えるだろうと期待したのであった。したがって、イタリアの社会党はプロレタリアートの反戦闘争を呼号していたのに、彼は大衆の教育という視点から戦争を歓迎した。戦争経験が大衆の自覚自立を促し、闘争に対する精神を養い、また大衆のなかから革命的なエリートの形勢を促すだろうと考え、そのために彼はイタリアの参戦を主張するようになった。

戦争をこのように解釈したムッソリーニはすでにマルクス主義から遠ざかってしまったが、しかも、彼の参戦の主張には、革命への願望のほかに民族主義的な動機も無意識的に働いていた。反動的国家としてのオーストリアに対する反感は、イタリア左翼がリソルジメント運動の時代から受け継いだ感情であったが、トレント滞在が彼にオーストリア支配下のイタリア人の問題も意識させたのであった。対オーストリア戦争への参加を声高に主張したムッソリーニはたった三年前にトルコとの戦争に徹底的に反対したが、それは植民地戦争を不毛であると見ていたからであった。反面、世界戦争がイタリアの将来を決定する歴史の節目であると悟り、このような危機に直面するとき、プロレタリアートもブルジョワジーも国民全体が一つの運命共同体になり、民族の権利を確保するため機を失ってはいけないと判断した。この解釈は、搾取を目的とする悪い戦争と民族の権利を主張する正当な戦争を区別したソレルの考え方と一致していたが、これで彼の政治目標は階級闘争から民族共同体へシフトするようになった。いよいよムッソリーニの精神的な探究が結末に迫ってきた。革命の問題を民族の枠組みの中に位置づけることで、彼はすでにファシストであった。ただし、当分の間、それを自覚しないままで、まだ社会主義者であると思い込んでいた。

ずっと反国家的・反軍事的立場を主張してきたムッソリーニにとって、参戦を主張するまでに至るには、多くの葛藤があった。戦争の勃発の時点で彼は中立主義を主張した。この立場はマルクス主義の反戦主義にも適合したものの、実際の目的はイタリアが軍事同盟を締結していたオーストリア・ドイツ側への参戦を阻止することであったが、中立主義の条件はすぐに成り立たなくなった。参戦各国の社会党が自国への支持を表明したので、プロレタリアートの国際的連帯の建前は崩壊してしまったからである。また伝統的にフランスに共鳴していたイタリア左翼には、フランスを救うための参戦の機運も訪れてきた。バッティスティや『ラ・ヴォーチェ』の同人や、革命的サンディカリスト等、ムッソリーニが親近感を抱いていた人物たちも参戦を主張すると、彼は動揺した。個人的にはフランスを救うために参戦を辞さないことを認めるようにはなったが、公には中立主義堅持を主張し続けた。社会党が絶対的中立の方針を決定したことには、彼によるところが大きい。この矛盾した行動の理由としては、革命派の仲間、とりわけドイツ社会党に近いバラバノーヴァの影響が挙げられるが、もっと本格的な理由は、個人的次元に求めなければならない。長い間信じてきた確信を捨てることは容易ではなかった。また、ムッソリーニの性格の特徴である、未知の情勢に対する不安感と、明確ではない選択肢に対する逡巡が挙げられよう。彼には党内に固定した基盤がなかったので、一般党員の支持を失った場合、失脚は必至であることも認識していた。そのために党員が共感できない発言をするのをためらったのである。

おそらく彼は党内の意識の変化を待ちながら時間を稼ごうとしていたのであろう。こういう場合、状況の展開を見守り、機が熟するとすみやかに決断を下すのは、彼の性格であったが、今度は事情の急変が彼にその余裕を与えなかった。九月十五日に、マリネッティの未来派がミラノでオーストリアとの開戦を要求する初めてのデモを開催し、また十月の初めに革命的サンディカリストらが、左翼参戦派の協力を図る連絡機構を創設した。彼らは、労働者の自発的な組織だったシチリアのファショを念頭に置いて、この機構を「国際行動参戦ファショ」と称した。この時点で、新しい政治用語が生まれたことを、誰も想像できなかった。

この決定的な時期におけるムッソリーニの動きとしては、革命的サンディカリストとの関連性を重視すべきである。彼らの労組連合（ＵＳＩ）は最初の段階で絶対的中立を提唱したので、ムッソリーニも彼らと歩調を合わせたのであった。彼は社会党の幹部でありながら、感情的に革命的サンディカリストに同調したのであった。革命的サンディカリスト運動のもっとも先鋭な指導者たちが参戦を唱えるようになった時、彼は時代が変わったことを察知したのであった。社会党はもはや過去の勢力になってしまい、サンディカリストが主宰する「国際行動参戦ファショ」にこそ将来性があり、社会党に拘泥して機を逸してはいけないと、彼は判断した。

全面的中立を主張し続けていた社会党の立場が維持できなくなったと考えたムッソリーニは、十月十八日『アヴァンティ！』の社説で「全面的中立を捨てて建設的かつ行動的中立主義へ移る社会党」を呼びかけた。この路線変更の提唱は彼の現実的革命家にふさわしい冷静な論理に基づいていた。彼は全面的中立とブルジョア戦争に対するボイコット行動は、資本主義体制の崩壊と革命を目的にした場合にのみ合理的であることを前提にして、現時点では革命が不可能であることを指摘した。したがって全面的な中立を支持すれば社会党は袋小路に追い込まれてしまうので、《建設的かつ行動的中立主義》を提唱して、事態の展開に従って立場を調整することを許す路線を暗示したのであった。

ムッソリーニの提案は社会党にとって現実的で有利な選択であったが、党にこの抜本的な発想の転換を期待するのは無理であった。執行部は全員一致に近い多数でムッソリーニの提案を拒絶した。自分の敗北を認めて、彼は執行部の役職と『アヴァンティ！』の編集長を辞任したが、離党はしないで参戦のため党内での闘争を継続しようと決め、自分の発言の場として『ポポロ・ディタリア（イタリアの国民）』という日刊新聞を創立した。十一月十五日発行の創刊号では、彼はついに腹を決めて率直に参戦を主張し、「恐ろしくて魅力的な言葉、戦争！」という叫びで社説を結んだ。

党の指導部はすぐに反発した。十一月二十四日ミラノ支部の党員の劇的な集会でムッソリーニの追放が決まり、二十九日に本部はこの決定を追認した。しかし、ムッソリーニの追放は社会党に深刻な後遺症を残した。グラムシを含め多くの党員は彼の主張に同調し、党員は漸次、離党していった。一九一四年に五万八千人だった党員は一九一五年には四万人まで減り、一九一七年に二万八千人を下回った。この減少がすべてムッソリーニの追放の結果であったとは言えないが、その影響は確かに大きかった。しかも、社会党にとって最大の損失はムッソリーニそのものであった。大きなカリスマを持ち、革命的情熱とともに冷静な政治感覚を併せ持っていた彼こそ、レーニンも指摘したように、イタリア社会党を政権へ導く唯一の人物であった。

指導者の一人を失って痛烈な衝撃を受けた社会党は動揺した。問題の処理を図った党指導部は感情的に反応して、中傷作戦を展開した。特に疑惑とされたのが、ムッソリーニが短期間で日刊紙を発行するための資金を集めたことである。この資金はフランス政府から提供されたのではないかと推測された。イタリア参戦を望んだフランスが、絶対中立を主張する社会党を揺さぶり、左翼参戦派を結束させる目的でムッソリーニに大金を払い、その結果彼は自分の政党を裏切ったのだという噂が流れるようになった。ムッソリーニはこの推測を毅然として退けた。実際、フランス政府からの資金援助を裏付ける証拠は今日まで出てきていない。むしろ一九一五年、『ポポロ・ディタリア』の資金の問題についてムッソリーニと社会党が合同委員会を設けて調査を依頼したが、フランスからの資金援助がなかったと結論が出たし、社会党側もこの結論を認めていた。新聞の発行以降にフランスからの援助金がフランス社会党を通じて流れたことは十分想像できようが、その時点ではムッソリーニはすでに政治路線を決めていたので、問題にならない。問題になるのは新聞発行のための資金が誰から提供されたのか、ということである。

これはムッソリーニの政治道徳に関わる重要な点であるので、簡単に触れたい。合同委員会の調査は、資金の大部分をスイスの広告代理店が将来の広告料の前払いとして立て替えたことを明らかにした。この代理店の裏に軍需と関係がある重工業界があったと推測された。実際、この業界の大手企業はその後、参戦派を後援し、戦後もムッソリーニに献金した。しかし、最近の研究の結果、この代理店を紹介したりするなど、ムッソリーニのため資金を都合したのは、イタリアの情報機関と関係が深い言論界の大物であった。彼の裏には、中立維持の見返りに領土問題に関する譲歩についてオーストリアと交渉中だったイタリア外務省がいたという結論が出た。絶対的中立を提唱した社会党のなかでも参戦を要求する勢力の出現は、交渉においてイタリア側に有利であった。その後、それが分かったムッソリーニは、中立派の策謀に巻き込まれることを嫌って、その大物と絶交した。

しかし、資金の出所は二次的な問題である。現実的な政治家であったムッソリーニは目的を達するため、どのような手段も辞さなかった。したがって、もし彼の行動の自由を束縛する条件を付けないで献金があった場合、出所のことをあまり構わないで受け取ったであろう。本当の問題は、決定の時点で彼が金銭的な考慮に左右されたかどうかということである。それについては疑問の余地がない。ムッソリーニはこの献金に動かされたわけではなく、自分の目的を達するために提供を受けたのである。資金の問題について、フランスの歴史学者マクス・ガロが述べているように、「それは大した問題ではない。ムッソリーニは単に金銭上の理由から、自分の立場を決めるようなことはまずしなかったのである。『アヴァンティ!』紙の編集長として、彼は社会党首脳の地位を得ていた。それも長年月の努力の結果であった。それを彼が金のためだけで放棄することなどあり得ないことだ」(『ムッソリーニの時代』木村裕主訳)。

ムッソリーニが金に無関心だったことは、すべての研究家の見解の一致するところではあるが、参戦派への転向については彼をオポチュニストと見なす研究家も少なくない。ムッソリーニが社会党から追放されたとき、彼を執拗にオポチュニストとして非難したのはバラバノーヴァであった。彼女は、ムッソリーニが本物の社会主義者ではなく、社会党を自分の野心を追求するため利用しようとしたニヒリストであることに気がついたのはすでにスイス時代からであると主張している。そして、参戦派と組んだのは、そこに出世の機会を見たからであると断定している。このバラバノーヴァの主張に対して、どうしてそんなことを知りながら長い間ムッソリーニの盟友であったのか、という反論は当然出てこようが、それはさておいて、ムッソリーニが冷静な現実主義者だったことは事実であるが、この説は容易に頷けるものではない。彼は確かに異質の社会主義者であったが、社会党への接近の真意を疑えば彼の個人的な歴史を無視することになる。彼は育てられた環境からも社会主義者にならざるを得なかった。

また、ムッソリーニには強い自己肯定の意志があり、少年時代から自分の出世を追求したことも事実ではあるが、彼の原動力は、個人の野心ではなく天命の自覚であった。離党を野心家の便乗主義として解釈するのもナンセンスである。社会党の首脳としての彼の出世は確実であった。もし本当にオポチュニストであったなら、このような冒険に出るはずはない。

さて、「ユダ」とか「オポチュニスト」と非難されたムッソリーニは、社会党と泥仕合を展開した。特に、旧友のセラーティとのやり取りは激しく、個人問題にまで展開した。この激動の時期に彼は初めて決闘を経験した。当時、イタリアの政界で論争が決闘で解決されるのは普通であった。ミラノでフェンシングを練習したムッソリーニは、一九一五年二月に彼を臆病と罵ったアナーキストの弁護士と刃を交わし、勝利を収めた。三月、引き続き二つ目の決闘が行われた。相手はムッソリーニの辞任のあと『アヴァンティ!』に返り咲いたトレヴェスであった。二人は紙面で展開された個人的中傷にまで及ぶ激しいやり取りの揚げ句、剣を交えた。『アヴァンティ!』時代以来二人の間の憎しみは深かったので、猛烈な戦闘となったが、その勢いを見て最悪の結果が出るのではないかと懸念した介添人は途中で決闘の中止を命じた。一九二二年五月までムッソリーニは五回も決闘を経験したが、引き分けとなったトレヴェスの場合を除いてすべて彼の勝利で終わった。ムッソリーニはフェンシングで特に優れていたわけではなかったが、逞しく勇敢で、相手に激しく襲いかかるタイプであった。

社会党を追放されても、ムッソリーニは自分を社会主義者であると思い込み、『ポポロ・ディタリア』を《社会主義的日刊紙》と定義した。『ポポロ・ディタリア』は新聞として大成功であった。創刊号の発行部数は三万部であったが、数時間で売り切れになった。そのあと八万部発行するようになり、『アヴァンティ!』を優に追い越すものとなった。この成功の理由は、まず左翼参戦派の立場を代弁することで機を得たところにあるが、大衆的でありながら知性的でもあったムッソリーニの言語を反映したアプローチも重要であった。また、『ポポロ・ディタリア』はその政治目的も見事に達成した。ムッソリーニは自分の得意の能力である総合への思考法を発揮して、左翼参戦派のあらゆる傾向を新聞紙上で合流させ、その多様性を認めながらも共通の政治的基盤を作り出すのに成功した。

『ポポロ・ディタリア』は、左翼系参戦派の代弁者の立場を獲得し、ムッソリーニははじめからこの運動の指導者になった。十二月一日、「革命的行動ファショ」の結成に参加し、それはすぐあと革命的サンディカリストのファショと合流して、翌一九一五年一月から「参戦のための革命的行動ファショ」の名称で左翼参戦派の連絡機構となった。しかし、彼は新聞の編集長という独立した立場を維持し、一九一九年に自分の政治運動を成立させるまでは、政治的に束縛されることを避けた。参戦派は、異なる目的をもった人々が集まった同床異夢の運動であった。既成の社会体制を変化させる目的で戦争に期待した左翼や、リソルジメントの伝統を受け継ぎ、オーストリアを敵視した共和制派と民主派、それからフランスとイギリスの圧力を受けたフリーメーソンや、イタリアの国際的立場の向上を志した国粋派、オーストリアやドイツを旧体制の擁護者として敵視した未来派などがいた。対トルコ戦争の反対運動のときムッソリーニの盟友だったネンニもいれば、彼が社会党から追放した改良派の長老ビッソラーティもいた。彼らは少数派でありながら生命力に富み、詩人ダンヌンツィオを代弁者として、当時の言論界を風靡した。

中立を支持した社会党、カトリック勢力、自由党は、イタリア社会と政界の大半を占めてはいても、参戦派と違って自分の主張を効果的に宣伝しなかった。国会はこの実情を反映して中立派が多数を占めたが、消極的姿勢に終始し、最終的決定は内閣に任せた。首相サランドラは当初、中立の代償としてオーストリアから漁夫の利を得ようと思っていたが、一九一五年の春、協商国がイタリアに有利な条件を提案したとき、参戦に傾いた。ロンドンで秘密条約が締結され、戦勝の場合にはイタリアに、アルプス山脈の分嶺線に沿った国境線、トリエステやかつてヴェネツィア共和国の領土だったイストリア半島とダルマツィア海岸の領有を約束された。そのほかに植民地の獲得についても言及された。こうした状況で、参戦派の激しいデモの威圧により、ついに国会も参戦を決定した。イタリアは一九一五年五月二十四日にオーストリア＝ハンガリー帝国に宣戦布告した。ドイツへの宣戦はずっと遅れて翌年八月に行われた。

参戦体験

戦争が勃発したとき、参戦派の指導者たちの多くは志願兵として入隊した。ムッソリーニも入隊を志願したが、徴兵が間近いという理由で却下された。それで社会党側から、彼は参戦を主張したのに兵隊に行かない卑怯者として激しく非難された。深く傷ついたムッソリーニは、一時フランスへ密出国してそこで志願することまでも計画したが、八月三十一日ついに召集され、狙撃隊に配属された。

高校卒のムッソリーニは将校となる資格があったのに、社会主義者であることを理由にそれを許されなかった。彼は、上官からは反体制分子として警戒の目で見られ、同僚からは参戦の首謀者として敬遠されながら一兵卒として務めた。ある日、同僚の一人が郷里の社会党支部から送られた手紙を彼に見せ、機があればムッソリーニを殺すよう勧告されたことを知らせるというエピソードもあった。しかし、彼は真面目な兵士として行動し、間もなく上司に認められるようになった。兵士のなかでも、彼に好意を表す人は少なくなく、偶然知り合った一兵卒は、彼のサインを貰い、その後に送った感謝の手紙のなかでこのように述べている。「貴殿は小生に御署名を残して行かれましたが、更に一段と小生の胸裏に躍動する光明と喜悦を感じる次第であります。然して此の光明と喜悦は小生の終生忘れ得ざる所であり、祖国の運命が決定さるるに至るまで小生より離脱しないものと存じて居ります」(「我が従軍日記」、前掲ムッソリーニの『自己を語る』に収録)。

ムッソリーニは最前線に配置されることを望んだので、東側の国境にあるカルソ高原の戦線に送られた。数メートルを確保するために何千人という犠牲が出るほどの消耗戦が展開されたこの山岳地帯で、彼は塹壕の現実を経験した。それはロマン的で英雄的な戦争のイメージから程遠い現実であったが、人格形成の点では彼がニーチェ解釈に基づき提唱した戦争観によく適合していた。塹壕での生活を経験した人々は、《塹壕の世代》と称されるほど深い影響を受けたが、ムッソリーニにとってもその経験は決定的であった。彼は戦闘行動でも勇敢さを示し、戦功を挙げて伍長に昇格した。昇級の理由として「その模範的活躍、その狙撃兵としての高い精神、その精神の高潔という理由による。勤労と勇気とを必要とするあらゆる仕事において常に先頭に立つもの。不快の先取観念に支配せられず、常にその義務の遂行に熱心且つ周到」だったことが挙げられた（「我が従軍日記」）。

ムッソリーニと同じように塹壕の生活を経験し、それにより大きな影響を受けたヒトラーも伍長であった。厳密にいうと、そのあとムッソリーニは軍曹まで昇進し、ヒトラーを追い越してしまったが、終生、伍長の位を自慢していた。ファシスト党の軍事組織だった国防義勇軍が結成されたとき、彼は最高司令官に任命されたが、自分のため特別に名誉伍長の位を作らせた。最高の位でありながら、制服の徽章は伍長のままであった。晩年、彼は栄光の時代の派手な服装を止めて、伍長の地味な制服を愛用した。

入隊間もなくムッソリーニは胃腸炎にかかり入院し、暫く休暇を得た。この休暇を利用して、彼はラケーレとついに正式に結婚した。そのあと戦線に戻ったが、二年後の一九一七年二月二十三日、死者五名を出した擲弾筒の爆発で彼は重傷を負った。全身に破片を四十個以上も受けた大怪我で、その後遺症は一生続き、左足に時折激痛が走ったり、また体内に残っていた破片が出たりすることもあった。この事故で軍病院に入院中、彼の将来に決定的に影響があり、二十年の間互いに敬意と不信感の混じった微妙な関係を結ぶことになる人物が見舞いに現れた。国王ヴィットーリオ・エマヌエーレ三世である。

これが最初の対面ではなかった。その前の入院のときにも、国王は偶然その病院を訪問していたが、この度は国王がわざわざ足を運んだのであった。当時の新聞では、対面は友好的雰囲気で行われたと報道されているが、実際はそうではなかったようである。熱心な共和主義者だったムッソリーニはそのとき傷の痛みに悩まされていたこともあって、国王を歓迎したわけではなかった。また無口な国王も暫く黙った後に「具合はどうか」と聞いただけで、ムッソリーニも「悪い」と無愛想に答えたのみであった。そこで軍医が割り込み、ムッソリーニが手当てのときにクロロホルムを拒み、痛みを何もなげに我慢したことを説明すると、国王は同情的な笑みを浮かべ「早く元気になるよう祈っている。イタリアには君のような人物が必要だ」と彼を励ました。ムッソリーニは「ありがとうございます」と一言答え、歴史的対面はこれで終了したのである。

傷が炎症を起こしたので、入院は長引き、四月十日にミラノの病院に静養のため移されたが、いよいよ六月十日、ムッソリーニは松葉杖をついて退院し、そのまま除隊を命じられた。彼はすぐに『ポポロ・ディタリア』の職場に復帰した。それは待ちに待ったことであった。彼の兵役のあいだに新聞の発行部数は著しく減っていたし、政治路線も狂ってしまったからである。

一兵卒として従軍したことは、ムッソリーニの人間性に重要な意味があった。党活動家としての経験にもかかわらず、彼はいつも単独で孤立した存在であった。しかし今度は、共通の運命を自覚する集団の一員としての連帯意識を感じるようになった。また、それまでの彼の人間関係は社会党と革命的分子に限られていたので、彼は世の中に対する偏見をもっていたが、戦線で社会的、文化的、思想的な出自の違う人々と交流し、今まで政治的な観点からしか知らなかった大衆に、個人として接近することができたのであった。

ムッソリーニは自分の兵隊生活について、『ポポロ・ディタリア』に寄せた記事で生々しく叙述している。その記事は後に本にまとめられ、『我が従軍日記』という題で発表されている。グラムシからも「国民的かつ大衆的」な要素に富むと評価されたこの著書は、文学的な水準も高い。彼はここで戦争を美化することなく、真面目にありのままにとらえている。兵士たちの考え方を的確に理解し、彼らの微妙な心理的変化を観察する彼は兵隊が戦争を好まないことを当然と思ったが、抵抗の意思もないことを重視した。

「（戦争を）当然の義務として認めている。（中略）ある時期に召集令が来て、宣言文が壁に貼り付けられたのだ。戦争だ！　そこでヴェネト平原の農夫もアブルッツィの山男も、異論なしに応じて来たのだ」。そして、彼が直観的に感じたこと――戦争のみならず国家そのものが、プロレタリア大衆に無関係なブルジョア階級だけのものではないこと――を、戦争の現実で確かめたのである。大衆には社会の辺境に置かれても民族共同体への帰属意識があった。また彼は、兵役を果たすため海外から帰国した移民たちが帰属意識をより強く感じていることに気づいた。彼らにとって戦争は連帯的自己主張の形を取っていた。

「ここ二十年間、世界の道を歩いてきた幾万人のイタリア人、とりわけ南部のイタリア人は、自分の痛ましい体験として、政治面・軍事面に過小評価されている国家に所属することは、何を意味するのかを自覚してきたのである」と述べている。

南部出身の兵士たちが北部出身者より愛国心を示しているということにも気づいた。就学率の低い南部の大衆には従来国民意識があまり浸透していなかったが、しかし戦争がもたらした国民的緊張感が、民族の結合を生み、連帯経験として共同体を安定させつつあった。「戦場では「郷里へ帰る」などとは誰も言わない。「イタリアへ帰る」と云う。イタリアと云うものが、恐らく大部分の国民の意識に、お互いの母国として考えられたのは、今が初めてであろう」と指摘する。

戦争がもたらした義務と犠牲の精神がイタリア国民に試練を与え、その試練によって新しい指導層が形成されていることは彼の確信となった。この新しいエリートを定義するために彼は「トリンチェーロクラツィア（塹壕貴族）」という新語を造り、塹壕の経験から生まれた共通の精神のもとに結束した新しい世代にイタリアを指導する権利があると主張した。

戦争に対するムッソリーニの認識をさらに成熟させたのは、一九一七年十月のカポレットの悲劇であった。ヘミングウェイの『武器よさらば』の舞台にもなったこの戦いで、イタリア軍は壊滅的敗北を喫し、一時敵軍の進出を止められないかに見えたが、辛うじてヴェネツィアの手前のピアヴェ川の防衛線でくい止めたのであった。この大きな衝撃により、戦争に対するイタリア人の意識は変化した。国土が進攻されたという思いも掛けない現実に直面した国民が危機感を抱いたことで、挙国一致のムードが高まった。反戦を唱え続けていた中立派は孤立し、彼らの言論活動が戦争への意識を弱めたことがこの敗北の原因であるとして非難の的になった。

参戦派もうろたえた。自分たちの活動が祖国の悲劇をもたらしたのではないかという疑問に見舞われたからである。ムッソリーニが受けた衝撃も大きく、一時深刻な抑鬱状態に陥った。しかし危機の意識は、イタリア人に国民としての自覚を促しただけではなく、困難を乗り越えるためには、強い政権が必要であることを初めて認識させたのである。

一九一八年十月イタリア軍はヴィットーリオ・ヴェネトの大勝利でカポレットの屈辱を雪《そそ》いだ。オーストリア＝ハンガリー帝国は休戦を申し出、イタリアでの戦争は十一月四日に終結した。しかし、戦勝は国民が期待していた成果をもたらさなかった。戦争の結果、経済と国家財政が疲弊し切ったイタリアは領土問題に関する紛争に巻き込まれ、戦勝国の中で孤立してしまった。セルビアの拡張として生まれたユーゴスラヴィアは民族の原理を主張して、ロンドン条約によってイタリアに約されていたイストリアとダルマツィアを要求してきた。アメリカはユーゴスラヴィアを全面的に支持したが、条約に署名した英仏はイタリアを見捨てた。その上、フィウメの問題で紛争はさらに複雑になった。イストリア半島の東の付け根に位置するこの都市の人口の大多数はイタリア系であったが、ハンガリーの唯一の港として、ロンドン条約の時点ではイタリアへ併合される予定ではなかった。

しかし、クロアチア地方がハンガリーからユーゴに割譲されることになったとき、フィウメ住民は民族の自決権を主張して、イタリアへの併合を求めてきた。

したがって、平和交渉ですでに窮地に追い込まれていたイタリア政府には新しい難題が課されたのである。フィウメの住民の要求を無視することはできなかったが、それでは民族自決の原理を無視して、ロンドン条約の履行を要求するのはむずかしくなってしまう。しかも、ロンドン条約に約束された植民地も割譲されなかった。イタリア人は戦争で払った犠牲に相当する妥当な報奨を得られなかったという不満と挫折感を抱き、戦勝国でありながら敗戦国扱いされている屈辱を感じ始めた。そして、同盟国への強い反感が募るなかで、イタリアの権利を効果的に主張しない政府も非難された。ダンヌンツィオの「骨抜きにされた勝利」の表現がこの心理状況を象徴して大いに流行した。塹壕から復員した兵士たちのなかで、挫折感と雪辱への願望は社会体制に対する不満と奇妙に反応して革命への要求を醸し出した。

社会と政治も混乱に陥った。社会党と労働組合はロシア革命の熱に浮かされ、ボルシェヴィキと自称し、革命を叫びながら、ストライキを繰り返したり、大地主の農地を占領したりして暴力を振るった。しかし、社会党は、革命的な支持層と穏健な指導層という根本的な矛盾を抱えていたので、革命を呼号しつつも、それを実現する力も意志もなかった。この不得要領な政策の結果、社会党は革命を恐れる国民多数の反感を買い、支持者も失望させるという袋小路に自らを追い込んでしまった。しかも、彼らは戦争が国民の意識を変えたことに気付かず、民族を否定する戦前の政策を変えなかった。

実際、既成の政治勢力は新しい情勢を正確に理解していなかった。自由・保守陣営は従来の考え方にこだわり、危機を一過性の現象であると判断して、社会の緊張を次第に緩和して元の状態に戻せると思い込んでいた。相次いで政権をとった短命の諸内閣は政治暴力を押さえようとしなかったので、国民の信用を失ってしまった。戦後に大衆政党として台頭したカトリック系の国民党も、根本的に保守的な姿勢を維持しており、新しい社会を表現する資格はなかった。

参戦時にムッソリーニが予測したように、イタリア社会は抜本的に変わった。従来の自由主義国家の周辺に取り残されていた大衆は国民としての意識を抱き、市民の権利を自覚し、より公正な社会の樹立を要求するようになった。この新しい情勢に適した国家の再構築は緊急の課題であった。しかも、内憂に外患が重なり、イタリアは激動の時代に入っていた。かねてから彼が熱望していた革命の機会はいよいよ目の前に迫った。

ムッソリーニは、戦争が社会の変革を要求するとともに、勝利が国民の自尊心を回復したことをみごとに見抜き、二つの現象が不可分一体であることを新時代の特徴であると悟った。社会主義者でありながら参戦を提唱した時点で、彼は十九世紀を動かした二大思想、社会主義と民族主義を自分の行動のなかで合流させたのであった。戦争の経験で彼の政治感覚はさらに成熟し、今や彼が目指した社会革新は、階級の次元を越えて、民族的な次元に達していた。彼の革命とは、一つの階級の台頭ではなく、国民全体を巻き込む事業として、より正しい社会の構築を目的にし、かつ、世界の資源再分配を視野に入れて国家を強化させ、すべての階級の生活水準を向上させることであった。この発想を抱きつつ、彼は終戦間もなく政権獲得への道を歩み出したのである。

〝戦闘ファショ〟の結成

ムッソリーニはこの新しい時代を指導するのに適した人物であった。戦線の経験により成熟した彼は、塹壕の世代を代表する資格を得た。また、参戦派として活動するあいだ、彼はさまざまな出自の人々と出会い、為政者と産業界との接触の機会を得たことで、視野を広め、政治的感覚を養った。とりわけ、当時イタリアの経済と文化の中心だったミラノでの滞在は、彼を時代遅れの地方革命家から将来の可能性を提唱する都市型の政治家へ脱皮させたのである。彼の世界観はより多様となり、階級闘争の先入観を捨ててしまった。また、『アヴァンティ!』と『ポポロ・ディタリア』の経験は、彼にオピニオンリーダーの立場を与えた。加えて、ミラノで彼は文化人や芸術家とも頻繁に交際するようになった。劇場や音楽会へ行くこともあり、美術に対する造詣も深めた。洋服のセンスはよくなり、社交の礼儀も身につけた。同時に、彼は機械文明にすっかり馴染んできた。その姿勢はさらに活動的で能動的となり、経済と社会関係を生産という視点から捉えるようになった。彼は自動車とオートバイに凝り、飛行機に魅力を感じ、自分で操縦するようになった。生産性、速度、効率性を主張する彼は、まさに新世代の精神を具現化する人物に見えたのである。

とはいえ、彼は従来の文化を否定していなかった。機械文明を提唱しても、自分の出自は農業文化であることを強調し、イタリア国民の純粋な姿が農民にあると主張した。まさにムッソリーニのファシズムは、「テクノロジーを媒介として本来性たる自然に結びつくこと」という福田和也の定義に近いものであった。そして彼は近代化が伝統文化の延長であることを自分の経験で証明したのであった。

ムッソリーニは自分が機を得たことを本能的に感じ取った。そして、戦争の経験から台頭し、潜在的に強力な政治運動として存在していた新勢力に政治的な方向づけを与え、その指導権を獲得するための最初の一歩として、彼は、一九一九年三月二十三日、ミラノで〝戦闘ファショ(ファシ・ディ・コンバッティメント)〟を結成した。サン・セポルクロ広場に面した会堂で開かれたこの集会でファシズムは日の目を見たのである。

戦闘ファショには左翼参戦派や革命的サンディカリストのほかに未来派と陸軍特別攻撃隊だったアルディーティ(決死隊)出身の帰還兵などの新勢力が参加し、この運動に特別な性格を与えた。未来派は、詩人トンマーゾ・マリネッティによって創立された文学美術運動で、従来の価値観を否定し、新しい文化を創造する野心を抱き、若いインテリの支持を得た。崩壊と建設への意欲を政治面にも発揮し、社会の徹底的な革新を提唱し、戦時中は政党を結成し、少数でありながらイタリア全土に浸透した組織を作り、中流階級のインテリから支持を受けていた。彼らは自由で公正な現代的社会を目指し、旧体制の象徴とされた王政やカトリック教会に対して強い敵意を抱いていた。自分の主張に対する強い確信や、そのため暴力を辞さない姿勢や、反対者の意見を無視する態度や、抜本的な革新への願望などは、ファシズム文化に大きな影響を与えた。とりわけ、近代化の問題に対する影響を重視すべきである。未来派は近代化を称賛し、《機械の文明》の到来を歓迎していた。この提唱もファシズムによって受け継がれたのである。

アルディーティは、陸軍からの志願者で構成され、危険な作戦に従事する特別攻撃隊であった。将校の中には未来派に共鳴する者が多かったが、隊員はあらゆる社会階層の出身者から成り立っていた。暴力的な性格の者が多かったし、前科がある者もいた。肉体的勇気や、死を恐れぬことや、規律に対する抵抗感や、常識的道徳観に対する蔑視や、隊員同士の極めて強い連帯性を伴うアナーキスト的個人主義という彼らの価値観は、そのまま戦闘ファショの行動隊にも受け継がれ、ファシストたちのメンタリティーの基盤になった。アルディーティは、戦争の後期に重要な役割を果したが、規律が悪く、民間人に対する乱暴な態度の結果、一九一九年初めに解体された。それで元隊員は、自分たちの払った犠牲を認めなかった政権に対して強い反感を抱き、また戦後社会に復帰することに困難を感じて改革を望んでいた。多くは失業者だったので、ファショ行動隊の主力となったのは当然であろう。そして、行動隊の行き過ぎた行為も大抵彼らによるものであった。

戦闘ファショの最初のプログラムは社会主義と民族主義を統合する形で、紛争領土への権利の主張と同時に社会革新の提唱を含んでいた。また、革命的サンディカリストとムッソリーニ自身の確信を反映して階級闘争を否定し、労使協調を主張した。ここに、ファシズムの思想の中核はすでに現れたと言える。

ムッソリーニは、最初から戦闘ファショの指導者になった。ただし、それは自発的な運動で、政党としての体系的な組織はなく、ミラノに指導部があっても、各地に形成されたファショは自立を保っていた。したがって、ムッソリーニの力は指導部における位置づけよりも、『ポポロ・ディタリア』の編集長の立場や個人的なカリスマであった。新聞を通じて運動の政治路線を決定し、また対外的に運動の代表者の資格を得た。言論活動を通じて、政治目的を達成するという方法がすでに社会党時代に実施されたが、今度は自分の新聞を有していたムッソリーニはそれを徹底した。ミラノの中心街にあった『ポポロ・ディタリア』の狭い事務所は事実上ファショ運動の司令部になった。建物の周りに防柵が置かれ、終日、武装したアルディーティが警備に当たっていた。新聞記者と運動員は寝食を共にし、地下室で拳銃の射撃練習をしたりした。まさに梁山泊のようなもので、未来派のアイロニーを発揮して運動員から「コーヴォ（巣窟）」と称された。

ムッソリーニは一日中執務室に立てこもり、新聞発行と政治運動の指導に当たった。夜中の二時、三時になると、彼は辻馬車を雇って一人で帰宅した。ファショと左翼との間の流血の闘争が展開されるなかで、彼は自分の安全をあまり気にしていなかった。ポケットに短剣と二十五発の銃弾の入った拳銃を入れて、深夜いつもの情事を求めて、一人でミラノの露地を歩いたものであった。

戦闘ファショが結成されて間もなく、社会党との武装闘争が開始された。四月十五日、社会党が実施したゼネストに反対して抗議デモを開催した戦闘ファショ、国粋党、未来派、アルディーティなどが、ミラノの中心広場で社会党のデモ隊と衝突した。社会党勢力は敗れて『アヴァンティ！』本社まで追い詰められた。治安出動中の軍は攻撃者を制止しようとせず、デモ隊は本社社屋に侵入、事務所と印刷機械を破壊した。偶発的に起きた事件であったが、ムッソリーニは翌日の『ポポロ・ディタリア』紙上で全面的に自分に責任があることを明言したので、社会党との対立は決定的となった。

穏健派の新聞は攻撃者の行動を形式的に非難しながらも、実際は共感的な姿勢を示し、左翼の暴力に対する反撃としてこれを正当化した。実際、中流階級の大半は左翼の革命的暴力に反感を抱き、武装された反動を歓迎していた。軍の姿勢も共感的であった。『アヴァンティ!』を保護する役目を果たすべきだった軍は攻撃を容認しただけでなく、後日ミラノの軍高官はマリネッティに共感を示した。軍はこれ以上の社会党の暴走を許してはいけないと判断し、反対勢力を支援する用意があることも明らかとなった。

ファシスト運動の勝利の条件がこれで整ったといえるが、初期の段階で支持者は思うように集まらなかった。実際、新しい勢力が指導者として仰いだのは、戦争での武功で最高の勲章を得てその人気が頂点に達した詩人ガブリエーレ・ダンヌンツィオであった。彼は、イタリアにとって好ましくない展開を見せていた和平交渉に対する国民の不満を代表して、紛争領土の即時併合を要求する運動を指導し、間もなく行動に移った。一九一九年九月十二日、陸軍の反乱部隊を率いてフィウメを占領し、独立都市にしたのである。ダンヌンツィオは国民の広い支持を受けた。民族主義的勢力だけではなく左翼からも支持者があり、当初はグラムシとボンバッチも詩人の革新的な主張に共感を示した。革命的サンディカリストもフィウメに駆け付け、新生国家の憲章に彼らの理念を反映させた。軍はダンヌンツィオを積極的に援助する意志を隠さなかった。

ダンヌンツィオはフィウメの占領をローマ進軍への第一歩と考えていた。彼はファシスト運動やサンディカリストや左翼の一部をあわせた大連合を形成して、軍の支援でクーデターを実行しようと思っていたのだが、ムッソリーニはそれを無謀な計画と判断し、形としてダンヌンツィオと協調しても、実際には彼の軽挙妄動を牽制しようとして慎重に行動した。その反面、彼はダンヌンツィオに接近することで、新しい運動の勢力を伸ばそうとした。ファシスト運動はフィウメの占領を全面的に支持し、ダンヌンツィオ派と同一視されるほどになった。しかし二人のリーダーの個人関係はまだ浅かった。ムッソリーニの知的形成にダンヌンツィオの影響は認められない。二十世紀の初めのこの詩人の影響力を考えると、あらゆる新しい思潮に対して前向きだったムッソリーニはダンヌンツィオをあまり評価していなかったようである。二人とも参戦派を指導した人物ではあったが、戦後まで接触はなかった。

一九一八年の終わりごろ、ムッソリーニがダンヌンツィオの手紙に答えて、紛争領土に関するイタリアの権利の主張や、社会の革新や、既成の支配層に対する抵抗というプログラムを提案して、詩人に政治に参加するように呼びかけたのが最初の接触であった。この段階ではムッソリーニは謙虚な姿勢をとっていた。彼は、ダンヌンツィオとの協力が欠かせないことを自覚しながらも、詩人が自分のライバルであることを意識していた。二人とも戦争から生まれた新勢力の指導権を狙っていたが、人気の高いダンヌンツィオが当初有利な立場にいた。しかし現実性を欠いていた詩人は、長期的には負けるのが必定であった。素晴らしい発想力をもってはいても、彼は自己中心的で徹底性がなく政治的企画を実現する能力もなかった。

フィウメ進軍からほぼ二カ月後の十一月に、イタリアで総選挙が行われ、ファシスト運動も候補者を出した。ミラノの選挙区でムッソリーニ、未来派詩人のマリネッティと著名な指揮者のトスカニーニが出馬した。運動が発足したばかりなので、ムッソリーニは大した成果を期待していなかったが、敗北は予測よりはるかに悲惨であった。イタリア全体で当選者は辛うじて一名で、運動の中心地であるミラノで有権者二十七万人の中の得票は五千にも満たなかったのである。社会党はムッソリーニの政治生命は終わったとして、ミラノの中心街で大げさに彼の葬儀の芝居を催し、首相ニッティはファシスト運動を潰すのによい機会だと判断して、武器使用規制法違反のかどでムッソリーニ、マリネッティ、その他の幹部の逮捕を命じた。しかし、この情勢下での検挙は、政府が社会党の圧力に屈したという印象を与えざるを得なかった。それで穏健派は強く反発し、間もなくみな釈放された。

ムッソリーニは選挙の結果を厳しく受け止めたが、気力を失ったわけではなかった。イタリアの政治情勢の根本は変わってはいないと判断したからである。保守系の政党が敗北を喫して、社会党とカトリック系の国民党が大政党として躍進したが、いずれも絶対多数を獲得するまでには至らなかったので、新しい議会が機能しなくなった。この状態は政治の空白を生み、国民の不安が募ってくるのは必至であった。その反面、選挙での惨敗は戦闘ファショの中核を成した戦前の左翼参戦派がもはや政界での影響力を失ったことを示した。塹壕の世代の出番となった。選挙での敗北で失望した左翼系の人物が徐々に離れていったのに対し、大学生や戦争で人格を形成された青年たちなど、あらゆる社会階層と、あらゆる政治的傾向の人間が近づいてくるようになった。その結果、戦闘ファショは新世代の台頭を代表する政治運動として特徴付けられるようになった。政治学者ボッビオが指摘したように、「ファシズムは父親に対する子の反乱」でもあり、政治現象としてのファシズムの背景には、世代の意欲があった。塹壕の世代を惹きつけたのは、《新しい時代の人間》としてのムッソリーニのイメージであった。そして、彼はこの世代の意欲に政治的方向性を与えるのに成功した。

一九二〇年の春から加わってきた多くの人材はファシスト運動に新しい生命力を注いだ。その反面、運動はムッソリーニの直接の管理から離れてしまい、各地方で個人的基盤をもった幹部が台頭した。彼らの多くは戦争に鍛えられた中流階級の出身で、戦線で将校の経験があり、多くは戦功で勲章を授けられていた。したがって、人に命令する習慣を身に付け、隊員に対してカリスマを具えていた。彼らのなかにはムッソリーニに対抗できるリーダーの資格をもつ人物がいなかったが、ムッソリーニのリーダーシップを認めつつ、自分の独自性を主張し、中央からの指導を無視して独断的に行動し、地元で大きな権力を獲得するようになった。したがって、エチオピアの部族の首長の尊称にちなんで彼らは《ラッス》と呼ばれた。

この時期に合流した人材は、戦闘ファショをロシア型の革命を唱える社会党の暴挙に対する抵抗や、民族の権利を主張する運動として単純に理解し、この新しい政治運動に参加して旧体制の打破へ自己の生命力や革新への意欲を発揮しようとしたのである。政治的・思想的な出自は多様であっても、彼らの共通の動機は左翼の革命に対抗することであった。したがってムッソリーニはファショが単なる反動的運動になることを懸念し、もともとの革新的な立場から離脱しないようにとブレーキをかけた。しかも、五月にミラノで開催された第二回戦闘ファショ大会では、彼は共和制への主張を一時的に棚上げし、カトリック教会に対して前向きの姿勢を示すなど、ある程度右へ移動した。このことで一時離党した未来派のリーダーのマリネッティをはじめ、旧左翼参戦派の不満を買ったが、軍など国家体制の変革を好まない勢力の警戒心を和らげ、運動の支持層の拡大のため重要な一歩となった。

さまざまなファシストたち

一九二〇年六月にジョリッティ内閣が登場したことで、ムッソリーニには国政への本格的な参加の道が開かれた。ジョリッティは中道左派流の社会・経済政策を提示して、まず穏健派の結束を図り、次いでカトリック勢力と社会党との対話を再開し、これらの政党も自分の政治体制に引き込もうとした。彼はまたファシスト運動の勃発を一時の感情的な現象に過ぎないと判断し、社会党と国民党を弱体化する目的で利用しようとした。ムッソリーニはジョリッティの戦術が自分に好機を与えるものだと分かったものの、陥穽にも気がついた。もしジョリッティが社会党や国民党を傘下に入れることに成功し、権力基盤を強化した場合、国政は安定し、革命の可能性は消えてしまうのである。したがって、ムッソリーニはジョリッティに接近しても、彼の計略に乗らず、むしろ彼を利用して政権獲得への道を開こうとしたのであった。

ジョリッティにとってユーゴとの領土紛争に決着をつけることは急務であった。しかし、アメリカ合衆国はユーゴの主張を積極的に支持していたので、大幅に譲歩するほかはなかった。イタリア経済再建のため、アメリカの援助が必要であったからである。ムッソリーニも、不利な国際情勢の下で妥協は避けられないと判断した。しかも、彼は総選挙における社会党の勝利とそれに伴う騒乱の頻発を見て、何よりもイタリア社会の崩壊を懸念していた。この時期に領土問題について政府と対立することは、国を混乱状態に陥れ、社会党による政権獲得をもたらすと思われた。したがって、イタリアとユーゴとの国家関係を正常化したラパロ条約の締結について、彼は賛成の意を表明した。この条約でイタリアはイストリア地域に関する目標を達成したものの、それと引き換えにダルマツィアをほぼ全面的に放棄した。フィウメは独立都市となったが、人口の多数はイタリア人で、イタリアの影響下に置かれるのが当然であった。ラパロ条約は一九二〇年十一月十二日に調印されたが、その翌日『ポポロ・ディタリア』の社説でムッソリーニは、イタリアが紛争領土を獲得するには戦争以外に方法がないという前提で、現在、戦争するような状態ではないので、妥協は不可避であるとして条約調印を支持したのである。ダルマツィアの放棄は受け入れがたい犠牲ではあるが、イタリアのような大国がアドリア海の問題で束縛されることは賢明ではないとした。アドリア海は地中海の一つの湾に過ぎず、そして地中海における「イタリアの影響圏の拡張の可能性は極めて強い」とも述べた。

ムッソリーニの立場は現実的であったが、従来の主張からあまりにも離れていたので、ダンヌンツィオの猛反発を呼んだだけではなく、ファシスト運動の中にも一時大きな動揺が生じた。しかし、最終的に彼は戦闘ファショ内での賛成を得ることに成功した。十二月下旬にジョリッティ政権がダンヌンツィオをフィウメから追い出すため軍事行動に踏み切ったときも、ファシスト運動はダンヌンツィオ支持を表明したものの、具体的行動を起こさず政府の行動を黙認した。軍からも見捨てられたダンヌンツィオは、フィウメから撤退した。

その結果、ムッソリーニとダンヌンツィオとの間に深い溝が生じた。その後二人の関係は修復され表面上は友好的になったが、実際はダンヌンツィオの遺恨は決して消えなかった。しかも、これで二人の立場は逆転した。ダンヌンツィオがフィウメのファショに加盟して、ムッソリーニが指導する運動の一員になったことは、何よりもこの新しい事情を象徴している。フィウメ事件のあと、ダンヌンツィオはイタリアの政界から事実上消えてしまい、ムッソリーニがその場所を占めるようになった。

一方、ジョリッティにとっては、ファシスト運動のダンヌンツィオ支持行動で国が混乱に陥ることを避けるためにムッソリーニの協力が不可欠であった。したがって、ムッソリーニは漁夫の利を得て、イタリア政治に微妙な時点で重要な役割を果たすようになり、政界の巨頭の一人となっていった。外務大臣との継続的折衝や、首相との交渉などを行うようになった彼は、もはや過激集団の領袖ではなく、政治的決定の場面で無視できない人物にのし上がったのである。ここでムッソリーニが見せた現実的な姿勢は、彼に信頼できる政治家としての資格を与え、権力への道の重要な一歩となった。

領土問題に関してムッソリーニが現実的立場を取ったのは、国内問題を重視するようになったからである。再生したファシスト運動は、日増しに激しくなってきている社会党との抗争へ全力を注いでいた。一九一九年の冬から、社会党に煽動された騒動が勢いを増したので、イタリアは左翼革命前夜の状況に陥っていた。政府が積極的に治安維持に出ることはかえって情勢の悪化を招くと判断したジョリッティは、慎重な態度を崩さなかった。しかし、これが政府を無気力に見せて、左翼勢力を勇気づけ、一般の国民の失望を招くこととなった。反面、精力的に左翼に対抗するファショ行動隊への支持が広がっていった。

社会党に煽られた騒動の頂点が、一九二〇年八月末と九月初めに行われた工場の占拠であった。占拠の目的はソヴィエト方式の労働者による企業経営の導入であっただけに、労働者からは革命への第一歩として期待された。このときにもムッソリーニは巧妙に動いた。彼は労働者の要求に共感を示しながらも社会党の姿勢を非難し、社会党と労働組合との間に楔を打ち込もうとした。ファシスト運動に近い革命的サンディカリストたちも参加した工場占拠については、非難はしなかったが賛成もしなかった。彼の判断では、占拠を実行したことで労働者運動は革命か妥協かという選択肢に直面したが、革命実現の可能性はなく、残るのは妥協しかなかった。そうすると、工場占拠は無意味な暴挙で終わってしまうだろう。

今度も彼の読みが正しかった。社会党と労働組合は最終的に政府との妥協に踏み切り、革命を期待していた労働者の失望は大きかった。これも、一九一四年の「赤い週間」と同じように、革命の出発点ではなく、単なる騒動に過ぎなかった。実際は、革命運動の退潮が始まったのは工場占拠からである。この観点から、武力行使を避けた政府の対応策は結果的に成功したと言える。反面、占拠はロシア型革命の第一幕として受け止められ、国民に大きな反響を及ぼし、政府の消極的な姿勢に失望した多くの人々はファシスト運動に期待するようになった。一方、ファシスト運動もすでに反撃に出ていた。ファショ行動隊は七月十三日に初めての大規模作戦を展開した。強い組織をもっていたトリエステの行動隊は、スラヴ人による政治テロの報復として、スラヴ系左翼組織の本部がある「スラヴ人民の家」を攻撃して、焼き払った。この行動には、スラヴ人に反感を抱いていた住民のみならず、軍も公然と協力した。スラヴ人の暴行を抑えようとしなかった政府に代わって実力行使したファショの行動に、トリエステとイストリア半島のイタリア人が全面的支持を示しただけでなく、全国でも多くの共鳴者があった。数日後の七月二十一日、ファショ行動隊は『アヴァンティ!』のローマ支部を攻撃した。トリエステの行動と違い、今度の目標は社会党であった。ファシスト運動は社会党の暴力に暴力で報いる意志と能力を全国民に示したのである。

ムッソリーニはこの時期に、政治闘争のために欠かせないものとして、暴力の行使を正当化した。九月に開かれたミラノ地方のファショ集会で、彼は「もし車が暴走するのなら、それを止めようとするのが正しいのだ。国民が破滅へ向かうのなら、暴力を行使してもそれを止めようとする者を、私は反動主義者とは言えない」と述べた。

暴力の容認はムッソリーニにとって、社会主義、無政府主義、マルクス主義、ソレル、ニーチェなどの思想的遍歴の帰結であったが、暴力を当然のことと受け止めていた大戦後の社会の特殊な心理状況も無視してはいけない。自分の意見の強調という政治哲学的カテゴリーとしての暴力は、彼の思想の重要な側面であった。彼はパレートの歴史観を自分なりに解釈して、歴史を暴力の所産と見ていた。しかし、肉体的暴力に関しては、特定の目的達成の手段としてのみ容認したのである。政治闘争においては、暴力行使は適切な範囲のなかで、目的が達成されるまでに限られるべきものとしていた。彼が本格的な暴力論を展開したのは、一九二二年九月の演説である。この演説で彼は、暴力を「壊疽にかかった患部を取り除く外科手術」と定義してから、「人間を解放する暴力があれば、人間を鎖に縛り付ける暴力もある」ことを前提にして、ファシストたちが行使すべき暴力は前者であると指摘し、「理由のない暴力を拒絶しなければならない」ことを強調したのであった。

ところで、ファシスト運動に弾みを与えたのは、いわゆる「農業ファショ」の急激な台頭であった。この現象は、ポー平原やトスカーナ地方で暴力的方法で労働市場を独占した社会党系の農業連盟の制圧に対する反発として起きたのであった。この地方で農業連盟に加盟しない労働者は、買い物ができなかったり暴力的な攻撃を受けたりするほど恐怖の体制が実現されていた。労働委員会が幾つかの地域で経済活動を完全に管理するようになっており、労働紛争の時には農地の破壊、家畜の殺害、地主への暴力、道路封鎖や略奪などが罷り通っていた。しかも、社会党の暴力には大義名分がなかった。農業地帯でも社会党は革命実行の意志はなく、農業連盟の経済的力の増大にしか関心がなかった。イタリア共産党の歴史的指導者だったトリアッティも指摘する通り、彼らの行動は「新しい社会への出発点ではなく、無駄な暴力行使だと人々に受け止められた」のであった。

農業地帯でも、社会党の勢力が頂点に達したのは一九二〇年の夏であった。イタリア農業の中心地だったボローニャ県で、農業労働契約に関する交渉が大規模な騒動に発展し、組合が全面的勝利を収めたのである。地主は事実上所有権を放棄するに至ったが、農業連盟のやり過ぎは反発を招いた。ファショ側の反撃のきっかけになったのは、一九二〇年十一月二十一日にボローニャの市議会で起きた事件である。多数を占めた左翼と反対派との間の殴り合いの果てに、社会党側からの発砲により反対派の議員が一人射殺され、さらにそれに続いた騒動で十人の犠牲者が出た。ボローニャ市民は大きな衝撃を受け、ファショへの支持が爆発的に伸びた。事件前、百名ほどに過ぎなかったファショの活動家は数日間で数倍に膨れ上がり、数日後発行された地元ファショ支部の機関紙は四万部も売り上げた。

一カ月後、ボローニャ事件を記念するためフェラーラに集結した数百人のファシストたちに対して、社会党系の武装組織「赤衛隊」が発砲し、二人が射殺された。この事件に対する市民の反発もファショの成長に勢いを付け、地元のファショ構成員は短期間に五千人に膨れ上がり、フェラーラは農業ファショの中心地となった。

ボローニャとフェラーラの事件の真相は今でも不明であるが、左右両翼の史家が認めるように、社会党の暴力が反発を招いたことは確かである。この反発に支えられて農業ファショは短期間で大組織に成長したのである。地主団体がこれを援助し、利用しようとしたのは事実であるが、この運動は大地主が煽ったものではなく、自発的な現象であった。農業ファショの指導者たちの多くは大戦後、故郷に帰った若い将校であった。彼らは左翼の横暴に反発して、アルディーティ（決死隊）の元隊員を呼び寄せ、反撃に出た。彼らを中心に小地主と中流階級が結集し、農業連盟の迫害を受けていた非加盟労働者は戦闘力となった。エミーリア地方の農民が着ていた黒いシャツは自然に彼らの制服となったので、彼らは黒シャツと称せられた。

ファシストたちの黒色への傾倒は偶然ではなかった。黒はイタリアでは死の色であるので、死への決意を表現する意味でアルディーティの色であった。黒シャツ隊はアルディーティから、黒い旗や、死を侮る意味で歯で短刀を挟む髑髏の標章などを受け継いだ。彼らはトラックで移動し、社会党や農業連盟の施設を荒らしたりした。拳銃、銃、短刀、手榴弾もあったが、典型的な武器はこん棒（マンガネーロ）であった。また、未来派のアイロニーを発揮して、腹の汚れを落とす意味で政敵の幹部に当時子供の下剤としてよく使われていたヒマシ油（オリオ・ディ・リーチノ）を飲ませた。黒シャツ隊の指導者は戦争の経験があったので、当初から優勢となり、次第に農業地帯を支配するようになった。この運動は破竹の勢いで成長したが、ムッソリーニが彼らに政治的方向づけを与えなかったら、反動の現象として消えて行く運命にあったであろう。また一方では、この運動がムッソリーニに政権を奪取するための力を与えたのである。彼の実際の成功は、社会党を潰したことよりも、ファシスト運動を管理し、その破壊的なエネルギーを建設的な国家次元のプロジェクトに向かわせたことにあった。

いわゆる《農業ファショ》の地方ラッス（領袖）たちは、ファシスト運動のなかで大きな力をもち、政権獲得の後も、中央に対して抵抗し続け、ムッソリーニに対しても独自性を主張しながら、党の首脳の地位を維持した。彼らのなかには優秀な人材もいて、何人も国家の要職に就いた。地方ラッスの典型は、ロベルト・ファリナッチである。南部イタリア出身の彼は、国有鉄道の駅長を経て、弁護士としてミラノの南部にある酪農都市クレモナに定着し、ファシスト運動のタカ派のリーダーとして、ムッソリーニの永遠のライバルとなった。政権獲得の後、ムッソリーニの妥協政策を非難し、党を中心とする国家体制を提唱し、一時、ファシスト党の書記長を務めたものの国家の要職には就かなかった。

ボローニャのラッスのディーノ・グランディもムッソリーニに対してライバル意識が強かった。共和党出身の弁護士で、政権獲得後は外務大臣、駐英大使等の国家の要職に就いた。

ルネッサンスの都市フェラーラのラッス、イタロ・バルボは国民のなかでもっとも人気を得たファシスト党の幹部である。彼も共和党の出身であった。人を組織する能力があり、大きなカリスマを備え、地方ラッスのなかで最大の戦闘力をもち、ローマ進軍のときに重要な役割を果たした。彼も要職に就いた。

ムッソリーニは地方ラッスとあまり馴染みがなかった。彼らは政治的感覚を欠き、社会改革を要求せず、いたずらに権力の確保を狙っていると判断していた。しかも、大地主などの反動的な勢力との関係を懸念していた。ムッソリーニは彼らを単なる軍事力の提供者と見なし、多少の軽蔑を込めて、地方における自分の《補佐官》と称した。

しかし、ファシスト運動は行動隊に尽きるわけではなく、当初から革命的サンディカリストも重要な構成要素であった。実は、ムッソリーニ自身「ファシズモの原理」で認めたように、革命的サンディカリストはファシズムの先行者であった。労使協調を唱えるファシスト系組合は、行動隊とともに運動の二本柱となった。

また、《メリディオナリスティ（南部イタリア問題専門家）》も一翼をなしていた。社会党時代から南部の問題に関心をもっていたムッソリーニは、彼らに親近感を抱いていた。特に、ナポリのファショの領袖だったアウレリオ・パドヴァーニと心を通じていた。青年将校として戦功を挙げたパドヴァーニにとって、ファシスト運動の目標は社会の革命でなければならなかった。彼は政治面で南部の発展を遅らせた旧勢力の追放や、道徳面で南部の昔ながらの悪弊である腐敗構造の払拭を提唱していた。彼は精力的に労働組合の活動を展開して大きな成果を挙げ、その結果、当時イタリア第二の都市だったナポリだけは、ファショは大衆運動になった。ムッソリーニはパドヴァーニの主張に共鳴し、彼に対し友情さえ感じていたが、その急進論については警戒心を抱いていた。「赤い週間」の失敗を経験した彼は、大衆の動員による革命に対して懐疑の念を抱き、パドヴァーニの夢見ていた《革命》は《騒動》に過ぎないと考えていた。本当の革命を実現するためには、まず政権を獲得しなければならない。それには南部の大衆は当てにならず、北部のラッスの武装勢力に支えられた、自分の政治的感覚による工作が必要であると考えていた。

ムッソリーニの現実主義とパドヴァーニの空想主義がいずれ衝突するのは宿命であった。政権獲得の後、南部の反動勢力を代弁した国粋派がファシスト党への合流を決めたとき、パドヴァーニは離党し、反体制派ファシストのリーダーとなり、二人の対立は極めて激しくなった。マッテオッティ事件の危機のとき、パドヴァーニは一時ムッソリーニとの和解を図ったが、二人の間の溝はすでにあまりにも深くなっていた。ムッソリーニはいつかは彼を党の要職に復帰させようと思っていたかも知れない。しかし、パドヴァーニは一九二六年に、国粋派出身の内務大臣の陰謀であると噂された事故で死亡した。晩年になってもムッソリーニはよく彼のことについて懐かしそうに語ったが、ひょっとしたら、彼の思い出には、自分が成就するのをためらった革命に対する未練が混じっていたかも知れない。

ミラノとローマではファシズムは都会的な現象で、その代表的な人物には政治感覚の豊かな知識人が少なくなかった。ローマのファショの中心的な存在は新聞記者出身のジュゼッペ・ボッタイであった。彼はイタリア・ファシズムのもっとも優秀な人物とされている。協調組合主義の理論家であり、思想・政治問題に深い関心を抱き、彼が主宰した雑誌は若手インテリに開かれていた。

ファシスト運動は短期間で驚異的な成長を記録した。一九二〇年の終わりごろには八十八支部で二万人を擁していたが、一九二一年には十倍の八百三十四支部で約二十五万人に達していた。二一年の春にファショは、社会党系の農業連盟を抑えて北部・中部イタリアの大部分を支配下に置き、国民から大きな支持を受けて一流の政治勢力にのし上がった。

ファショ行動隊は短期間で社会党の組織を崩壊させることに成功したが、その活動を黙認した治安当局の姿勢も重要だった。これは政府の指導や上層部の決定よりも、社会党の暴力の対象となりながらも、十分に自衛措置を講ずることのできない現場の警察官の不満から生じた現象であった。一九二一年春の内務省の報告書は、この問題を分析し、ファシスト部隊の取り締まりに警察が積極的ではない理由として「ファシストの過激行動の対象になるのは、自らの政敵、とりわけ警察に対して暴力を振るう者たちである」という事実を挙げ、治安当局がファシストに対してしかるべき措置を取ろうにも、現場の警察官が「自分たちを罵ったり侮辱したりする者に対してファシストを同盟者として見なして」いるから実施しないのだと指摘した。『アヴァンティ!』紙が一時、警察官の家族に対して品物を売らないように呼びかけたり、警察官の妻と母を売春婦扱いするよう党員に呼びかけたりしたことを念頭に置くと、警察官の心情も容易に推察できる。同様に社会党の攻撃対象となっていた軍の将校と下級士官の中にも同じような精神的傾向があったので、件の報告書は、軍が治安出動した場合、ファシスト運動に共感する将校の動向についても警戒を呼びかけていた。

国民ファシスト党の誕生

ジョリッティの政策はムッソリーニに新たな機会を与えた。ジョリッティの目標は相変わらず社会党穏健派の内閣参加で、自分の政治体制を安定化することであった。この点で彼は一九二一年一月の社会党リヴォルノ大会で改良派と革命派が分裂することを期待していた。しかし、グラムシとボンバッチを中心とする少数の議員が離党して共産党を創立したものの、分裂は起こらず、革命派が多数を維持した。大会の結果を受けて、ジョリッティは議会を解散し、総選挙に持ち込んだ。彼は選挙の結果、社会党と国民党が弱体化し、妥協に対して前向きになると思い込んでいた。一方、選挙で勝つには、中流階級の有権者の一翼を独占する戦闘ファッショの協力は欠かせないものであった。したがって、ジョリッティは、穏健派・右派を集めて形成した国民連合に参加するよう、ムッソリーニに呼びかけたのである。旧政治体制の具現化として、ジョリッティはファシストからもっとも嫌われた政治家の一人であったが、ムッソリーニは運動内の反対を抑えて彼の提案に乗り、可能な限り多くのファショ系の候補者を立ててもらった。

これはムッソリーニにとって極めて危険な賭けであった。もしジョリッティが思惑通り社会党と連立政権を作るのに成功したなら、戦闘ファッショは存在の意味をなくし、ジョリッティは、ファシストたちの暴行を制圧するのに実力行使を辞さなかったであろう。しかし総選挙の前夜、ムッソリーニは急にジョリッティを離れて彼を激しく攻撃したのである。これでジョリッティの計画は狂ってしまった。ファショの議員が野党になったことで、新しい議会で彼が多数を制するのは不可能となった。しかも、この時点でファショ系の候補者を名簿から除外するにはあまりにも遅かった。このように、イタリアのもっとも優れた策士も、若造に嵌められてしまったのである。

五月十五日の総選挙はジョリッティの敗北で終わった。社会党は百二十二議席で、共産党の十六議席を入れると左翼は勢力を維持し、国民党は百七議席で多少勢力を伸ばした。これでどの政党も過半数に届かず、政治状態は相変わらず不安定の様相を呈していた。ファシスト運動は三十五議席を獲得し、成功を収めた。ムッソリーニはミラノとボローニャ両選挙区に出馬し、二年前の落選の不名誉を雪ぎ、それぞれ十二万五千票と十七万票を獲得して、両選挙区とも一位で当選した。

選挙の後、ムッソリーニが直面した急務はファシスト運動の再編成であった。急に成長した運動はまだ混沌の状態にあった。彼は形として運動のリーダーではあったが、地方ラッスたちは彼の指導権を認めなかった。しかも、行動隊に対する地方ラッスの管理も弱く、どの段階でも遠心力が働いていた。ムッソリーニは、運動に体系的な組織を与え、政党へと脱皮させることによって、指導権や政治決定権を集中化し、自分の管理力を強化することを望んでいた。また、政治面では彼は運動の穏健化と反動化を同時に懸念していた。一方、ジョリッティとの協力と国民連合への参加の結果、既成勢力への接近の動きが現れてきた。特に、ファシストではないものも含んでいた代議士団の姿勢は心配であった。社会党の弱点だった、急進的な一般党員と穏健な議員というあの二重構造がファシスト運動にも繰り返されるのではないかと、彼は懸念していた。そこで、革命的な姿勢の強調が必要であると感じて、国王臨席の開院式にファシスト運動の代議士団が欠席して、共和制への志向を再確認するように提案した。提案は代議士の賛成多数で決定されたが、反対は予想より多く、最終的に十五名の代議士は決定に逆らって敢えて出席した。

他方では、最初の国会演説で、彼は国民党、社会党や労働総連盟（CGL）に対して柔軟な姿勢を示し、社会党に流血の対立を終わらせるための和解協定を提案した。ファショ行動隊の攻撃の下で喘いでいた社会党はこの提案に乗り、両党の議員の間の交渉が開始された。

実際、ファショ行動隊は社会党の組織をほとんど破壊し、闘争の目標を達していたのであった。ムッソリーニは、国民がこれ以上の暴力を容認しなくなったことに気付いていた。今までは消極的かつ破壊的な役割を果たしたファシスト運動は、積極的かつ建設的な政治勢力へ脱皮しなければならなかった。「ファシズムの達成すべき目標は、政治的かつ精神的なものである」とは、ムッソリーニの確信であった。しかも、反動的な勢力が農民運動と労働組合を全面的に崩壊させる目的で行動隊を利用しようとしている危険も感じていた。彼は逆に、労働組合との対話を開始することを望んでいたし、運動が反動的な性格を帯びることで自滅するのを危惧していた。

しかし、地方ラッスと行動隊の活動家には、この自覚がなかった。彼らは相手を全面的に壊滅しないかぎり目的を果たしたとは考えなかった。しかも、社会党を圧倒した後は、今まで好意的な姿勢を示してきた共和党と国民党の組織にまで攻撃を拡大し、暴力による政権獲得を目指していた。しかし、ムッソリーニはこうした隊員たちの心境を過小評価し、社会党との和解協定を強引に押しつけようとした。

社会党との交渉を決着させるきっかけとなったのは、七月二十一日に起こった重大な事件であった。トスカーナ地方の各地から合流した五百人以上のファショ行動隊が共産党の根拠地であったサルザーナの町を攻撃したが、共産党員と住民の協力を得た警察に排除されてしまった。行動隊から十八人の犠牲者が出た。警察が行動隊に発砲したのは、この時が初めてであった。しかも負傷した隊員の何人もが住民に残虐な方法で殺害されてしまったことは、ファショに対する憎悪の表れであった。ムッソリーニは大きな衝撃を受け、行動隊に報復を控えるように命じた。「ファシスト運動の周りに憎悪の包囲網が迫りつつある。それを切断せねばならぬ。我らは柩を基盤にして成功を収めた。今度は敵が同じことをしないように気をつけなければならない」と、側近に語った。この事件を受けて、和解のための交渉が積極的に進行し、八月二日にはファシスト運動と社会党・労働総連盟の間に、即時に暴力を停止する合意が成立した。

しかし、共産党と左翼系武装組織が協定に参加していなかったのは、和解に反対していた一部の行動隊にとって闘争活動を続けるのにいい口実となったし、社会党の一部の支部も和解を拒絶した。にもかかわらず、協定はそれなりの成果を上げ、暴力が著しく減少したのは事実である。

協定署名のすぐ後に、それに反対したトスカーナ、エミーリア、ロマーニャ、ヴェネト地方の大部分のファショ行動隊の反乱が始まった。反乱派を指導したのは、クレモナのラッス、ファリナッチや、ボローニャのグランディや、フェラーラのバルボら、いわゆる《農業ファショ》の要人であった。その結果、ファシスト運動は混乱に陥り、一時は崩壊寸前にまで至ったのである。ムッソリーニは毅然として反乱に立ち向かった。『ポポロ・ディタリア』の社説で、「昔の古くて賢明な格言に言う「鞭を使わない父親は子供を愛していない」。もしファシズムが私の息子であるとすれば、私は自分の信念、自分の勇気、自分の情熱の鞭を使い、あるいはそれを矯正し、あるいは万が一には、生存をも不可能にするかも知れない」と述べた。

反乱派が協定の賛否を問うために早急な党大会の招集を要求したとき、正面衝突が自分に不利になることを知っていたムッソリーニはいきなり指導部を辞任し、運動からも離脱する意思まで仄めかした。これで彼は王手を打った。反乱派のなかには、誰も指導者になる資格と力がなかったからである。しかも、隊員のなかでムッソリーニの人気は極めて高かった。運動の顔である指導者を失う危険に直面した彼らは、ダンヌンツィオに運動の指揮を執るように要請したが、ムッソリーニに対抗する気のない詩人は辞退した。これで、反乱は行き詰まってしまった。

ファシスト運動の混乱状態はしばらく続き、危機が収拾されたのは、十一月にローマで開催されたファシショ大会であった。ここでムッソリーニは一方で反乱派に譲歩して和解協定の無効を宣言したが、他方で彼の最大の目標であった運動を政党として再編成することに成功し、ここに「国民ファシスト党」が誕生した。その結果、各地のファシショ団が中央集権的組織に編成され、形式的に独立を失い、ムッソリーニの指導権は強化された。ファシショはより安定した政治力となり、イタリア政界の指導権を狙う資格を得たのである。

和解協定に関する抗争でも、ムッソリーニは事実上の勝利を収めた。地方のラッスを自分の意思に従わせることには成功しなかったものの、ムッソリーニ以外に指導者がいないことが証明され、彼らはしぶしぶながら中央の指導権を認めた。しかも、一般の国民の目には、ムッソリーニはファシスト運動の過激派とは毛色の違う、ファシストの行き過ぎを抑えられる唯一の政治家として映るようになっていた。反面、この危機の結果、地方のラッスに対するムッソリーニの不信はさらに募った。地方ラッスたちはムッソリーニの政治的構想を理解できず、それを失敗させようとした。ラッスはムッソリーニを指導者として認めず、ただ彼の人気を利用し、運動の顔に立てて、その陰で自分の利益を追求していると、彼は察した。反面、原則的に和解協定に反対しながらも、政治的状況を理解してそれを受諾したパドヴァーニを評価していた。

とにかく、ファシスト運動の再編に一応成功したムッソリーニは、この時点から実力行使と対話姿勢をうまく使い分けて、政権獲得計画を積極的に進めていった。党の軍事部門の動員状態を維持し、国土全体に勢力を張るように闘争を継続させる一方、国を安定させる唯一の選択肢が、ファシスト党の政権参加であることを、既成の政治勢力に納得させようと試みたのである。同時に、世論の推移を敏感に観察して、それに合わせて政治路線を調整し、国民の支持を失わないように気を配った。もっとも重要な問題はやはり世論の動きであった。実際、政治情勢は微妙に変わりつつあった。当初、ロシア型の革命を恐れていた国民の一部はファショの反撃を歓迎したが、社会党が脅威でなくなると、今度はファショこそ反体制勢力として感じられるようになったからである。

一九二二年前半には世論に変化が起こり、以前ファシスト党に対して好意的だった保守系の新聞は敵意を表し始めた。社会党と国民党がファシスト党に抵抗するために連合を形成する動きも見えてきた。なお、ファシスト党を封じ込める目的で、ダンヌンツィオを立てて、社会党・国民党・共和党・民主党の連合の画策も積極的に進められた。同年初夏には、バルボの指導するフェラーラの行動隊が大規模な武装作戦を展開し、ロマーニャ地方を完全に制圧したとき、政治状況の変化が現前した。バルボの暴行を鎮圧しなかった当時のファクタ内閣が批判の的となり、辞任に追い込まれた。

ファシスト党は孤立させられる羽目に陥るところであった。社会党が過激な行動を控えて、穏健派を安心させるような慎重な路線を選んだとしたら、ファシスト党には勝ち目はなかったであろう。しかし、ムッソリーニはその可能性についてあまり心配していなかった。社会党の昔の仲間の心理を知り尽くしていた彼は、相手の失策が自分に好機を与えるのを待っていた。そして、革命的志向を捨てることができなかった社会党は、思惑通り自滅的な愚挙に出た。世論の変化を見誤り反撃の時機が来たと判断した。そして社会党系の労働組合は、八月一日から「台頭しつつある反動勢力に脅かされた政治と労働運動の自由」を保護するため、無期限のゼネストを宣言したのである。

これで事情は急転換した。ゼネストという言葉は赤色革命のイメージを連想させ、穏健派の反感を買い、その反面、ファショ行動隊はかえって国家や秩序の守護者として見えてきた。中産階級は再びファシスト党へ傾倒した。ムッソリーニは機を逃さなかった。ストが宣言された途端に、ファシスト党指導部はすぐ全党員の総動員を命じ、政府に四十八時間以内に対抗措置を講じるよう最終通告を送った。「この期限が終了したら、ファシスト党員は自由に活動し、今一度無力を示した国家の代わりに行動することになる」と宣言した。

ゼネストに対応するに当たってファシスト党は大きな組織力と高い効率性を発揮した。イタリア各地で党員とファショ系の労働組合員はストライキに突入した従業員に代わって、交通機関の運行を継続させ、同時にファショ行動隊は攻勢に出た。その結果、社会党の弱体は露骨になった。二日、労働組合はストを中止せざるを得なかったが、これでもファシスト党の攻撃は止まなかった。各地で労働組合の支部をはじめ、ミラノ市庁を含む社会党系の市庁が占拠された。占領されたミラノ市庁のバルコニーからダンヌンツィオはファショの行動隊を励ました。社会党系の労組は事実上崩壊してしまった。幹部を含め多くの組合員がファショ系の組合に移った。六月には四十五万名を少し上回る程度だったファショ系労組は、九月には七十万人になった。八月六日にイタリアの有力紙『コリエーレ・デラ・セーラ』が指摘したように、国民はゼネストに「ボルシェヴィキの顔」を見たので、一時世論の支持を失っていたファシズムは、ゼネストの結果、支持を取り戻したのである。

ローマ進軍

ついに、政権獲得への道が開かれた。ファクタの首相留任が決定され、死に体の暫定内閣として継続した。すべての政党はムッソリーニを含む新内閣の形成こそ唯一の打開策であると納得するようになった。ただ機を失わないことだけが重要であった。十月にパレートはムッソリーニに「今でなければ駄目だ」と進言したが、ムッソリーニはすでに八月半ばの党中央委員会で、早いうちに行動を起こす決意を表明していた。彼は世論が目下ファシスト党に共感的であっても、やがて変わるだろうと懸念した。特に、冬には経済・社会危機が予想され、状況はファシスト党にとって不利になると思われた。反面、ファシスト党がまだ武力で政権を取る十分な力を有していないことも彼は認識していた。したがって、冬までに合法的な方法で政権を取らなければ機は失われるし、しかも単独政権を取らねばならないと彼は判断した。

ムッソリーニの見るところでは、連立政権に参加した場合、ファシスト党は行き詰まるに決まっていた。ジョリッティをはじめとする旧勢力は、ファシズムの合法化を図り、政治体制に組み入れて無力化することを狙っていたからである。パレートが賢明にも指摘した通りである。「ジョリッティの狸親父は、ファシズムの失敗を企てている。もしファシストたちが飼い馴らされたなら、終わりである。（中略）今社会党から離れて行く人々は、いつかはファシスト党からも離れてゆくだろう。（中略）だからこそ、離れて行く前に革命を起こさなければ、後の祭りになってしまう」。

ムッソリーニは極めて困難な課題に直面していた。これを解決する方法として、彼が選んだのは、圧力手段として暴力行使を伴った政治工作であった。このためにはまず、統一された指揮系統がなかった行動隊の取りまとめをバルボに依頼し、軍事力の強化を図った。同時に影響力がある諸勢力の支援や、少なくとも好意的中立の姿勢を得るためにしかるべき手を打った。根本的な問題は軍の態度であり、それに関連するのは国王の問題であった。軍はファシスト党に好意的であったが、国王に忠誠を誓っており、命令を受ければ嫌でもファシスト党に銃を向けただろうことは間違いない。軍と警察との全面衝突になった場合、ファシスト党に勝ち目はなかった。

国王はファシスト党に対して好感を抱いていなかったし、暴力的圧力がかけられた場合、反発したであろう。ムッソリーニはそれを知っていたが、側近の証言では彼は国王に何らかの工作を展開していたようである。王宮内にもファショに共鳴する人物がいた。特に皇太后は公然とファショに対する支持を表明していた。また、サヴォイア王家の一族であるアオスタ公爵はファシスト党に接近していた。国王がローマから追い出された場合、彼は次の国王に成りうる人物であるだけに、その存在は国王に対して心理的圧力であった。

しかし、ムッソリーニがもっとも当てにしていたのは、フリーメーソンであった。彼は元来フリーメーソンに敵意を抱き、この根本的な姿勢は終生変わらなかった。しかし、社会党を革命的なエリート組織に仕立てようとしたとき、彼らを党から追放したのに、あらゆる勢力をファシスト党の傘下に編入することを図った時点で、イタリア社会と政治における彼らの力を無視できなかった。フリーメーソンとの接触が頻繁になったのは参戦運動のころからで、初期からのファシスト運動にもフリーメーソンは多く、幹部の大部分もそうであった。イタリアのフリーメーソンは多数の会員を誇るイギリス系ロッジと少数派のフランス系ロッジとの二つに分かれていた。両方のロッジはファシスト党に対して好意的な姿勢をとっていたが、フランス系ロッジは特に積極的であった。ローマ進軍の前夜、ムッソリーニはフランス系ロッジの総裁と会見し、国王に圧力を掛けるように依頼していたそうである。国王の補佐官はそのロッジに属していた。

一方、自由党と民主党の指導者に対しても政治工作が展開された。ムッソリーニは、自分のもっとも危険なライバルと見ていたジョリッティや、ジョリッティのライバルだったニッティとサランドラや、ジョリッティ派でありながら独自に行動しようとしていた首相ファクタの四人と、同時に交渉を開始した。彼らは各々、ファシスト党を抱き込んで政権を獲得することを望み、四人ともムッソリーニの支持を得たと思い込んだが、実際彼らはムッソリーニ政権への道を開くのに利用されただけであった。

しかし、野心的なファクタはムッソリーニと交渉を進めるかたわらで、ダンヌンツィオを内閣に引っ張り込んでムッソリーニを牽制することも考えていた。そのために戦勝記念日である十一月四日、ダンヌンツィオを中心に国民和平集会を計画した。それを知ったムッソリーニは、ファクタの本心を見抜き、その工作を未然に阻止するために、十月末に行動を起こすことを決心した。

このように政治工作が進行する中で、ムッソリーニは一連の重要な演説を行なった。九月二十日、イタリア東北部の都市であるウディネに集まったヴェネト地方のファショ行動隊やバルボの指導でフェラーラから自転車に乗ってきた行動隊の前で、国王にメッセージを送り、ファシスト党が勝てば君主制を維持するとの意思を表明し、国王はファシスト党に対抗しない方が賢明であると付け加えた。演説後、六キロも連なる列をなした黒シャツ隊は、ウディネ中心部を練り歩き、ファショの武装勢力が達成した組織力の強さを誇示した。

二十四日、ロンバルディア地方の三万人の黒シャツを集めたクレモナ集会で、「我々は最終目的であるローマまで止まることのない進軍を始めた」と断言し、ファシズムの社会政策を強調した。また十月四日には、ミラノでファシズム対反ファシズムの対立を世代交代であると主張した。「自由主義派の支配者どもよ、貴様たちがもはや理解できないイタリアが存在しているのだ。貴様たちは時代遅れの考え方の故に理解できないのだ。貴様たちの消極的な性格の故に理解できないのだ。議会戦術が貴様たちの精神を枯らした故に、理解できないのだ。塹壕からのし上がったイタリアこそ、強いイタリアであり、衝動と生命力に富んだイタリアである。歴史の新しい時期を開こうとするイタリアである」と訴え、政権奪取後に彼が実施した政策の輪郭を描いた。彼は「国家を正しく統治し、栄光ある運命の目標へ導き、一方の憎悪や他方のエゴイズムを抑えて、階級利害を調整し、イタリア人を一つの塊にして世界に対する役割を果たすことを目指す。地中海を我らの湖とし、地中海の諸民族と同盟を結び、そこに寄生しているに過ぎない勢力を追放する。我慢強くこの厳しく巨大な事業を行なえば、我々はイタリアの歴史のなかで正に偉大な時代を開くだろう」と告げたのである。

交渉を決着させるために、武力行使が必要であることを覚悟していたムッソリーニは、十月十六日、ファシスト党軍事責任者を招集し、不意打ちの利を得るために、早急に行動することを決めた。人員が多く、志気の高いエミーリア、ロマーニャ、トスカーナ地方の行動隊が、三軍団に分かれてローマへ進軍することが決定され、司令部は軍事責任者であるデ・ボーノ、デ・ヴェッキという陸軍の予備役将軍二人とバルボに、ムッソリーニの側近である党書記長ビアンキを加えて、四人によって構成された。

この時点で行動に賛成したのはバルボ一人だけであった。ファシズムの王政派・保守派を代表する元軍人のデ・ボーノとデ・ヴェッキは反対であった。二人は表向き、準備不足を理由としていたが、実際は武力行使そのものに反対であった。ムッソリーニは激怒し、集会のあと「何だ。閲兵式をやると思っているのか。連中は制服がまだ整っていないと言っているのだ。この機を逃すなら、我々は終わりだということが分からないのか。もしジョリッティが政権に復帰したなら、我々は用済みになってしまう。彼がフィウメでダンヌンツィオを大砲でやっつけたのを忘れたか。早くしなければ駄目だ」と側近に漏らした。

この集会の際にムッソリーニは「ダンヌンツィオも賛成だ」と告げた。彼と詩人との間には何らかの取引があったようであるが、ともあれ軍事行動を決定する前に、ムッソリーニはダンヌンツィオの好意的な中立を確保したのであった。

このようにローマ進軍は決まった。危険度が極めて高い冒険であったが、ムッソリーニとしては成功の可能性は十分あると判断していた。最後の大演習は十月二十四日、ナポリで行われた大集会である。これはイタリア各地から四万人の黒シャツ隊と二万人の労働組合員が参加した印象的な力の示威であった。とりわけ、プーリア地方の騎馬隊と初めて外部に出た女性行動隊は注目を浴びた。ナポリでファシスト党は大衆の支持を得ていただけに、ファショ軍団は住民の熱狂的な歓迎のなか中心街を練り歩いた。

サン・カルロ座のオペラ劇場でムッソリーニは進軍前夜にふさわしい、巧妙な演説を行なった。「イタリア全体が、我々の集会を眺めている。何故なら、時に愚人の隠れ蓑である無駄な謙虚さを捨てて断言すべきであるが、ヨーロッパと世界の戦後に、イタリアのファシズムより有意義で独創的、精力的な現象は存在しないからである」と断言し、ファシズムの目標が権力の全面的獲得にあることを強調し、「もし衝突が武力行使で解決されるなら、我々は勝利を得るに十分な力をもっている」との自信を表明した。また君主制に対する支持を再確認して、軍に向かって社会党の憎悪から彼らを守ったのはファシストだったことを指摘した。最後に国民同士の闘争に終止符を打つ決意を繰り返しながら、「平和を真に望む人たちとの間に平和を。しかし我々を、とりわけ国民を脅かす連中に対しては、勝利なくしては平和はあり得ない」と警告した。この演説に喝采を送った聴衆の中に、元老院議員で哲学者のベネデット・クローチェもいた。

その夜、彼は軍事責任者を招集し、ローマ進軍決行日を十月二十八日と決定した。ローマ進軍と同時に全国の県庁と主要な鉄道駅や通信局の占領も決まった。ムッソリーニはミラノへ帰ったが、途中ローマ駅でフランス系のロッジの総裁との会談を行なった。四人の軍事責任者は司令部を置く予定のペルージャへと向かった。ローマから二百キロ北に位置するこの地方都市は北イタリアとローマとの間の交通を支配する戦略上の要衝である。

首相ファクタは決起が間近であることを察知していたが、ムッソリーニとの妥協を望んで貴重な時間を無駄にし、ローマにいなかった国王への報告もしなかった。国王がローマに帰ったのはファショ軍団の行動がすでに始まった二十七日深夜であった。駅で出迎えたファクタに向かって、国王はローマの防衛を命令した。おそらくこの時点では、国王は戒厳令の布告に同意したと思われる。ファクタは会見の後、何も措置を講ずることなく帰宅して眠ってしまった。彼が眠っている間に事態はますます進行していった。当時の内務省官房長はその夜のことを次のように述べている。「(内務省のある)ヴィミナーレ宮殿の各県庁との直通電話は、絶えず鳴りっぱなしであった。十二時過ぎには、事態はますます深刻化していった。真夜中、沈黙に包まれたヴィミナーレ宮殿の広間で、私は国家の権力と権威の崩壊に直面していた。私の前に置かれた大きな紙の上に、私は占領された県庁、襲撃された通信局、ファシストと協力し武器を供給している各地駐屯部隊、ファシスト軍団が乗っ取って武装部隊を満載した首都行きの列車の数を記録しつつ、その数字が増えていくのを見ていた」。

ミラノにいたムッソリーニはその夜、平静を装って妻と娘を伴い劇場へ行った。ラケーレが述べるところによれば、「第二幕の途中で、彼はいきなり立ち上がり、私の耳元で「用意が出来ている」とささやいて、私の手を引いて走るように劇場から立ち去った」。彼は『ポポロ・ディタリア』の本部へ行き、決起の宣言文の最終的修正を行ない、印刷に回した。その結語で彼は「我々をかき立てる衝動は一つ、我々を結集させる意志は一つ、我々が燃やす情熱は一つ。それは、祖国の救済と発展に貢献することである。イタリア全国のファシストよ！　古代ローマ人のように、精神と精力を傾けよ。勝たねばならない。必ず勝つ。イタリア万歳！　ファシズム万歳！」と訴えたのである。

深夜三時ファクタは起こされ、朝六時に閣議で戒厳令の布告が決定された。しかしその後、国王のところへ行って戒厳令への署名を求めたとき、意外にも拒絶された。ファクタは辞任せざるを得なくなった。

国王はどうして翻意したのであろうか。その夜国王が何をしたか、誰に会ったかは謎であるが、ともあれ彼が得た情報の結果、武力行使は賢明ではないとの結論が導かれたのである。ローマに向かうファショ軍団は軽武装で組織力も乏しく、軍による鎮圧は容易だったであろうが、問題はその後である。ファショ行動隊は国土のほとんどを制圧し、武力による鎮圧を強行すれば国中が大混乱に陥ったであろう。軍の首脳部は、おそらく衝突を避けるように国王に進言したであろう。とにかく、無能なファクタがこの危機を収拾できる人物ではないことは明らかであった。国王は信頼する人物であるサランドラに、ムッソリーニを含む内閣を組織することを命じた。つまり、国王もファシスト党を議会政治に取り込もうとしたのである。この時点からムッソリーニと国王との間に微妙な駆け引きが始まった。

その間ミラノで、弟アルナルドや復党していた未来派詩人マリネッティや七十人の隊員とともに『ポポロ・ディタリア』本部に立て籠もっていたムッソリーニは厳しい事態に直面した。戒厳令布告の中止がまだ知らされていなかった朝八時ごろ、内務省治安部隊が本部を占拠しようとした。彼は一人で外に出て、部隊長を説得しようと試みた。しかし、なかなかうまく行かないところ、運よく戒厳令の中止の通達がきて、事態が収拾された。

午後、王室補佐官から電話が来て、ムッソリーニは組閣交渉のためローマへ上京するよう招請されたが、自分が首相に指名されないかぎり受諾できないとして、辞退した。ファシスト党右派や協力関係にあった国粋党からの圧力を退けて、彼はサランドラ内閣への入閣を拒んだのであった。それで二十九日、ムッソリーニの協力を得られなかったサランドラは、首班指名を辞退した。国王はついにデ・ヴェッキに、首班指名を受けるためにムッソリーニに上京するよう伝えることを依頼した。ところがムッソリーニは王室補佐官の公式な電報がなければ上京しないと答えた。

電報が届いたとき、彼は弟の方を向いて、「父さんがいたらなあ!」と、感嘆の声を放った。そして、すぐにラケーレに電話し、鞄を準備するように頼んだ。「えっ、びっくりした。私の亭主が総理大臣ですって」と、ラケーレは半信半疑で呟いた。

ミラノ知事から特別列車の手配が行われたが、ムッソリーニは「これからは節約だ」と断り、二十時三十分、ファショ鉄道員組合のメンバーが運転する通常の急行でローマへと出発した。出発前、駅長に会い「完全に時間通りに出発させよ。これからは何でも予定通り完全に動かなければならない」と勧告した。駅では前日彼に銃を向けた治安部隊長が不安げに挨拶に現れたが、ムッソリーニは彼の行動を高く評価し、「国家の権威の回復を望むファシズムは、貴殿のような人材を必要としている」と言って励ました。

途中各駅で繰り返されたファシストの歓迎のため、列車は大いに遅れて翌三十日の十時五十分にローマに到着した。ムッソリーニは礼服の下に黒シャツを着た格好で、十一時十五分に国王と会見、組閣命令を受けた。国王に向かって、大戦を勝利で終わらせたあのヴィットーリオ・ヴェネトの合戦に因んで「陛下、ヴィットーリオ・ヴェネトで生まれた新生イタリアを代表して参りました」と挨拶したと言われているが、ムッソリーニはこの言葉を口にしなかったことを後日、認めている。実際、この名言は翌日の『ポポロ・ディタリア』の見出しを基にした作り話に過ぎないが、ともあれローマ進軍の歴史的な意味を表現しているのは間違いない。

第四章　全体国家の形成

決断力ある政権

政権獲得により、鍛冶屋の息子のロマンは一応終結した。これから始まるのは、ルートヴィッヒの言葉を借りると、ムッソリーニのメタモルフォーズ（変身）のドラマである。ルートヴィッヒはこの《変身》を、政権を獲得すると革命家が保守化するという政治的な現象として解釈した。しかし、《体制》となる《革命》の変容はムッソリーニの伝記というよりも、イタリア史全体に関わる問題である。ムッソリーニのメタモルフォーズとは、内的な現象で、自分の個性を自分の夢と一体化する人間のドラマである。それは例えば、三島由紀夫が『癩王のテラス』で展開したドラマである。三島の癩王が自分の生命力をバイヨンの像に注ぎ込んだと同じように、ムッソリーニも人間としての個性をなくすほどイタリアの歴史のなかに溶けこもうとした。しかも、彼の心理には大きな変化が生じた。彼はイタリア全国民のドゥーチェ（統帥）としての歴史的な天命を自覚し、自分の人間性を超克しようと、次第に孤立の境地に立て籠もった。ボッタイが指摘したように、彼は最終的に「ムッソリーニの記念像」のような存在になってしまった。かくて政権獲得の時点から、ムッソリーニの伝記は前半の明るい出世物語と全く性質が違い、自滅への道を歩む一個の人間の悲劇となる。しかし、ローマ進軍を境にムッソリーニの伝記に新しい人間物語が始まるといっても、彼の生涯には一貫性があることを見逃してはいけない。それは、父親から継承された新しい社会を創造するための革命の夢である。ドゥーチェとなった鍛冶屋の息子は、いよいよ新しい社会を形成する政治構想を実現しようとしていた。

国王との会見後、ムッソリーニはホテルに入り、部屋のバルコニーから喝采を叫ぶ群衆に「自分の目標は内閣を組織するに留まらず、決断力がある政権を創出することにある」と告げた。国民が望んでいたのはまさにそれであった。四年間で五回も内閣が交代した大戦後の不安定な状況や、無力な政府を生んだジョリッティ流の妥協政策に失望した国民は、権力を駆使し政策を実現する能力のある政権を待ち望んでいた。ムッソリーニが幅広い連立に基づいた内閣を編成し、国会で大多数の賛成を得たのも、すべての政党は国民が安定した能率的政権を望んでいることを認識したからである。したがって、組閣のための交渉は速やかに進行した。国王と会見した同じ三十日夕方、ムッソリーニは大臣の名簿を国王に提出し、翌日新内閣の任命式が行われた。普通の組閣としても記録的な速度であったが、ファシスト党内の調整をはじめ、複数の政党の協力を得るための大きな困難を考えると、さらに驚異的な速さであった。この最初の成功で、ムッソリーニは国民が期待していた実行力を備えていることを示した。

内閣はムッソリーニのほかに、ファシスト党三名、国民党二名、民主党二名、国粋党一名、民社党一名、自由党一名、民間人一名で組織された。そのほかに陸相と海相のポストは、それぞれ軍人に与えられた。ムッソリーニ自身は、もっとも戦略的に重要だと考えた内相および外相を兼任した。内閣の目玉は、民間人として文部大臣となった哲学者のジョヴァンニ・ジェンティーレであった。入閣を受諾したとき彼は、自分の任務を自由に行うことと、内閣が独裁的政策を行わないことの二つの条件を提出したが、ムッソリーニはこれを容認した。ローマ進軍の結果生まれたのは独裁体制ではなく、議会内で多数に支えられた連立内閣であった。ムッソリーニが武力行使を仄めかして圧力をかけたにせよ、ファシスト党は政治交渉の結果、合憲的な方法で政権を取ったのである。

ムッソリーニ内閣の大臣たちは実績を上げた。特に銘記すべきは、今なおイタリア教育制度の基盤となっている画期的教育改革を導入したジョヴァンニ・ジェンティーレや、戦争の後遺症で危機に直面した国家の財政を回復し、景気を刺激した財務大臣のデ・ステファニである。ムッソリーニ内閣の発足から、一九二九年の世界大恐慌に至るまでの時代、イタリアは世界最高の成長率を記録したのである。なお、国民党出身で政務次官を務めたジョヴァンニ・グロンキは第二次大戦後、大統領となった。

ただし、組閣交渉の折にムッソリーニは大きな挫折も味わった。彼の本来の目標は、国民和解とすべての政治勢力の協調を目指す挙国一致内閣であった。この観点から、カトリック系の大臣の初めての入閣を得たのは、教会と国家との間の和解への最初の一歩として歴史的な出来事であったが、社会党出身の人物が内閣に参加しなかったのは、大きな失点であった。実際は社会党内にも政治危機を収拾するのにムッソリーニの登用が不可避であるという認識があり、対話に前向きな人々もいた。そして、社会党系の労働組合連盟から個人参加により二人の入閣が決まり、社会党の議員団もこれを容認した。この問題についてムッソリーニはファシスト党内左右両派の反対を抑えるのには成功したが、国粋党の反対は克服しにくい障害となった。たのみにしていた国民党も社会党との連立に乗り気ではなく、時間の余裕がない彼はあきらめざるを得なかった。「今日実現できなかったことは、六カ月先には可能になるだろう」と側近に漏らしたが、軍の首脳、宮廷、財界の支援を受けた国粋党とファシスト党右派の共同工作は、ついにこの計画の実現を阻止するのに成功した。しかし、彼は昔の友人との和解への望みを決して捨てず、死の寸前までその実現を試みようとした。社会党の無策を非難しても、彼は党員たちの社会正義を求める精神を評価していた。

衆議院での所信表明演説でムッソリーニは極めて挑発的な姿勢を誇示した。まず、連立政権を組織した意図を、多数を得るためではなく「政党の違いを超えて国を救わんとする人々を集め、瀕死の祖国を救うためである」と表明した。内閣は、議会内の駆け引きに支えられた従来の政権と異なり、挙国一致の内閣で、ファシスト党の指導のもとに諸政党が参加するものであることを明確にした。ファシスト党の勝利を強調し、「自分が主張したいことは、革命の権利である。そして誰にもはっきりわかるように付け加えるが、自分がここにいるのは、黒シャツの革命を守護し、最高に強化して、発展・成長・均衡の力として、国民の歴史の中に緊密に織り込むためである。（中略）自分は、鈍感で灰色のこの会堂を、軍団の露営地とすることもできたし、議会の玄関を閉ざしファシスト党だけの内閣を編成することもできたのである。ただし、少なくともこの初期の間、やらなかっただけである」と述べた。

この演説でムッソリーニが故意に使った強気な口調は、元老院で行われた所信表明演説と、そのあとの衆議院の演説での穏健な口調と対照的である。しかし、この強気な口調で彼には、内閣の編成に不満を募らせていたファシスト党内部をなだめると同時に、その政治的勝利が生んだ、政府と議会との新しい力関係を強調する意図があった。議会に対する攻撃は社会党時代に植えつけられた彼の反議会主義を反映しながらも、立法府たる議会と行政府たる内閣との関係を明確にしたうえで、革命的な口調のうらに、逆説的に憲法の遵守を訴えた。行政権は政府の権限であり、それについて議会は監視しうるにすぎない。野党の役目は政府の活動を妨げるのではなく、政府が提案した法案と政令を検討し、その内容の判断に基づいて賛否を表明することにあると、彼は考えていた。

ムッソリーニの挑発的な演説をもっとも適切に評価したのは、「議会は自分の行動に値する政府を得た。四回の政治危機を通じて、政権を創出する能力がなかった。それで国民は、自分で政権を選んだ」と述べた老獪ジョリッティであろう。ムッソリーニ内閣は衆議院で賛成三百六票、反対百十六票という幅広い支持を受けた。実際、反対の立場を取った勢力の多くも対話には前向きであった。議会の状態は、まさに国の実情を反映していた。ローマ進軍のとき、ファシスト党の政権獲得を阻止できたのは軍だけであった。国民は賛成か中立の立場をとり、反対行動はまったく起きなかった。ゼネストが実施されなかったのも、労組の指導者たちが当時、社会党の許可を得たうえでムッソリーニと入閣の交渉に入っていたからである。

社会党穏健派の意見はアンナ・クリショーヴァによって表明された。彼女は、ファシストを制御し政治の正常化を実現できるのは、ムッソリーニ以外に誰もいないことを指摘し、

「時が解決すべき問題なので、無駄な刺激を与えて彼を邪魔しないほうがよい」と結論を出した。また、左翼知識人の代表的な人物だったサルヴェーミニもムッソリーニが旧政権の「ミイラと悪党」を追い出し、古い考え方から解放された新しい世代が登場するまで、政権を維持すればよいと意見を表明した。

クリショーヴァとサルヴェーミニの見解は対照的であったが、両方ともムッソリーニ政権を一時的な現象と見たことが間違っていた。ファシズムこそがサルヴェーミニが待望していた新世代の所産だったことを二人の観察者は理解できなかった。しかし、両者の異なった期待が示唆するように、ムッソリーニ政権は不安定な妥協の上に成り立っていた。彼は、旧体制を一掃しようとした新しい世代の代表者でありながら、ファシズム現象を制御して旧体制を維持しようとした勢力の支援で政権を取ったのである。実際、ムッソリーニ政権の根本的な弱点は固定した支持層がなかったことである。彼は地主や産業界や軍、あるいは限定的ながらも王室等の後援を獲得したものの、いずれも時局的な都合での支持に過ぎず、恒久的な同盟関係ではなかった。

ムッソリーニの唯一の基盤はファシスト党であったが、党内でも彼の権力には限界があり、固定した地盤をもった地域のラッスは、彼の指導力に対抗していた。特に、ローマ進軍の後、党内の事情が険しい様相を帯びていた。連立内閣の誕生や旧勢力との妥協で勝利が奪われたと痛感していた党の幹部と草の根の黒シャツのなかで不満と挫折感が大きくなり、ムッソリーニの政治路線を批判する者が大半を占め、各地に反乱が生じ、党は二年間も緊迫した状態に陥った。しかも、ムッソリーニを支持した既成勢力と世論の大部分は、彼が党を封じ込めることを期待していた。彼自身も治安の回復が新政権の信頼性を左右する急務であることを意識し、そのために、ファシスト党の暴行を積極的に取り締まることを辞さなかった。一九二三年の終わりごろには四百六十四人もの党員が服役中だったという事実は、彼の毅然とした態度の証拠である。しかしその結果、党内でムッソリーニを批判する風潮はさらに激しくなった。

ムッソリーニ自身は、自分の権力基盤が党のみであることを自覚していた。そのために、党のなかでの自分の指導権を強化することが重要であった。ローマ進軍後間もない一九二二年十二月十五日、ファシスト党の政治方針の最高決定機関として「ファシズム大評議会」が設立され、党の指導権の中央集中がさらに進められた。大評議会が扱った最初の問題は、ファシスト党武装勢力の法的位置づけであった。翌年一月二十三日の法令でこの勢力は国防義勇軍と規定され、ファシスト革命の維持と保護を目的とし、軍現役将校の指導の下に再編成されることとなった。この法令で国防義勇軍以外の武装勢力の解体も命じられた。ちなみに対象にされたのは国粋党の武装組織であった。ファシスト党と同盟関係を結んでいた国粋党の武装組織はローマ進軍の後、南部を中心に、急に成長し、隊員は二十万人にふくれあがった。実際、南部の既成政治勢力は国粋党に合流し、ファシスト党を封じ込めようとしていた。したがって建前の同盟関係とは裏腹に、ファシスト党と国粋党との間には緊張が高まり、衝突も頻繁に生じていた。

この状態を憂慮したムッソリーニは一九二三年二月、国粋党（正確にはイタリア国粋協会）をファシスト党に合流させることで問題を解決した。しかし、党内での反対は強かった。ローマ進軍を社会革命の出発点と見ていたナポリのカリスマ的なラッス、パドヴァーニは国粋党との合併を南部の保守的な勢力との妥協と見て離党し、ムッソリーニの路線に反対するファショのタカ派の中心的な人物となり、二人の間の対立は激しくなった。ムッソリーニはパドヴァーニを高く評価していただけに彼の反乱に憤慨し、「パドヴァーニは政治闘争を「是」と「非」との対立としてのみ理解しているが、「または」が大事である」と嘆いて、彼の現実の認識の乏しさを非難した。このコメントは、あの時点におけるムッソリーニの政治戦略について重要な示唆を与えている。ムッソリーニは根本的にパドヴァーニの主張に共鳴していたが、彼にとってそれは長期の目標であり、それを達するためにまず政権を強化しなければならなかった。そのために妥協は不可避であった。この戦略の前提は飽くまでも上からの革命であるが、パドヴァーニ、ファリナッチやその他のファショのタカ派は、政治的立場を異にしても、下からの革命を提唱し、既成勢力との妥協に反対であった。つまり、ムッソリーニは国家体制の改革により社会の変容が可能であると思っていたが、タカ派は党による国家管理を提唱していた。

ムッソリーニはもともと反動的な政治勢力と見なしていた国粋党に対して警戒心をもっていたが、政権の基盤を強化するために国王と軍部の支持を得ていた国粋党との合併は止むを得ないことであった。しかし、政治勢力としての国粋党についてはずっと不信感を抱いていたのに、ムッソリーニはその国家論を評価するようになり、国粋党の理論家で、優秀な法律学者のアルフレード・ロッコを信頼し、国家体制に関する立法活動に当たって彼に大きな権限を与えた。

ファシズム大評議会は、当初ムッソリーニの指導権の強化によってファシスト党の横暴を制する観点から歓迎されたが、次第に国策決定の場に変化し、独裁への道を開いた。同様に、国防義勇軍の設立は、軍隊の規律の導入により行動隊の暴走に終止符を打とうとする措置として、旧勢力から容認されたが、これで党の軍事力の存在が正当化されてしまった。

政権奪取後ムッソリーニは巧妙なゲームを展開した。党を制御しようとする姿勢を見せつつ、一方でファシスト党の政界支配の権利を主張し、新たな武力の行使を仄めかすことで、既成政治勢力から相次いで譲歩を引き出し、自分の権力の基盤を強化していったのである。しかしまた、党と自分の間に楔を打ち込まれないようにも腐心した。実際は、ムッソリーニ体制への国民の支持が絶頂を迎えた時代にも、イタリア人はファシスト党をあまり愛してはいなかったし、ファシストであるよりも、ムッソリニスト(ムッソリーニ主義者）であると意識していた。ローマ進軍のすぐ後にムッソリーニをファシスト党から分かつ風潮が強かったが、彼は乗り気にならなかった。「ムッソリーニ主義を、ある人たちは一種の洗礼、安全通行証と考え、これでもってまずファシズムと戦い、次にムッソリーニと戦おうとしている。しかし、それなりの政治的経験があるムッソリーニ自身は、この種のムッソリーニ主義者に警戒感を抱いている。もっとも断固たる反ムッソリーニ主義者は、ムッソリーニ自身であることをここで証明したいのである」と断言し、罠に引っ掛からなかった。

総理大臣に就任してから、ムッソリーニはラケーレと子供たちをミラノに残して単身でローマへ移り、当初はホテル住まいであった。夜は相変わらず情事のためお忍びで出掛けることもしばしばで、警護担当の警察官をよく困らせた。そのあと、ローマ中心街の独身用の地味な住宅に移動し、一九二九年ラケーレたちがローマに移るまで、そこに住んでいた。彼の仕事ぶりは精力的であった。朝六時に乗馬やフェンシングの練習で一日を始め、その後は職務に当たった。仕事が深夜まで続くことも少なくなかった。

就任から数週間後のある日、総理府に早く到着した彼は、門番に誰かいるかと尋ねた。門番は彼がムッソリーニであることもわからず、「ムッソリーニがいるんじゃないか。彼はいつも八時には執務室にいるから」と答えた。ムッソリーニはラケーレに「沈みつつあった船に乗り込んだ。官僚たちは考えられないほどだらしない」とこぼした。彼はこういう状況の改善が急務と考えた。手をポケットに突っ込んだまま彼の前に出たローマ警察本部長は即時に解任された。遅刻する高官たちも厳しく叱責された。短期間で官庁の雰囲気が変わり、適材適所の原理が導入された。こうしてイタリアの官僚体制はヨーロッパのなかでも勝れて効率的なものに生まれ変わり、政権の重要な支えとなった。

他人をあまり信頼しなかったムッソリーニは、職務を自分に集中し、重要な問題を自分で処理した。政権の最高担当者としての彼の最大の欠点は、権限を委譲することへの抵抗感であった。この欠点は長期的に見ると彼の災いとなったが、それを補ったのは彼の大きな実務能力と、問題の理解・解決力であった。そのほかは大いに専門家を登用した。この専門家の幅広い登用こそ、彼の個人独裁を可能にしたのであった。彼が政策を決定し、優秀な専門家がこれを実施するのであった。

ムッソリーニは新聞を読むことに多くの時間を割いた。イタリアのほとんどの新聞を読み、重要な部分には下線を引いた。これで、日常の問題と国民の動向を把握することができた。実務関連の書類も注意深く読み、それぞれに指示を書き込んだ。毎日数多く届けられる一般国民からの手紙も読み、行政上の問題に関わる場合、管轄がある官庁へ回した。また、毎日国内外から訪れる多くの人々と会見した。訪問者の対応に当たっては優しくて人情味に富んでおり、常に大きな感銘を与えた。あのような大量の仕事をこなした秘訣は彼の優れた記憶力のほかに、几帳面さと順序正しさにあった。彼は細かいところまで整理整頓を心掛けた。毎晩執務室を去る前にデスクを整理し、書類を省庁別のファイルに分け、黄色っぽい革の大きな鞄に入れて持ち帰った。二十年間の政権担当中、いつも同じ鞄を使って いたのである。

新政権の発足のあと、時局はムッソリーニにとって好ましい方向に展開した。諸政治勢力は彼に対し好意的もしくは静観する立場を保ち、断固たる反対の立場を示すものはなかった。マスメディアも大体好意的な姿勢を見せたし、一般国民は彼の登場に秩序と発展をもたらす新しい時代の始まりへの期待をかけた。首相として、彼は直ちに好評を得た。庶民的出自、比較的低い教育水準、革命家と暴力漢としての悪名、とかく噂の多い私生活など、彼の行動を懸念する多くの材料があったが、首相就任以来彼は首相としての自分の立場と、その権威を強く意識して、礼儀正しく、良識的に行動した。仕事において効率を強調し、政治的立場に関係なく専門家や有識者の意見を尊重した。政治家よりも官僚を重用したのも、専門的知識を評価したからであった。

首相就任直後、ミラノを訪問したベルギー首相との昼食会に出た。子供のとき、家族全員が一つの皿で食べたり、トルメッツォで教員をしていたとき一足しか持っていない靴を汚さぬように裸足で出勤したこともあるこの平民宰相を、ミラノの上流社会は厳しい眼で見つめていたが、みなが驚いたことに、彼は間違いなく作法通り振る舞った。この会食に出席したピレーリ子爵は、ムッソリーニが食器を手に取る前に他人がどれを取るかを確認していることに気がついた。この振る舞いは、未知のものに対する彼のアプローチを象徴している。彼は自分に何でもできるとは決して考えず、いつも見習う用意があった。

警戒心が強く内向的な性格の国王ヴィットーリオ・エマヌエーレ三世と、ムッソリーニは良好な関係を結ぶことにすぐ成功した。国王が側近に述べたように、新首相は国王に署名を求めるため書類を提示するとき、明確で分かりやすい言葉でその書類の意味と目的を説明したので、国王は安心して署名することができた。それまでの歴代首相は、矛盾した回りくどい説明を長々として、国王はいつも自信をもてずに署名していたのであった。国王はムッソリーニの性格を正しく理解して、彼を信頼し、彼の実行力を高く評価した。

国民の期待に応えて、彼は積極的に職務を遂行し、早くから好成績を上げた。治安は改善され、ストと農業争議は減少し、景気は回復し、失業者も減った。財政も改善された。教育改革、軍制改革、行政改革にも手が着けられた。ムッソリーニは重要な問題に取り組み、素早く物事を決定し、かつ決定されたことを迅速に実行した。彼はイタリア人が待望していた宰相となった。

対外政策についてタカ派と評されたムッソリーニは外務大臣としては当初外交官の閉ざされた世界に露骨な警戒感で迎えられ、駐フランス大使は即時に辞任したほどであった。しかし現実的で、さまざまな意見を取り入れる姿勢を示したムッソリーニは、間もなく信頼を得た。彼は礼儀作法を学び、若い外交官に英会話の講義も受けた。すでに英文読解力があった彼は会話も短期間で上達した。そして、外交政策においても、彼は断固とした決定を素早く下す能力を発揮した。ギリシャとアルバニアの国境線画定のための国際委員会を指導していたイタリアの将軍が、一九二三年八月二十七日にギリシャ人のテロにより暗殺されたとき、ムッソリーニは即座にギリシャに最後通牒を送り、ギリシャ政府の対応が不十分であるとして、海軍に、四十隻の艦艇を動かして七十時間以内にコルフ島を占領するよう命じた。この限られた時間内の占領は不可能だとの海軍司令部の反論を退けて、彼は毅然として命令を再確認し、コルフ島はついに予定の三十一日までに占領された。

この決行は、イタリアの一方的行動を非難したイギリスをはじめ国際連盟諸国との対立を招いたが、ムッソリーニは連盟脱退を仄めかし、またイギリスとの開戦すら辞さない対決姿勢を崩さなかった。危機は最終的に妥協によって解決された。外交面で完全な成功とは言えなかったものの、イタリアの外交路線が変化したという強い印象を各国に与えるという目的は達成された。国内では、大戦終結以来政府の外交について挫折と失望を抱いていた国民がこの強い示威行動を歓迎した。

反面、一九二四年一月、ユーゴとの間に友好条約が締結され、フィウメがついにイタリア領土として認められた。あまりにも長引いたこの問題に決着がつけられたことも、外交政策の重要な成果であった。また、二月にソ連と通商条約が締結され、思想の対立にもかかわらず、イタリアはソ連を承認する最初の国の一つとなった。ソ連との交渉に当たって、社会党時代にムッソリーニの盟友だったボンバッチは密かに一役を果たした。彼はイタリア共産党の創立者の一人でムッソリーニの政敵となったが、二人の関係は完全に決裂したのではなく、ムッソリーニはレーニンも含んだボンバッチの人脈を利用した。

マッテオッティ殺害事件

ムッソリーニ内閣は好評を得たが、武力行使の結果として生まれた政権の正当化が必要であった。そのために、まず政府に安定した基盤を与えるため、選挙で二五パーセント以上の得票率を得た第一党が議会の議席の四分の三を獲得する、という特別多数政治選挙制度を導入してから議会を解散し、一九二四年四月に総選挙を実施した。その結果、ファシスト党を中心とした連立勢力の得票率は六五パーセントに上り、三百七十四議席（うちファシスト党二百七十五議席）を獲得した。野党側が訴えたように、この選挙がファシスト党員による威嚇の下に行われ、イタリアの政治的伝統に従って県知事を動員した票集めが行われたことは事実であるが、選挙結果は国民の大多数がムッソリーニを支持していることを証明したのも事実である。仮に選挙がより穏やかな環境で行われたとしても、結果は大きく変わらなかっただろうと考えられる。

選挙結果はファシスト党とムッソリーニ自身の立場を強化した。したがって彼は、最初の組閣にあたって流産した連立政権への左翼の参加を実現させる時機が熟したと判断した。六月七日、選挙後の最初の国会演説で、彼は社会党に不毛な反対を止めるよう呼びかけ、「あなた方の恨み、かつまた我々の恨みの灰を一掃しなければならない」ことを強く訴えた。社会党への接近は、保守勢力の反発を引き起こしたのみならず、社会党内強硬派の反対にも遭った。強硬派の社会党書記長ジャコモ・マッテオッティは、挑発的に国会に選挙無効の要請をし、ファシスト党と社会党との緊張関係を作りだすことで、社会党内穏健派の妥協への動きを封じ込めようとした。

マッテオッティ殺害事件はこうした状況のなかで起こったものである。六月十日の午後、マッテオッティはローマの自宅から出たところを数人のファシスト活動家に誘拐され、車で郊外に連れ去られた。犯人たちに殺害の意図はなかったようであるが、マッテオッティが抵抗したので、格闘の末偶発的に殺された。犯人たちは慌ててその遺体を野原に遺棄するという計画性のないお粗末な事件であった。

それに先立つ五月三十日に、マッテオッティは下院での演説で政権を激しく攻撃してムッソリーニの反感を買っていたので、当初からムッソリーニの責任が問われた。ちなみにその演説の後、ムッソリーニがカッとなり、「奴をそのまま行かしてはいけない」と漏らしたことは彼の責任を追及するための材料として利用された。確かにあの緊張した雰囲気のなかでムッソリーニの口の軽さはあまりにも不用意であったが、そう言ったのは単なる鬱憤晴らしに過ぎず、彼が事件に関与したとは思えない。むしろ、彼にとってこの事件は青天の霹靂であった。マッテオッティの激しい演説の後にも、ムッソリーニは六月七日の国会演説で社会党との対話姿勢を示していたからである。したがって、マッテオッティの殺害はもちろん、彼に対する暴行も、ムッソリーニの意図に反して社会党との和解を阻害する行為であった。

社会党との接近に反対する与党諸勢力がこの殺人を教唆したというのが通説であるが、総理府に出入りしていた者も関わっていたのは確実である。そのためにムッソリーニはローマ進軍以前からもっとも信頼していた側近のひとりであった秘書室長のチェーザレ・ロッシを解任した。また、王政派で国粋党に近いファシスト党幹部で当時警察長官を務めていたデ・ボーノ将軍も、事件隠蔽の責任を問われて解任された。この事件について第二次大戦前に一回、戦後に二回も裁判が行われたが、真相を解明するに至らなかった。マッテオッティを殺害した実行犯はすぐに突き止められたものの、事件の背景は未だ不透明である。

マッテオッティの殺害後数日間、ムッソリーニ政権は崩壊寸前の状態に陥った。ファシスト党は孤立し、与党連合の穏健派も対決の姿勢を示した。ムッソリーニの周りには空白ができ、総理府に残ったのは忠実な案内係のナヴァーラだけであった。総理府に闖入し、ムッソリーニを殺害することも十分可能であった。彼自身も自分の政策の失敗を認めて、ひどく動揺し、挫折と不安のどん底に陥り、何もせず総理府の奥に籠もったきりで誰とも会わなかった。一時は辞任の可能性も具体的に検討された。しかし、それはほんの一過性の現象に過ぎなかった。彼は間もなく冷静さを取り戻し、危機を脱すべく姿勢を固めた。彼を支えたのは自分の使命への確信であった。

当時、ムッソリーニを訪ねたある新聞記者は執務室で、青白くやつれた顔をしながらも、静かに机に座って新聞を読んでいる彼を目撃している。「自分は任務から降りない」と彼は述べた。「自分に背中を向けて離れて行く人間の数が、毎日増えるのは胸糞が悪い。（中略）私を政権から引きずり降ろそうと、誰かが足元に死骸を投げ込んだが、大誤算だ。今日こそ私は、残らねばならないことをいつもよりも義務として感じている。自分とイタリアの運命は一つである」と、意気を込めて断言した。ジェンティーレをはじめとする四人の大臣が辞表を提出したとき、彼は強気に出て、受理しなかった。「自分は重みのある存在だ。自分の後ろには（行動隊の）三十万の銃剣がある。我々の頭に瓦が落ちてきたが、革命的政権はすべて似たような事件に出会うものである。反対派の工作に乗ることなく、冷静に職務に当たるのが大事だ」と、彼らを励ました。

一見、不利な立場にあるようであったが、最終的に状況が好転するだろうことを彼は予見していた。もし野党が早急に行動を起こさないで好機を逸した場合、政府に対する世論の批判は遅かれ早かれ衰えてゆくだろうと思われた。実際、野党には政権を奪う実力も意志もなかった。革命的な立場の共産党やその他の過激派は少数派で、状況は革命に至るはずがなかった。他方、穏健派も、状態が悪化すれば、反体制派が勢力を伸ばすだろうと懸念していたので、対決の姿勢を徹底するとは思えなかった。しかも、ファシスト党の勢力はそれでもなお強かった。熱心でない人々は離れていったが、国防義勇軍は結束力を保ち、後退する意志はまったくなかった。

また、離党者に代わって新しい入党者もあった。危機が深刻化した時点で、ノーベル文学賞受賞作家のピランデルロがムッソリーニ宛の文書で入党を申し込んできた。逆説を愛したかの作家は、高潮時の入党をいやがり、危機の折に賛成を表明するのを潔しとしたのであった。また、一時離党したファシストも戻ってきた。その一人はあのナポリのラッスのパドヴァーニである。彼は黒シャツに勲章をつけた姿でガランとしていた総理府に入り、人気のない廊下を通っていきなりムッソリーニの執務室に現れ、協力を表明した。

ローマ進軍のときは、早急に行動を起こすことが肝要であったが、今度はムッソリーニには待つのがよいと思われた。時間が経てば経つほど国民の感情的反応は鎮まり、しかも政敵はかえって間違った行動を起こし、国民の反感を買うであろう。結局は、ムッソリーニ続投がもっとも妥当な選択として浮かび上がってくるであろう。とりわけ国民の反感は、ムッソリーニ自身よりもファシスト党に向けられていた。いよいよ彼はファシストを統制しうる唯一の人物としてもう一度期待されるであろう。

今度も、ローマ進軍の時点と同じように、ムッソリーニにとってもっとも危険な存在は国王であった。というのは、国王は彼を解任し、野党とファショから離脱した穏健派をもとに新内閣を形成することもできたからである。ちょうどその時、国王はスペイン公式訪問で留守であった。野党やその他の反対勢力は国王の介入を期待していた。が、ムッソリーニは楽観的であった。国王は危険が伴う選択をしないだろうと思われたからである。ムッソリーニ解任はイタリアを混乱の状態に陥れるだろうし、混乱の末、国王が嫌っていた社会党と国民党は勢力を拡大すると考えられた。冒険するより、現政権の続投のほうが、国王にとってより好ましい選択であった。特に、弱くなったムッソリーニに対して、国王は自分好みの政治路線を押しつけられるという利点も計算に入れるだろう――とムッソリーニは読んでいた。

今度も彼の読みが正しかった。六月十七日、ムッソリーニはスペイン公式訪問から帰国した国王と会見した。国王は明確な立場を取ることを避けたものの、不信を表明しなかったことは、彼にとって重要な得点であった。もっとも危険なハードルは越えた。しかし反面、彼も譲歩を強いられ、自分が兼任していた内相のポストを旧国粋党のフェデルツォーニに委譲した。これで、治安担当大臣に国王が信頼する人物を置いただけではなく、旧国粋党派は政権の中枢に入ることにもなった。

これでムッソリーニは王政派と軍の支持を取り戻した。彼はすぐさましかるべき手を打った。二十四日、既存体制を代表し、国王が任命する元老院から、二百二十二対二十一の大多数で政府への信任の再確認を得た。後年反ファシズムの精神的指導者と自任した哲学者ベネデット・クローチェも賛成票を入れたのである。同じ日、野党が欠席の状態の衆議院で与党代議士団も政府への信任を確認した。そうなると、上下両院の信任を得た首相を解任することは、国王にとっても極めて困難となった。数日後、ヴァチカン教皇庁の機関紙も、慎重な表現を使いながらもムッソリーニ政権支持を表明し、国民党内の反ファシスト強硬派を牽制した。

状態がここまで進展したとき、反対勢力は劇的な行動に出た。六月二十七日、社会党、国民党、共産党など野党議員や、与党から離脱した一部の議員は、国会から引き揚げることを決めた。古代ローマ時代、平民が貴族の圧政に対する抗議として、郊外の丘アヴェンティーノに立て籠もった故事に因んで、反ファシスト派はアヴェンティーノ派と自称した。彼らは、この決定で憲法が守られていない状態を訴え、国王にムッソリーニを解任するように圧力をかけようとしたが、ムッソリーニに対して信頼を再確認した国王は当分政治に介入する意図がなかった。それで、野党は行き詰まってしまった。共産党はゼネストを宣言し、大衆的な抗議運動を呼び起こす提案をしたが、野党には武装闘争のための力はもちろん、意志もなかった。とりわけ、国民党や穏健派は騒動が起きた場合、共産党や社会党の過激派のような革命的な勢力が力を伸ばすことを懸念していた。共産党も、ついに革命のための時機が熟していないと判断し、アヴェンティーノ派を無策と見切って、秋に国会に戻った。

これで、ジョリッティの自由党が国会に止まっていたことも加えて、野党は分裂してしまった。国会からの引き揚げは、一時は国民を動揺させ、ムッソリーニとファシスト党が孤立しているとの印象を与えたものの、長期的には野党にとって失策であった。反ファシスト連合はムッソリーニ政権を覆すために具体的な戦略を示さなかったし、それぞれの政党の思惑が異なっていたことも顕著となった。しかも、国会から出たことで彼らは国民に訴える場を失ってしまった。この状況の下でムッソリーニの勝利は時間の問題であった。

七月八日、報道の自由を厳しく制限する法令が発布された。これで政府は反対勢力を抑えるために強力な武器を得たが、当分これを適用しなかった。実際、ムッソリーニは状況の変化を静観して消極的な姿勢をとっていた。彼の立場は悪化しつつあるようにも見えた。報道界はほとんど野党を支持したし、強力なイギリス系のフリーメーソンも反対の姿勢を示したので、フリーメーソンが多い官僚と軍司令部も反ファシズムに回ることとなった。しかも、新任の内相はファシスト党を厳しく取り締まった。ムッソリーニは強気の発言をしながらもなかなか行動を起こさないので、ファシスト党の中にも不安と挫折が生じ、ムッソリーニの弱腰を非難する声も多くなってきた。

しかし、七月二十二日のファシズム大評議会で、ムッソリーニは自分の戦略を明らかにした。彼は、マッテオッティの殺害が国民に大きな衝撃を与えた事実を認めながらも、反対の勢力が政権を覆す力がないことを指摘した。「要するに、野党は何をやっているのだろうか。ゼネストか、さもなくば部分的ストを試みているのだろうか。または街頭デモか、あるいは武装蜂起か。いや、実は何もしていない」。新聞での中傷作戦以外は何もできなかったのである。しかも、国民はついに中傷のやり過ぎにうんざりしてしまい、この作戦は、逆効果をもたらした。したがってファシスト側は「政敵と違って心配せず、慌てないで状況の展開を待つほうがいい」と、彼は結論を出した。

独裁体制

ムッソリーニの戦略は正しかった。野党の無策が明らかになったとき、国民はファシスト政権の続投をもっとも安全な選択であると納得した。むしろ、野党の散発的な暴行や政府に対する執拗な攻撃が反感を呼ぶようになった。そして、九月十二日にマッテオッティの殺害への報復として、視覚障害者だったファシスト党の代議士アルマンド・カサリーニが白昼ローマの電車のなか、幼い娘の前で殺されたとき、その殺害は野党の中傷作戦の行き過ぎが生んだ緊張感の結果とされ、暴力の悪循環の恐ろしさが指摘された。この際、ムッソリーニは党員の激怒を抑えて、報復行動を禁じ、辛うじて秩序の悪化は免れたが、フファシスト党が示した自制は彼にとってあと一つの得点となった。

しかし、年の暮れ、事情がもう一度険悪となった。野党はムッソリーニの前秘書室長で、マッテオッティ事件に関与した疑惑で解任されたチェーザレ・ロッシの手記を発表した。この手記でロッシは事件についてのムッソリーニの間接的な関与を仄めかし、野党はそれを武器に穏健派の協力をも得て、再び政権転覆工作を試み、国王の介入を招こうとした。この緊張した雰囲気のなかで、ムッソリーニの受け身な姿勢に対するファシスト党の不満が爆発し、十二月三十一日、フィレンツェで黒シャツが野党に攻撃を加えたのに続いて、トスカーナ地方全体に黒シャツによる騒動が広がった。また、同日各地から駆けつけた義勇軍の三十三名の幹部が新年を迎える挨拶を口実として、突然、ムッソリーニの執務室に現れ、党首として速やかに行動を起こすように強要した。ムッソリーニは、自分に圧力がかけられたことで不愉快に思ったが、それ以上党を抑えられないことを悟った。機がついに熟してきた。

翌年一月三日、年末年始の休暇明けの衆議院で、ムッソリーニは強気の演説をもって事実上のクーデターを敢行し、合憲体制は独裁体制へ移行した。この演説で彼はまず、国会による大臣訴追に関する規定があることを指摘し、もし自分を容疑者だと考えるなら、法に則って行動するよう、野党に挑戦した。マッテオッティ殺害のみならず、ファシスト党の政権奪取の過程に関するすべての暴挙の責任は自分にある、と断言した。「議場にいる諸君やイタリア全国民の前で告げる。これまで起きたことのすべての、政治的・道徳的・歴史的な一切の責任は、自分が負うものである。もし誤解を招いた言葉だけが、人間を絞首刑にするに足りるなら、絞首台を持ってこい！　綱を持ってこい！　もしもファシズムがヒマシ油とこん棒だけに過ぎず、イタリアの優れた青年たちのすばらしい情熱の表れではなかったならば、自分にその責任を！　ファシズムが暴力団ならば、自分はこの暴力団の首領だ！　もしすべての暴行が特定の歴史的・政治的・道徳的な環境の所産であった場合、自分にその責任を！　この歴史的・政治的・道徳的環境は、参戦運動時代から今日までの宣伝活動によって、自分が創り出したものだからだ」。ムッソリーニは秩序と政府の権威を回復するのに必要な措置を講じざるを得ないことを告げ、次のように結論した。「この演説の後の四十八時間以内に事情が明らかになることを覚悟せよ。諸君、自分の心にあるのは、個人の私利私欲でもなく、政権への欲求でもなく、下劣な俗情でもなく、ただ限りなく、勢い強い、祖国への愛だけだ！」。

国会は臨時に閉鎖され、数日間で治安と報道に関する厳しい抑圧措置が講じられた。野党は事実上何の抵抗もできず、国民もムッソリーニの言動を冷静に受け止めていた。ゲームはムッソリーニの勝ちで終わった。しかも、この演説について彼は前もって国王に報告してはいなかった。国王に無理やりに押しつけた政策であった。今やムッソリーニは自分の力で政権を勝ち取ったのである。

ファシスト党の書記長にタカ派のファリナッチが任命された。これで、マッテオッティ事件以来挫折を感じていた党員は勇気づけられ、野党にはファシスト党の毅然とした姿勢を印象づけたのであった。ファリナッチは党の組織強化と、権力基盤の拡大の路線を積極的に推進した。

この微妙な時期、長い間続いた緊張のせいか、二月十五日にムッソリーニは十二指腸潰瘍の激痛の発作に襲われ、一カ月以上の休養を余儀なくされた。しかし政局はすでに安定して、彼の病気は何の動揺も起こさなかった。野党はついに敗北を認め、六月十九日議会へ復帰した。その日、ムッソリーニは「我々は内閣でもなく、政府でもない。政治体制だ。この体制は莫大な生命の源泉を包含し、長く続く意志を抱いている。そして必ず長く継続するのだ」と告げて、新体制の発足を宣言した。マッテオッティ事件の試練は、ムッソリーニの立場を強化するという意外な結果をもたらした。

とはいえ、マッテオッティ事件はムッソリーニにとって大きな災いだったことは否めない事実である。関与の証拠はないが、彼はファシスト党指導者であり、また総理大臣兼内務大臣として治安の最高責任者であり、政治上・道徳上の責任は免れ得なかった。国民が受けた衝撃は深刻で、それまで彼を支持した穏健的階層との蜜月が終わり、一時政権の基盤は揺らいだ。また彼自身とファシスト政権のイメージも国の内外で大きく損なわれた。左翼の最終的に、イタリアの政治はムッソリーニが予定していなかった方向へ展開した。

抱え込みは完全に不可能となり、逆に旧国粋党その他の保守勢力の影響力が強化された。

その上、この事件はムッソリーニの性格にも重大な影響を与えた。側近たちが事件に関与していたことが分かったとき、彼は深刻な衝撃を受けた。自分がもっとも信頼した人たちから裏切られたと感じたからである。それで、もともと人間関係について悲観的だった彼は、さらに警戒心が強くなり、人に心を許すことを極度に避けるようになったので、次第に孤立の状態に陥っていった。その反面、このような難しい条件下で彼は、その政治工作の巧妙さ、人間洞察力の鋭さ、世論の推移に対する敏感さをみごとに発揮し、不利な条件を一挙に覆す機を逃さない能力を示したのである。

独裁政権への移行も、強いられた選択であったかも知れない。ローマ進軍以来、ムッソリーニの政治目標は、すべての政治勢力を巻き込んだ挙国一致体制の確立であった。マッテオッティ事件により、この目標の達成が不可能になったとき、彼はファシスト党右派と国粋党の思惑通り、独裁体制を選ぶことを余儀なくされた。一月三日の事変はムッソリーニの実質的敗北と右派の勝利と見る説もある。

ところが、問題はより複雑である。彼は一月三日に国会へ向かったとき、まだ腹を固めていなかった。最後まで合憲的な方法で危機を解決するという選択肢を捨てなかった。しかし、危機の展開を見守った彼は、旧勢力がもはや空洞化したのに、ファシスト党だけは生命力に溢れていることを認識し、連立政策が無用となったことを認めざるを得なかった。

旧勢力を政権に参加させるよりも、国民を直接に体制の基盤に編入するのが賢明であると判断したのであった。いずれにせよファシズムは民族的ジンテーゼへの志向を有する以上、本質として全体主義的イデオロギーであり、全体主義体制の選択は、その論理上の帰結であった。国民文化の多様性を一つに集約する意味での全体主義は、異なった思想を折衷的に把握して総合的な世界観の枠組みのなかに整理するムッソリーニの思考方法の帰結でもあった。

しかし、議会制民主主義に代わる新しい政治体制を模索する際、ムッソリーニは必ずしも独裁体制を理想としたわけではない。ドゥーチェの個人独裁政権は、ファシズムが目標とした新体制の樹立の過程で生まれた一時的なものに過ぎず、ムッソリーニの後に独裁体制が継続しないことが、彼の意図であったし、ファシスト党全体の理解でもあった。ムッソリーニの観点から、すべての権力を手中にすることは新体制の基礎を築くためには必要であったし、国民の意識革新を指導するためにも不可欠であった。そこで教育を通じて人間の社会的意識を創出することが求められたのであった。これはムッソリーニが父親から受け継いだ最高の理念であり、社会党時代『階級闘争』の創刊号で、《認識の開拓》や《より高い生活様式への向上運動》を促進する意志を表現したとき以来、自分の政治活動の目標であった。

クーデター前日の一月二日、彼はダンテの研究に精通した『ポポロ・ディタリア』の記者を呼び、いきなり「『神曲』で、ダンテはイタリア人を褒めたたえているか」と質問した。記者は、ダンテが《イタリア》を褒めたたえても、《イタリア人》を褒めてはいないことを、すでにマキャヴェリが指摘している、と答えたところ、ムッソリーニは「イタリア民族の精神的プログラムは、すべて『神曲』にある」と断言し、続けて語った。「ダンテはイタリアの倫理上の運命のため、基礎を築いたのである。この国民を彼が望んだように仕立てなければならない」。

この言葉でムッソリーニは自分が抱いたヴィジョンを表明したのである。彼はイタリア民族の最高の師匠になって、精神的な革命を指導するのが自分の天命であると感じていた。師匠としての権威と権力を得るために独裁者にならざるを得なかった。彼自身はイタリア人の理想像を具現化しようとして、国民にとって摸範となり、自分の理想に沿ってイタリア人を改造しようとした。そして、ほとんどのイタリア人は好んで熱心な弟子になっていった。

一九二五年十一月から一九二六年十月まで、ムッソリーニは一連の暗殺未遂事件の標的となった。一九二五年十一月には、社会党のザニボーニ議員が総理府の向かいのホテルの部屋からライフルで撃つことを計画したが、ムッソリーニがバルコニーに出るのを武器を構えて待っているうちに警察に逮捕されてしまった。この事件の裏にフリーメーソンがいたようで、ザニボーニはチェコスロバキアの政界から資金援助を受けていた。彼と共謀者の陸軍の将軍は懲役三十年の判決を受けた。翌年の四月にローマで開催された国際外科学会大会の開会式でムッソリーニはもう一度暗殺の的になった。アイルランドの老婦人が近距離から拳銃を発射したが、彼は鼻に軽い傷を負っただけで奇跡的に助かった。犯人は精神が不安定で、政治的な動機がなく、それが認められ、国外追放で事件が決着した。さらに、九月にはローマでムッソリーニの車に爆弾が投げられたが、当たらなかった。犯人はフランスの亡命先から帰ったアナーキストで彼も懲役三十年の判決を受けた。彼は単独で行動したと述べたが、フランス亡命中の反ファシスト団体が関係したと思われる。十月にはボローニャでオープンカーに乗っているところを狙撃された。弾丸は勲章に当たり、今度もムッソリーニはかすり傷だけで命は助かった。犯人は反ファシストの十六歳の青年で、その場で群衆にリンチされた。この事件の背景は不明なところがあるが、少年が単独で行動したと思われる。

この一連の事件は大きな反響を起こし、ムッソリーニの人気を煽った。反面、ムッソリーニ一人に依存する体制のもろさをあらわにした。ファシスト党からはムッソリーニの命を守るためにしかるべき措置が要求された。ムッソリーニは最初消極的であったが、四回目の暗殺未遂をきっかけに、一九二六年の終わりに国家保護のための非常措置が講じられた。政党の解体や、国王・王妃・皇太子に加え首相の暗殺未遂にも死刑が適用されること等が定められた。また翌年、国家保護特別裁判所が設置された。その判事は国軍と国防義勇軍から選任され、政治犯を含む国家安全に関する事項について一審のみで判決を下した。義勇軍の情報機関も設立され、イタリア社会の隅々から情報を収集し、イタリア人の考え方について、ムッソリーニに精確な情報を提出した。

このように、一連の措置はムッソリーニの独裁を中心としてファシスト党による政権の独占が完成した。この一連の措置は権力主義の体制への移行であったので、ムッソリーニ自身は決心するまで随分躊躇し、国粋派の圧力により自らの意志を曲げたという見方もある。とりわけ、一審で最終判決を下す特別裁判所の制度は法治国家の原理に反するものであった。ムッソリーニはそれを政権の基盤の強化のため、不可欠な措置として考えたのであろう。実際、この裁判所は当初、ムッソリーニの暗殺を企てた容疑者に死刑を宣告するという極めて厳しい判決が下されたのに、その後は運営が緩やかになった。しかも、有罪者は転向の意志を示してムッソリーニに請願すれば、懲役が簡単に抑留に減刑され、あるいは抑留から釈放されることになったのである。

国家保護特別裁判所の設置によってムッソリーニは強い武器を得たが、それを振るって政敵を弾圧するよりも、威嚇として使い、政敵の無力化を図った。その結果、実施された死刑は初期に集中し、三十二件だけであった。決して少なくはないが、恐怖政治とも言えない。なお、ファシスト政権が崩壊した一九四三年七月二十五日の時点で、政治的理由で自由制限措置の対象になっていたのは千八百二十四人であった。そのなかに懲役服務中は二十二人だけであった。しかも、多くはスラヴ系のゲリラであった。当時、イタリアは戦時体制という非常事態であったことを考えると、この数字はファシスト政権による弾圧の甘さを証明する。ソ連やナチス・ドイツとでは比較にならない数字であるが、アメリカでも当時、日系、イタリア系、ドイツ系の市民は数万人が抑留されていた。

国家保護特別裁判所の矛先は主として共産党に向けられた。少数でありながら、共産党は強い組織力を有し、国内で積極的にファシスト政権に抵抗活動を展開している唯一の勢力であった。共産党に対する弾圧の犠牲者になったのは、書記長のアントニオ・グラムシである。彼を虐待したことでムッソリーニは非難の対象になっている。グラムシが一時人気者だった日本では非難は特に激しいので、グラムシの待遇について述べておきたい。ムッソリーニがグラムシに対して好感を抱いていなかったのは確かである。「奇形の身体に奇形の思想を宿す」知識人を非難したとき、彼はグラムシを念頭に置いていたが、グラムシが虐待されたというのは事実から離れたデマに過ぎない。彼は一九二六年十一月に検挙され、特別裁判所により懲役二十年の判決を受けたが、結核のため一九三三年から病院に移され、一九三七年の死亡まで軟禁状態で過ごし、活発な研究・執筆活動が許され、個人部屋で訪問客との面会もできた。病気が悪化したとき、特例により釈放されたが、その通知を受けた当日に死亡した。

当時の政治闘争の論理から考えれば、グラムシの検挙は不可避であった。彼はファシスト政権に対し武装抗争を提唱する政党の最高責任者であり、しかもこの政党は世界革命を主張するファシズムの宿敵であった。ソ連軍が満州国でロシア・ファシスト党の幹部を逮捕したとき、裁判もなく全員を処刑したことを考えると、グラムシの待遇は寛大であったと言えるであろう。ところで、グラムシが病気になったとき、ムッソリーニは難しい選択肢に直面した。彼を釈放すれば、共産党に対する弾圧政策は徹底できなくなり、解放しなければ、彼を犠牲者にする結果とならざるを得なかった。

打開策として、当時ソ連で服役中だったウクライナのカトリック聖職者との交換の可能性が打診されたが、グラムシのライバルだったトリアッティの反対でソ連側は提案を却下した。しかし、これはグラムシにとってむしろ幸運であったかも知れない。もし彼の身柄がソ連に引き渡された場合、ファシスト政権の甘い弾圧を逃れるためソ連に亡命した数百人の共産党員と同じようにスターリンの粛清に巻き込まれ、あるいは処刑され、あるいは強制労働収容所へ送られ、かの『獄中ノート』を書く余裕すら得なかったであろう。

一九二五年一月三日のクーデターの後、ムッソリーニは新体制国家の形成に精力的に着手した。彼の構想は、主として三つの法律に要約しうる。

まずは、一九二六年に発布された労働組合法で、協調組合国家の基礎が敷かれた。業種別に編成された労働組合に自治権を含む法人格が承認され、とりわけ組合と経営者団体にそれぞれの業種全体に法的効力がある連帯労働契約を締結する権能が認められた。また労働裁判制度が導入され、賃金設定を含むすべての労働紛争について権限が与えられた。したがって、労働紛争の解決の手段としてストライキは禁止され、労働紛争も民事紛争と同じように国家の管轄のもとに置かれた。同時に、進歩的な社会保険制度も導入された。

そして、一九二七年四月二十一日にファシズム大評議会で採決された「労働憲章」は協調組合体制の根本的な原理を宣言した。全世界に大きな影響を及ぼしたこの憲章は、肉体労働と知的労働、労務提供と経営活動との間の区別を否定し、生産に関わるすべての活動を労働として定義した。労働は、個人の福利とともに国家の発展をもたらす故に、社会に対する国民の義務である以上、国家から保護されるべきものとする。国益に適うものとして自由企業体制は容認されたが、経済と生産を調整する国家の権利が主張され、社会義務としての労働の解釈の中で、生産は国家に対する企業の義務とされた。

これで、経済活動の動機を利益追求とする市場経済の原理は否定された。なお、企業内の従業員の立場は、生産目的の達成のための積極的な協力者として位置づけられ、経営者には企業指導権が認められた。労働憲章の原理は一九三四年二月五日の協調組合法をもって具体化された。この法律をもってすべての産業部門を代表する二十二のコルポラツィオーネ（協調組合）が形成され、それぞれは労使双方の参加で自主的に生産問題を管理するようになった。なおこの法律は、廃された衆議院の代わりに「ファショと協調組合議会」を導入し、生産者としての国民を機能的に代表する諸協調組合に、政治的性質のある単一政党とともに国家の政策決定への参加を認めた。

経済体制の重要な展開点は、一九三三年の産業復興公社の設立であった。これは市場経済体制における国家による本格的な介入の世界初の実験であり、第二次大戦後は多くの国のモデルとなったものである。戦後、西ヨーロッパの特徴となった混合経済体制を初めて導入したのは、当時のイタリアであった。実に三〇年代後半は、イタリアはソ連の次にもっとも大きな国営部門を有する国になっていた。

ローマ進軍の時点では、ムッソリーニは革命的サンディカリストの感化を受けて、市場経済を提唱していたが、政権担当者となって間もなく、イタリアのような地域格差が激しい国には、社会的公平と所得の再分配のための国家介入が必要である、と悟るようになった。しかし協調組合体制と混合経済の導入は経済開発に伴う一時的な対応策ではなかった。一九二九年の大恐慌によりムッソリーニは従来の資本主義経済・政治体制は破綻しているとの確信を得た。彼は、新しい社会体制に相応しい解決法を追求しなければならないとの考えから、ファシズムを資本主義と社会主義を一挙に否定する「第三の道」として主張したのであった。

ファシズムの協調組合主義体制に対しては、経営者を優遇して労働者の権利を抑圧する体制であるとの非難が時折向けられている。確かに産業機構の強化と拡大を優先したファシズムの産業政策は短期的に経営者の利害と一致する側面があったが、政治戦略を長期的に考えたムッソリーニにとって、社会正義は父親譲りの理念であり、彼は一生それを追求し続けたのである。彼は社会正義についてこう言った。「安定した労働、公平な賃金、適切な住宅を意味し、社会のなかで絶え間なく発展し自分の立場を改善する可能性を意味する。それでも足りない。労働者たちが生産過程をより詳細に理解し、その決定に参加しなければならない、ということを意味するのだ」。それは建前だけの発言とはいえない。経済停滞の結果、実質賃金の低下が一時的に生じたものの、ムッソリーニ時代に労働者が労働法と社会保障の分野で獲得した諸権利は、ファシスト体制崩壊後も残ったのである。

ムッソリーニの国家体制の構想は画期的なものであった。その大きな成果として、現在でも効力がある一九四二年の『民法典』や、政権獲得直後にジェンティーレが着手した教育制度改革などが含まれている。文化面では、ジェンティーレが編集した記念碑的な『イタリア百科事典』こそ、再生したイタリア文化の結晶であった。ムッソリーニとジェンティーレは、この百科事典編纂に、多くの反ファシスト知識人も含め、政治的立場に関係なくイタリアの文化を代表する人物を参加させた。

トスカニーニとの微妙な関係

文化問題にあたって、ムッソリーニは政治的主張にあまりこだわらなかった。彼はしきりにファシズム文明を提唱したが、文化人、とりわけ芸術家を思想的基準で束縛することを賢明としなかった。実際、文化問題について、政治的観点から彼は生産よりも享受の段階を重視していた。文化の生産は知的エリートによる活動であるが、その享受については、大衆化を図っていた。しかし、ムッソリーニの理解で大衆化とは、大衆の好みに迎合するということではなく、むしろ大衆が高度な文化に接近すべきであるとして、その享受によって国民の知的・精神的な向上を追求していた。その目的を達成するため、民衆文化省を設立し、精力的な文化活動を展開した。それには主としてファシスト体制への支持を呼び起こす意図があったが、大衆に文化を広く浸透させるために大きな役割を果たした。

文化の生産、つまり文化人との関係については、ムッソリーニとファシズムを称賛する文化が当然奨励された。彼の考えではそれは大衆の啓蒙政策に欠かせないことであった。その観点から、典型的な大衆文化の媒体であるラジオと映画が重視された。彼は映画がファシスト体制の「最強の武器」であると強調していた。反面、知識人の積極的な協力は体制に対する支持が全国民に浸透したことを証明する点からも大事であった。しかし、文学と文芸の場合、ムッソリーニはファシズムの価値観を表現する文化を歓迎しても、それを文化人に無理に押し付けるのを避けていた。思想面で彼はジェンティーレ流の民族のジンテーゼの観念に共鳴し、イタリア人が生んだすべての文化的所産を民族の文化の枠組みのなかへ包括すべきであると思っていた。

すべての文化的所産が民族の優越性を証明することはファシズムの目標と一致し、このような偉大な民族を指導しているファシスト政権と自分自身の栄光にも貢献すると見ていた。ムッソリーニにとって、文化人はファシズムに共鳴すれば最善であったが、少なくとも公然と反対しなければよいとした。しかも、イタリアが自慢できる人物であれば、批判的活動もある程度まで黙認していた。天才的な指揮者アルトゥーロ・トスカニーニとの微妙な関係は、文化問題に対するムッソリーニの姿勢を理解するための典型的な例である。

ムッソリーニがトスカニーニと知り合ったのは、参戦運動の初期であった。当時トスカニーニはすでにミラノのスカラ座の監督を務め、イタリア芸術界の一流の人物であった。彼はムッソリーニの愛国主義と社会革命の提唱に共鳴し、早くから彼に好感を抱いていた。一九一九年の選挙のとき、彼も友人のマリネッティとともにファシスト運動の候補者として出馬し、選挙戦のため巨額の献金をした。選挙の後、ムッソリーニの政治路線がやや右へ傾いたとき、彼は消極的になったが、ムッソリーニとの友好関係を保ち、ローマ進軍の後もファシスト党に近い知識人とされていた。

ムッソリーニとの最初の軋轢《あつれき》は政治と関係なく、スカラ座の運営に関する問題から生じたのであった。一九二三年に楽団に自分の弟子を優先的に採用していると非難を受けたことに対し、ムッソリーニの助力を頼んだ。ムッソリーニは『ポポロ・ディタリア』の社説で彼に対して支持を表明しながらも、優秀な若者たちに道を開くように勧告もした。スカラ座の運営について外部からの干渉を認めなかったトスカニーニは、この勧告を自分に対する批判として受け止め、ムッソリーニに対し警戒感を抱くようになった。しかも、ファシスト党との関係も悪化する一方になった。

問題は党歌「ジョヴィネッツァ（青春よ、青春よ）」の演奏であった。当時、イタリアの劇場で上演が始まる前、国歌である「王室行進曲」を演奏する習慣があり、ローマ進軍の後は「ジョヴィネッツァ」の演奏も導入された。熱狂的な共和制主義者だったトスカニーニは「王室行進曲」の演奏を拒否し、「ジョヴィネッツァ」の演奏も拒否した。同じ一九二三年、数人の若い黒シャツがスカラ座に入り、「ジョヴィネッツァ」の演奏を強要するという騒ぎがあった。その後ムッソリーニはトスカニーニへの支持を再確認するつもりで元老院への任命を提案したが、トスカニーニはそれを一蹴し、さらにムッソリーニとファシズムに対して批判的になった。

トスカニーニの言動はムッソリーニに迷惑であった。とりわけ、個人的に大好きな音楽を享受するのに障害になった。プッチーニの死後、オペラ曲『トゥーランドット』が一九二六年にスカラ座でトスカニーニの指揮により世界で初めて演奏されたとき、プッチーニと交友のあったムッソリーニは出席したかったが、そのときもトスカニーニは頑固に国歌と党歌の演奏を拒否したので、諦めざるを得なかった。それでも、トスカニーニの《魔法の指揮棒》をイタリアが自慢できるものとしていたムッソリーニは、党を抑え彼を擁護し、彼を批判することを避けていた。「ルードウィッヒとの対話」で彼を「世界交響楽の最大巨匠」と評価し、彼の言動について言及しなかった。

一九二九年にトスカニーニはスカラ座の監督を辞職した。それについて政治的な理由はなく、六十一歳になった彼は監督の責任を重く感じ、指揮者としての活動も止めたい気持ちになっていた。その後は、彼はアメリカを中心に活動したが、ミラノに住居を保ち、時々イタリアに帰っていた。一九三一年にボローニャの劇場で公演があったが、ファシスト党大会がたまたまその都市で開催され、国歌の演奏を強要する党員は劇場の入口に押し寄せ、トスカニーニの入場を制止しようとし、混乱のなかで彼が殴られるという一幕もあった。彼はムッソリーニに激烈な苦情の電報を送ったが、今度はムッソリーニは何の返事もしなかった。政権の責任者として、外国でのトスカニーニの反ファシスト活動をそれ以上黙認することはできなくなった。最終的に党内タカ派と旧国粋派を抑えて事件を一応収拾したが、これで二人の関係はもう修復できなくなっていた。

トスカニーニのイタリアでの滞在は次第に減り、ついに一九三八年に、イタリアから去った。しかし、ムッソリーニはコメントを控えていた。戦争中、トスカニーニはアメリカ軍のための募金の公演を何回も開催した。イタリア国籍を維持していた彼にとって、敵国と協力する活動であったので、イタリアの新聞で厳しく非難されたが、それでもムッソリーニは沈黙を守っていた。いよいよ、戦争が終幕に近付いた一九四四年四月、トスカニーニの公演の収入がアメリカ軍の空爆機購入のために寄付されるという情報を得たとき、ムッソリーニは沈黙を破って、激烈な口調で彼を非難し、安全なところで民間人の空爆に協力する彼の姿勢は命を懸けて人を殺すテロリストより卑怯であると、槍玉に挙げた。

トスカニーニとの軋轢は大きな失敗であったが、ムッソリーニの文化政策は大体成功し、イタリアの文化人の大部分は政権と協力したり、妥協したりした。しかし、政権の支持を得るという政治的な考慮のかなたに、文化振興の政策においてムッソリーニはより本格的なものを追求していた。彼は後世の評価を念頭に置いて、自分の存在をイタリア文化の輝かしい時代に結び付けようとした。その目的を達成するために反体制の文化人までも、自分の意志に反して、一役を果たすことになったのである。

二十世紀の前半はイタリアの歴史でルネッサンスに匹敵しうる文化の興隆を記録した時代であった。この時代を担った多くの人物のなかで、ジェンティーレ、ダンヌンツィオ、ピランデルロ、プッチーニ、マスカーニ、マリネッティ、マルコーニのようにファシズムに共鳴した人物もいれば、グラムシ、クローチェ、トスカニーニのようにファシズムに反対した人物もいた。しかし、彼らの時代の政治的・思想的な所産がファシズムであったことは否めない事実である。そして、彼らの世代がムッソリーニを指導者として仰いだことも事実である。ムッソリーニとファシズムを歴史的に評価するに当たって、まずこの事実を認めなければならない。

ムッソリーニの業績のなかに、一九二九年二月十一日に締結されたカトリック教会との和解協約も数えられる。これをもって長年の懸案だった、イタリア国家と教会との対立が解消し、リソルジメントが終結したと言える。イタリア国家は、国民の大多数の宗教としてカトリック教会に特別な地位を認め、「国の宗教」として定義した。ただし「国家宗教」と違って「国の宗教」としての位置付けで、イタリア国家がカトリックの道徳観を国家の道徳観として受け入れたわけではなかった。協約締結の時点で国会でムッソリーニが述べたところによると「ファシスト国家の道徳的性質を否定してはいけない。もし自分に国家の道徳的・精神的な力を表現する意識がなかったならば、自分にはこの演壇から発言するだけの自信もなかろう。もし独自の精神、独自の道徳観がなかったならば、国家はどうなるのか。これにより国家の法律に拘束力が生じ、これにより国民は国家の指導に従うのだ。(中略)ファシスト国家は自らの倫理的性質を全面的に主張するのだ」。このようにムッソリーニはカトリック教会と和解を決めた時点で、カトリック教会が非難したジェンティーレの国家論を支持することを再確認したのであった。

このような成果を考えると、一九三〇年代の前半のムッソリーニ評価が国の内外で高くなったことは驚くに当たらない。彼はイタリアを安定させ、その国際的比重を向上させた優秀な政治家として認められ、また彼が発想した新体制国家という画期的実験は成功したと判断され、各国から注目を浴びたのである。

孤独な独裁者

さて、国民から幅広い支持を得ていたにせよ、ファシスト政権は独裁体制であり、国民の根本的な権利、とりわけ政治的権利を制限したことは否めない事実である。したがって、ムッソリーニの創出した国家体制は、国民の政治決定への参加というもっとも根本的な問題を解決するまでには至らなかった。ムッソリーニ自身はこの問題の重大さを意識していたものの、個人独裁政権に終止符を打つのには時期尚早であると思っていた。本格的な新体制国家を構築するためには、彼は次世代に期待を込めていた。しかし、世代の交代は彼の後継者の問題にも関連していた。

三〇年代の後半に入り体制が安定化した時点で、《ポスト・ムッソリーニ》の問題が意識され、イタリア政治を左右するようになった。エチオピア戦争の勝利の際、ムッソリーニは一時勇退の可能性を具体的に検討したが、それを諦めた。ファシスト体制の根底が自分の独裁で、自分が政権から離れたら、体制が存続するかどうか懸念されたからであった。その後、彼は独裁の段階を終えてからの政治体制の問題に真剣に取り組み、後継者のことも考えるようになった。

この観点から、エチオピア戦争の終結直後に三十三歳のガレアッツォ・チャーノが外務大臣に任命されたことに注目したい。ムッソリーニは後継者として新世代の人物を念頭に置いた。彼がもっとも信頼したファシスト党の領袖だったコスタンツォ・チャーノの息子で、自分の長女の夫でもあったガレアッツォは恰好の候補者であった。彼は優秀な青年で、外交官としての経験があり、エチオピア戦争で勇敢に行動し、しかもファシスト党の派閥闘争に巻き込まれていなかった。外交政策を直接に指導したムッソリーニはガレアッツォ・チャーノを外務大臣に任命することによって、彼を側近として育てようと思ったのである。しかし、頭がいい割に、自惚れ強く軽薄なチャーノはムッソリーニの期待に応えることはなく、外務大臣としての器量もなかった。彼は最終的にムッソリーニの信頼を失い、一九四三年二月に解任されてしまった。

ムッソリーニの指導で幾つかの憲法案が作成されたが、新体制国家の構築への道を阻んでいた大きな障壁は国王の位置づけであった。ドゥーチェを国家元首にするのは、ファシスト国家の当然の形態であったが、ドゥーチェと国王との間の微妙な均衡の上に立った当時の体制において、それは禁句であった。ムッソリーニはヴィットーリオ・エマヌエーレ三世の在位の間、憲法改正は不可能であると思っていたが、冷静なマキャヴェリストだった彼は、皇太子に関する情報を密かに収集し続けた。皇太子ウンベルトには同性愛者の噂があった。それが暴露された場合、当時のイタリアの倫理観は彼に王座に就くことを許さなかったであろう。

ムッソリーニは従来の議会民主制度は大衆の時代に機能できないと考え、多様性を容認し、意思決定過程での国民参加を許す単一政党制度を模索していた。この考え方に基づき、ファシスト党は閉鎖的な組織ではなく、ムッソリーニの指導権を争わないかぎりの言論の自由が認められた。彼自ら、党指導部に不満を抱く若い党員を保護したりもした。党のなかでの彼らの活動が難しくなったときには、自分が所有していた党機関紙や、あるいは長男ヴィットーリオが主宰した雑誌に発言の場を与えるなど工夫を凝らした。また彼が、誠実で潔癖な旧友として評価していたボンバッチの、明らかに左翼的な傾向をもつ雑誌の出版を後援したことも注目される。党内の猛烈な反対で短期間で失敗したこの実験は、ムッソリーニが建設的批判の存在を認める政治体制を模索していたことを示唆している。

将来の国家体制のあり方についてのムッソリーニの発想がどうであれ、三〇年代後半のファシスト国家は個人独裁体制を強化してきた。この過程は個人崇拝をもたらし、ムッソリーニ神話が形成されるようになった。国家の権限が自分の一身に集中してゆくにつれ、彼のカリスマがファシスト体制の最大の存在理由となった。ムッソリーニ神話の形成には、二つの要因が働いた。一つには彼が、政府の首長としての自分の役割の重要性を強調したということである。ムッソリーニ個人の崇拝は、首相という役割の再評価ももたらした。国家統一以来弱体政府が続いたイタリアでは、政府の権威の強化は歴史的な要請であると感じられていた。しかも、ファシズムにより国家そのものが変質し、専制国家のような神の意志、自由民主主義国家のような国民の意志という外的要因に基づくのではなく、本質として倫理的な性格という内的要因に基づく、独自の存在理由を主張したのであった。したがってムッソリーニには、「国家の道徳的・精神的な力を表現する意識」があった。この意識は必然的に、彼を民族精神を象徴する、ソレルが言う意味での《神話》の人物にせざるを得なかったのである。またもう一つの要因は、ムッソリーニの「神話化」はイタリア国民に対する教育者としての権威を裏付けるために必要だった。「ムッソリーニは常に正しい」という格言は逆説的ではあるが、教育者としての彼の役割の当然の帰結でもあった。

個人崇拝は必ず「脱人格化」をもたらし、それは孤独という人間の悲劇に結びつく。これはすべての独裁者の宿命であろう。ムッソリーニの場合、この過程に拍車をかけたのは、その悲観論的人間観と、他人に対する生まれつきの警戒心であった。自分がもっとも信頼していた側近たちが加担したマッテオッティ事件の結果、彼は人間不信からあらゆる権限を自分に集中するようになった。そして、弟アルナルドが一九三一年の暮れに亡くなったとき、彼は心を打ち明けることのできる唯一の相談相手を失った。性格が温厚で偏りのないアルナルドは、穏健派で兄に好ましい影響を与えていた。ムッソリーニは彼を信頼し、『ポポロ・ディタリア』の編集を任せたり、煩わしい問題の解決も依頼していた。特にカトリック教会との接近に当たって、彼は重要な役割を果たした。ムッソリーニは最愛の弟の死を深く悼み、彼を弔う意味で、自伝的な要素の多い『アルナルドの一生』と表題のついた著書を短期間のうちに書き下ろした。弟との別れで、彼はますます孤独感を深めていった。この孤独感は彼にとって、人間として、また政治家としての最大の弱点となった。

彼の家庭生活も愉快とはいえなかった。ラケーレとの関係は年が経るにつれて難しくなってきた。彼に対して尊敬と愛情を感じていた党の幹部たちとも、友人関係になることを避けた。党の幹部より官僚を相手にしていたが、大抵事務的な問題に限って話をし、誰かが関係ない話を切りだすと、すぐに「畑違いの話をするな」とたしなめた。

党員から熱狂的な崇拝の対象にされていたものの、党のなかでも彼は孤立していた。彼は党を、自分の意志を国民に通達する機関であると理解しており、そのためには党書記長として、自分に全面的に忠実な実行者が必要とされていた。一九三一年十二月、書記長にアキッレ・スタラーチェが任命された。彼はムッソリーニの命令の忠実な実行者であったので、歴代の書記長のなかでは遥かに長い十年ほど在任した。第一次大戦当時、前戦で果敢な活躍をしたスタラーチェは初期からのファシストであったが、地方の個人的基盤は全くなかった。潔癖で一貫性に富み真摯な男ではあったが、知恵に恵まれたとはいえず、教養もさほど高くはなかった。しかしムッソリーニは彼を忠実さだけではなく、規律正しさと几帳面さに関する点で評価していた。ムッソリーニは、規律と秩序を重んじる態度が現下のイタリア国民に欠けている、と考えていた。そこで、彼は党を通じて、こうした国民性を一新することを試みたのである。

スタラーチェはファシズム特有の大衆参加儀礼の演出者となった。スタラーチェの時代に、権力と大衆社会との間に新しい関係のあり方が成立した。彼は、集会や運動会等、全国民を動員する各種の行事により、イタリア社会の隅々にまでファシズムを浸透させ、ムッソリーニのカリスマを国家体制の確固たる支えとした。これは、国民の国家活動への参加を図る、一種の直接民主制度の試みでもあった。ファシスト党自体は門戸の狭いエリートの体制を維持し、最高潮の時でも党員数は二百万をわずかに超す程度であった。しかし協力組織を含めると、体制の活動に参加したのは二千万人以上に上った。当時のイタリア総人口が四千万人を少し上回る程度だったことを考えると、これは驚異的な数字である。

とはいえ、スタラーチェ自身は国民から愛されていなかったし、党員にも人気がなかった。彼は視野が狭すぎて、融通の利かない性質であった。彼の指導は、内容よりも形式を重視する傾向があり、国民の私生活に関わる指導も強い反発を生んだ。とはいえ、スタラーチェの時代にファシスト体制に対する国民の支持が絶頂に達したことは事実である。

ところが、一九三九年、ムッソリーニは突然スタラーチェを解任し、その後は二度と会おうとしなかった。この解任の理由は謎である。しかもこうした冷酷な処遇は、ムッソリーニの人間関係にはあまり見られないことであった。スタラーチェはムッソリーニの冷たい態度に深く傷ついたが、その忠誠は変わることがなかった。死ぬ寸前に彼は思いがけない条件の下でムッソリーニに再会する奇縁を得るのであるが、それについては後に述べることにしよう。

ムッソリーニの精神的孤独の状態を象徴したのは、ヴェネツィア宮殿の執務室であった。ローマの中心にあるこのルネッサンス時代の建物は、一時ローマ教皇の宮殿でもあったが、長い間ヴェネツィア共和国の大使館として使用された。その前の大きな広場の右側に無名戦士の巨大な記念物が白く聳え、その裏にローマの発祥地であるカピトル丘が立つ。その反対側にある、ムッソリーニの意志でつくられた広い並木通りは古代ローマの史跡を横切ってコロッセウムへ向かう。ローマの七つの丘に囲まれたこの場所は、ムッソリーニにとってまさに神聖な区域だったであろう。そして、優に二十万人を収容できる前の広場は、大衆との対話には理想的な場所であった。

ムッソリーニが執務室をヴェネツィア宮殿の「両半球図の間」へ移したのは一九二九年であった。長さ二十メートル、幅と高さが十三メートルある、あまりにも広いこの執務室に彼は一人きりで座っていた。ルートヴィッヒは「両半球図の間」を次のように描写している。「穴洞のようにガランとして、椅子もなければ卓子《テーブル》もなく、僅か片隅に昔使った大きな燭台があるばかりであり、殆ど双眼鏡で見なければ分らないような遥か先方に、机に向って何か書いている男の頭が見られる」。

この広大な虚ろな空間をもって、ムッソリーニは自分と周囲との間に距離を置いたのであった。ある側近はムッソリーニとの仕事の関係についてこのように述べている。「もう習慣になったような礼法に従って、我々は早足でその広大な執務室を横切り、机の前ですぐにローマ式敬礼（ファシスト敬礼）を行い、書類を渡す。彼の指示を受け、質問に答え、書き込みの付けられた書類を受け取り、ローマ式敬礼を行なって、駆け足で退室する」。かくてムッソリーニは、自分を孤立に追い込んでいったのであった。

外界からの情報は、イタリア国民の動向や要人の私生活を細かく伝える無味乾燥な警察の報告書を通じて、彼の下に届いた。また、彼は新聞を隅々まで読み尽くし、国民からの何百通もの手紙などにもすべて眼を通していたから、イタリアの実情については精通していると自負していた。実際そうではあったが、精密な情報を持ってはいても、信頼の置ける人々との意見交換による分析が彼には欠けていた。彼の使命感はあまりにも強く、他人に相談すれば権威が損なわれると考えていたし、信頼できる側近がいなかったのも事実であった。

彼が少し心を開くことができたのは、頻繁にあった仲介者なしの国民との直接的接触の場であった。しかし、そこでの交流も一方的であった。国民の側はドゥーチェと直接に触れ合っていると感じていた。しかし彼にとってそれは、依然抽象化された国民との間接的な接触に過ぎず、決して人間対人間の交流には進展しなかった。彼の人気も、ますます彼を孤独にしたのである。ルートヴィッヒに、「散歩に出られないのですか」と問われたとき、ムッソリーニはある時「トリトーネ街（ローマの中心街）に沿って散歩をしていると、瞬く間に三百人ばかりの人が周囲を取り巻いて、その為めに一歩も進むことが出来なかった程だ」と答えている。首相となってから、ローマの中心街に近いボルゲーゼ公園の乗馬場で毎朝馬に乗っていたが、あまりにも観客が集まるので、それも止めざるを得なかった。

ムッソリーニはルートヴィッヒに、「自分は友達を持つことが出来なかったのだ。そして今でも持っていないのだ。先ず、自分の気性の為めに、次には、自分の人間観の為めにだ。自らは親密さも、議論も避けているからだ。旧友が久しぶりに自分に逢いに来たら、双方の気詰まりが解消される。自分は昔の同志の歩みを遠くで眺めている」と語っているが、この言葉は見事に彼の心境を表している。彼は今の立場の故に警戒心を抱き、旧友に会うときも遠慮がちになる。しかし友情を感じなくなった訳ではなく、遠くから見守るのだという。なるほど、ボンバッチはムッソリーニが自分を援助していることを知らされていなかったし、ネンニはフランスでドイツ軍の捕虜になった際解放されたが、それはムッソリーニによる救出だったのかどうか最後まで分からなかった。ムッソリーニにとっては、旧友との交際も孤独を和らげるものではなかった。「根本的に自分は何時も孤独だったのだ。今日では、牢獄にこそ居ないが、牢獄以上の感じがする」と、ルートヴィッヒに自分の心境を打ち明けている。

フォルリンポポリの師範学校のころ、彼は鐘楼に籠もって、孤独感に耽っていた。今彼は執務室で、鐘楼の上と同じように孤独であった。次第に増してゆく孤独感のなかで、一人の女性が彼の人生における重要性を増していったのは自然な成り行きであった。

第五章　女性遍歴

派手な女性関係と結婚

一九一一年から一二年の春にかけて、対トルコ戦争への反対運動をしたため服役中のムッソリーニは『自伝』を書いていることはすでに述べた。この『自伝』を同じく服役中に書かれたヒトラーの『我が闘争』と比較したくなるのは当然であろうが、両者はまったく性質の異なるものである。当時のムッソリーニはすでに社会運動で注目されていた人物であったが、この『自伝』は『我が闘争』のような思想的履歴書ではなく人間の物語である。

読みやすい文章で書かれた一種単純で生真面目な叙述は信憑性が高いとされ、ムッソリーニの青年時代に関する貴重な資料であり、彼の自画像の輪郭が現れた重要な書物である。彼は政治活動と革命家としての自分の経験について述べてはいるが、特に自慢もしていない。焦点になっているのは、彼の女性遍歴である。これについては、十五歳のときに同級生の妹を口説いてはみたがうまくいかなかったことを皮切りに、彼は得意げにつぶさに述べている。相手の名前も暴露されていて、この点で紳士的とは言えない。この書物には彼の相手として十四人の女性が登場するが、その数にトレント時代の「数多い」女性たちは入らない。彼女たちについてはムッソリーニは慎重で、最近のことなので名前を詳しく記すのは遠慮するといっている。

異性に対する攻撃的姿勢は、ムッソリーニの気質の重要な特徴であり、彼の生命力や権力への意志の表れでもあった。しかし、彼の女性関係を公平に評価するためには、当時のイタリア文化が男性中心だったことを忘れてはならない。政権の座に就いても、彼は女性関係において慎重に振る舞わなかったので、国民のなかでよく噂が流れた。しかし、アメリカのようなピューリタニズムの影響が強い社会では、小さな情事も政治家の将来を危うくするのに、当時のイタリアではムッソリーニの行動は、社会の非難を呼び起こすどころか、逆に男らしい振る舞いとして彼の神話を形成する一要因とさえなった。異性の征服というもっとも原始的な形であるにせよ、男性原理の称賛はファシズムの中心的観念の一つであった。これは古代神話に根ざす長い伝統の所産でもあった。戦いの神だったマルスの相手は美の神のヴィーナスであった。そして、ローマの理念を具現化するユリウス・カエサルも、古代一の美女とされるクレオパトラ女王を恋人にしていたではなかったか。ムッソリーニは首相就任後、彼の男前のよさの噂に惹きつけられて毎日やってきた数名の女性と会見し、気に入った場合は何の遠慮もなく執務室の絨毯の上で一時の情事にふけることを辞さなかった。案内係のナヴァーラの証言によると、このような情事の相手は三百人以上であったという。

青年時代の女性関係について詳しい妹のエドヴィージェが、兄の情事を「極めて短い、重要性のない、一種の冷酷さを伴ったものでした。とにかく彼は気を許すというよりは、冷酷でした」と述べている。エドヴィージェの評価は少し厳しいかも知れないが、一般的に女性関係においてムッソリーニはわがままで、単なる性的満足以外は何も求めなかった。しかし、ときには関係の深まりとともに愛情を伴うこともあった。

永い間彼の相手だったサルファッティは自分の経験を踏まえて、このように述べる。「優しさは力でもあります。それを戦士に教え、戦士の中で活かすのは、女性の愛情です。成長した子供にほかならない男性の心の中で、眠っているが決して消えない、母に甘やかされたイメージを、愛情は連想させます。これは指導者が他人との間に持てる、より深い、より貴重かつ唯一の生きた接触点です」と。この指摘は、ムッソリーニの情事に性欲の満足と征服への欲求のほかに、人間との接触への要求があったことを示唆している。確かに、愛人たちに送られた手紙や電話の盗聴記録や関係者の話によれば、彼が女性たちに心を開く瞬間もあったことがわかる。しかし、ときに女性に自分の心を開いたとしても、政治決定に関しては決して女性の影響を受けることはなかった。この点、彼の相手のなかでバラバノーヴァとサルファッティだけは、特別な存在であった。この二人の女性はムッソリーニの思想形成や物事の決定に影響を与えたが、それは恋人ではなく政治運動の同志としてである。両方の場合とも最初は知的関係ができ、その後に愛情が生まれたのであった。この二人を除けば、彼はいつも女性からの助言を退けていた。ラケーレも例外ではなく、ムッソリーニの晩年にラケーレとの関係が冷え込んだ主な理由も彼女が執拗に政治問題について口を出したことにあった。しかも、ラケーレの助言が妥当であっただけに、ムッソリーニに余計歓迎されなかった。

情事のためならば、ムッソリーニは危険を冒すことも厭わなかった。スイス時代に、美女エレオノーラと一夜を過ごすため、追放された州に密かに入ったことがあるし、戦闘ファショと社会党の衝突が激しくなったときでも、彼は拳銃をポケットに忍ばせ、あいびきのため一人で夜のミラノを歩いた。首相となりローマに移っても、夜になると密かに宿泊中のホテルから飛び出し、護衛を戸惑わせたこともあった。このしまりのない女性関係の結果、何度かトラブルが起きたのは当然であり、その解決のために金銭を使わざるを得なかった。また、ジョリッティの依頼で作成された警察の秘密報告書で、ムッソリーニに圧力をかける方法として女性関係が挙げられたことも、彼にはこの側面から脅迫される可能性があったことを示している。

ムッソリーニには私生児の噂も多かった。確認されたのは二人だけであるが、多くの者が彼の私生児であると主張した。一九九八年にローマの貴婦人の娘が名乗り出たのが最後である。とにかく、彼が政権の座にいた間、何人もが彼の子であると言い張って金銭的な援助を強要した。なお、彼の相手になった女性の夫たちも執拗に慰謝料を求めたのであった。それについて、彼は妹のエドヴィージェに「世間はおかしくなった。昔だったら男は自分に不名誉になることを隠したのではなかろうか」と嘆いたことがある。ほかに、慢性梅毒の噂が今でも伝えられているが、これは根拠のない憶測である。ムッソリーニの頭脳はその死まで健全で、梅毒がもたらす知的混乱の兆しは見られなかった。死後、梅毒の存在を確認しようとしたアメリカ政府により、彼の脳の一部が分析されたが、調査の結果、その可能性は否定されている。

「多くの女性を愛したが、しかしもはや忘却がこの遠い恋愛の上に灰色のヴェールを包んでしまった。現在ラケーレを愛し、彼女も私を強く深く愛している」。このように妻への誠実を示しつつ、ムッソリーニは『自伝』を終えている。彼はイタリアの典型的男性として、明白に嘘をつきつつもまったく真面目であった。ムッソリーニは、結婚後も多くの女性と平気で関係をもち、しかも何度も深い仲となったが、唯一の本妻たるラケーレの立場は、決して脅かされることはなかった。

ラケーレ・グイディは一八九〇年四月十一日、プレダッピオの貧しい農家で生まれた。母親のアンナ・ロンバルディは夫に先立たれた後、妻に先立たれたムッソリーニの父アレッサンドロと同棲し、一九〇八年の夏、一緒にフォルリーで料理店を開店した。そこで二人の若者は知り合った。そのころムッソリーニにはすでに、ラケーレ以上に成熟し教養の高い多くの女性たちとの経験があり、たとえば思想と恋情をないまぜにしたバラバノーヴァとの関係も進行中であった。またスイス時代に、教養もあり魅力的なポーランド人エレオノーラとの情熱的ロマンスもあった。しかし彼は生涯の妻としてこの教養の低く貧しい少女を選び、そして一生彼女への誠実さを守った。イタリアには「妻と牛とは郷里で求めよ」という格言があるが、ムッソリーニも結婚に関しては郷里の伝統を優先したのであった。

ラケーレとの最初の出会いは、ベニートが師範学校時代に病気の母の代用教員を務めた時であった。当時小学生だったラケーレは、すでに天才的青年として噂されていたベニートに強い印象を受けた。ラケーレの記憶によれば、ベニートは厳しい先生で生徒に規律と整理整頓を求め、彼女自身何度も叱られたことがあったという。その後ラケーレは長い間ベニートと再会することはなかったが、彼に対して共感と関心を持ち続けていたことを証明するエピソードがある。当時の貧しい少女が普通そうであったように、小学校を終えたラケーレもメイドになり、フォルリーの地主キェディーニ家に雇われた。一九〇八年の夏の農業紛争でムッソリーニが逮捕されたとき、キェディーニ家の主人は「あんな馬鹿げた思想で我々をやっつけようと思っていたのだろうが、お金を持っている人間が絶対に強いことをよく覚えておけ。彼にはいい教訓だ」と言い散らしたところ、ラケーレは猛然と反発して、「正しい思想のため牢屋に入れられることは不名誉じゃないわ。働く人が十分な賃金を貰うのは当然の権利です！」と言い返した。当時十八歳だったラケーレはすでに社会主義者であり、死ぬまで変わることのない強く激しい気性を示したのである。

ところが、キェディーニ夫人はラケーレを娘のように扱い、その家庭での生活は楽しく、夫人から教わったたくさんのことは後々役に立った、とラケーレは述懐している。夫人はいつも彼女に忠告して、「あらゆる知識を身につけなければなりません。ひょっとしてお前が女王になるかも知れないし、将来は何があるかわからないのですよ」とよく言っていた。この言葉は不思議にもラケーレの運命を予告した。そして、彼女はその言葉を忘れず農家の常識を生かし、栄光の時代にも奢ることはなかった。

アレッサンドロとアンナ・ロンバルディが料理店を開いたのは、ちょうどその夏であった。十一月ムッソリーニ家はフォルリーに移動した。当初は商売はうまく行き、ラケーレはメイドの仕事をやめて、店の手伝いをすることになった。彼女についてベニートは『自伝』でこのように述べている。「ラケーレはもはや、母の代わりに教えた子供ではなくて、若いさかりの女性だった。最初の瞬間から気に入り、私のものにしようと決めた」。ベニートの妹エドヴィージェによれば、当時のラケーレは「色は薄いが、きらきら輝く金色の豊かな髪、考えられないほど青く輝きながら、冷たくてもどきりとさせるその目が、人の視線を集めました」という。

ラケーレの回顧では、ベニートとの再会は、まだメイドのころで日曜日のミサの帰りであった。「どなたかに呼ばれたので急にふりかえりましたら、燃える火のような視線に出会いました。一瞬それ以外何も目に入らず、心臓が喉まで上がるような感じでした。ベニート・ムッソリーニでした。ドヴィアの学校で母親の代わりをしていた時代からは、大分変わっていました。黒い顎鬚を生やしていましたが、それでも彼だとすぐ分かりました。彼の洋服があちこち綻んでいることに気づきました。ポケットは新聞で一杯で、手に本を持っていました。緊張感で真っ赤になった私の耳元で「私が分かるか。ベニートだ」と、彼の最初の言葉は、金槌のように私を打ちました。そして微笑みながら、興味深そうに私をじろじろながめ「しかし、大人になったねえ。もはやお嬢さんですね」という次の言葉が、私を完全に混乱させました。一言も発することが出来なくなりました」。この出会いは簡単な会話で終わり、次いでベニートは彼女を父母たちの店に遊びに行くように誘った。同じ日にラケーレは店へ行き、久しぶりに母親や姉たちに会った。夜ベニートは彼女を送った。「長い間何も喋らないで並んで歩きました」とラケーレは語る。「突然、彼は荒っぽく私にいいました。「どうしてあの人達の所で働くんだ。お母さんのそばへ、家に来いよ」。私は答えませんでした。「僕は四日後フォルリーを発つ。僕は思うように働けないこの町に残るつもりはない。教師の仕事を続けたくないんだ。こんなのは僕の本領じゃない。僕はもっと素晴らしく大きいことを狙ってるんだ」」。ベニートはトレント行きの予定を彼女に打ち明け、コーヒーを飲もうと誘ったが、ラケーレは断った。当時のロマーニャでは、男性と一緒に人前に出る若い女性は、評判を落としたからである。

ラケーレはメイドをやめて料理店へ移った。数日後ベニートはトレントへ出発した。前の晩友達を集めたささやかな送別会が行われ、夜遅くまで皆で踊った。ベニートは上機嫌でヴァイオリンを弾いたりしたが、ラケーレはその巧さに驚いた。「終わり頃、彼は誰もいないところへ私を呼び、その光る目で私を見つめました。「明日出発するが、帰ったら貴女は僕の妻になる。待っていてくれ」と言い、私を驚かせました。稲妻に打たれたようで、私はこれは冗談だと思い、無理に微笑みながら、「もし帰らなかったら？」と冗談のように言い返しました。彼は真面目に「僕は必ず帰って来る」と答えました」。

ベニートはやはり帰ってきた。肉付きがよくなり、顎鬚はなくなって服にも気を配り、少しお洒落になった、とラケーレは感じた。ラケーレによれば「彼は再会を大いに喜びました。彼の顔に滅多になかった微笑みを浮かべながら、「やはり帰ったんじゃない？」と言いました。トレントでの政治・新聞記者の活動について長々話してくれました。関係がより親密になった後で彼は自分の女性関係にも言及しましたので、私は変な気持ちになりました。私の機嫌が悪くなったことが分かって、改めて彼は結婚の強い意志を確かめ、早いうちに親たちに話すことを付け加えました」。

ところが、ベニートの結婚計画は双方の親の強い反対に遭った。アレッサンドロは自分がローザを不幸にしたことを思い起こし、ラケーレを同じ目に遭わせたくなかったのである。「あの娘をほっときなさい。お前には仕事も、収入もない。政治のことばかり考えているお前と一緒になる女は苦しむだけだ。お母さんの苦労を考えなさい」という忠告を繰り返して止まなかった。しかしベニートはなかなか譲らなかったし、ラケーレも彼を愛していた。「叩きつぶすまで障害を攻撃する、彼の勇敢な性格が大好きでした。喜びや、時々は心配しながら、彼の演説を聞きに行ったりしていました。挑発的で自信に満ちた発言を投げかける彼の姿勢が好きでした。皆が注意深く彼の言葉に聞き入っていることにも心を動かされました。しかし、荒々しく雄々しい外見の裏にある、彼の心優しさを何よりも愛していました。それでもこれから先の迎えるべき波乱の生活のことを考えるとき、私は失望もしていました。私の短い生涯ですでに経験した苦しみを忘れ得なかったからです。彼を愛してはいましたが、ためらっていました」。結局最後は力ずくであった。ある日ベニートは、ラケーレと二人の親の前で拳銃を取り出し「ここに六発ある。一発は彼女、残りは僕だ」と言った。とうとう二人の親も認めたが、アレッサンドロはもう一度ベニートに忠告した。「お母さんは政治のために大いに苦労したんだ。この娘も、お前の側で必ず同じ運命を辿るだろう」。このエピソードは、ラケーレの述懐によるものであり、ベニートは『自伝』で「あの時期は極めて荒々しいエピソードがあった」と簡潔に述べるに留まっている。

それでも二人はすぐに一緒になることはできなかった。ベニートが『階級闘争』の編集長となり、ささやかな給料を貰うようになって、やっと一緒になることを決めた。しかし模範的な社会主義者として、当時はベニートは教会での結婚式はもちろん、民事婚も行わなかった。一九一〇年一月十七日ベニートはラケーレを迎えに行き、ホテルへ連れ込んでそこで初夜を過ごした。その日は雨がどしゃぶりで、ホテルに着いたときには二人ともずぶ濡れであった。ベニートはホテルに入って、ホテルのフロントで夫人のため風呂の準備をするようにえらそうに命じたとき、フロント係はびしょ濡れのラケーレを眺め「夫人はすでに入浴を済まされたようだが」と皮肉った。数年後、ラケーレがこの逸話を末娘のアンナ・マリアに語ったが、娘の「お母さん、雨傘を使えばよかったのに」の言葉に、母は「あの頃は傘なんか買える訳がなかった」と答えている。

実際若い夫婦には財産も何もなかった。家具付きの部屋を二つ借り、親から譲ってもらったシーツ四枚、皿四枚、フォークなど六本が家財のすべてであった。ただしラケーレが覚えているように「私たちは希望と若さに溢れていました。初期のあの明るさを決して忘れることはありません。ずっと後ベニートも、あの日々は私たちの一生でいちばん幸せな時期でしたとよく言ってくれました。彼は働き、私は楽しく家事をしながらロマーニャの民謡を歌ったりしていました」。ラケーレは夫の乏しい給料を管理し、貯金も蓄えようとした。ムッソリーニは死ぬまで開封しないまま毎回ラケーレに給料袋を渡していた。ラケーレによると、彼は金銭的常識をまったく欠いており、決して現金を持って歩かなかった。

九月には長女エッダが生まれたが、二人はまだ正式に結婚していなかったので、ベニートは母親の名前を申告せずに自分の籍に入れた。当然洗礼は受けなかった。ベニートは、性格的に自分と似ており、頭がよく意志の強いこの娘を大変可愛がっていた。二人の夫婦が正式に入籍したのは一九一五年十二月十六日である。当時、軍に入隊していたベニートは、出征による万一の場合に配慮してラケーレの正当な妻としての立場を考えたのだろうし、またミラノでの滞在中に社会に対する姿勢を変えたから、家族関係もちゃんとすべきであると感じたに違いない。その後、長男が一九一六年九月二十一日に生まれ、イタリアの勝利（ヴィットーリア）を願って、ヴィットーリオと名付けられた。さらに一九一八年に次男ブルーノ、総理大臣になってからの一九二七年に三男ロマノ、一九二九年に次女アンナ・マリアが生まれた。なお、一九二五年の暮れ教皇庁の要望に応えて教会での結婚式が密かに行われた。

ベニートが『アヴァンティ!』の編集長になりミラノに移って、やっと生活は改善された。ミラノで相応の住まいを借りたが、ベニートはほとんど毎日外で仕事をして、夜遅く帰ってくるだけであった。それでもフォルリー時代より家に長くいようとして、たまには家で原稿を書いたりすることもあった。住まいには当初何もなかったが、徐々に必要な家具が揃ってきた。ベニートは月賦で必要なものを買おうとしたが、ラケーレは借金嫌いで、金が貯まったときだけ現金買いをした。ミラノでは、彼女は夫の活動を見守りつつ表には出ず、明るい家庭をつくろうとした。

ローマ進軍の後もラケーレは子供と母親とともにミラノに残り、慎ましやかな生活を営み、公式の場に出るのを避けようとした。一家がローマに移ったのは、一九二九年である。ムッソリーニ家は、ローマの貴族であるトルローニャ公爵の屋敷を、年間一リラだけの形式上の家賃で提供され、そこに移り住んだ。トルローニャ荘はローマの中心から一キロほど離れたところにあり、ネオクラシック調の美しい建物を中心に、広い庭があった。その緑のなかでムッソリーニは今までとは違って、家族と一緒に穏やかに規則正しい生活を送るようになった。公式活動の厳めしさとは裏腹に私生活は非常に簡素であった。毎朝出掛ける前に、馬に乗ったり、場合によってフェンシングその他のスポーツの練習をしたりした。その後、車でヴェネツィア宮の執務室へ行った。午後二時ごろにはいったん帰り、家族とともに昼食をとった。公務で遅れた場合、子供たちは彼を待たずに食事をした。

食べ物は質素であった。野菜が多く時々パスタがあり、肉はほとんど食べなかったが、たまに鶏肉を口にする程度だった。牛乳とサラダ、果物を好んだ。ムッソリーニはぶどう酒やコーヒーは飲まず、食事の際は子供たちとのお喋りを楽しんだ。長男ヴィットーリオが言う。「父はユーモアに富み、良き語り手であった。自己批判になるほど、あらゆるものの滑稽な側面を見つめ、逸話と出来事を皮肉と滑稽の口調で語っていた。まったく角張った雰囲気がなかった」。

家庭でのムッソリーニは決して声を荒らげることはなく、使用人に対しても親切であった。毎週学校から子供の成績に関して報告を受けていたが、子供たちには決してその話をせず、問題があった場合はラケーレに任せた。彼は父のアレッサンドロと違って子供を叱るのは苦手であった。昼食の後、子供たちとビリヤード、卓球、サッカー、テニスを楽しんだり、または自転車で庭を走ったりもした。四時ごろ執務室に帰り、夜八時、あるいはもっと遅くまで仕事をした。夕食はごく簡単であった。食後ムッソリーニは必ず、ラケーレ、またはヴィットーリオかブルーノとトランプを楽しみ、その後は自分の部屋に入って、各新聞を注意深く読んで、重要な部分に赤と青の鉛筆でアンダーラインを引いた。週二回程度、トルローニャ荘の広間で映画を家族ぐるみで鑑賞した。彼は悲劇が嫌いで、コメディーを好んだ。眠くなると寝室に帰り、直ぐに寝ついた。ヴィットーリオの記憶によると、ローマにいるときは外泊したことがなく、公式の会食以外、夜は基本的に家族と一緒に過ごした。

ムッソリーニ夫妻がトルローニャ荘でパーティーを開催したのは、一九三〇年四月にエッダが結婚したときだけであった。この折に、意外にもファースト・レディーの役割を堂々と果たしたラケーレは、客が帰った後、疲れ切った調子で子供たちに「あなた方が結婚するときはこのような式典を開かないことにしましょう。今日だけでたくさんです」と漏らしたという。ところで、この社交嫌いはラケーレの限界でもあった。彼女はムッソリーニに穏やかな家族生活を提供しようとしたが、それはまた単調なものでもあり、他人との打ち解けた、話し合いのできる環境を作ってはくれなかった。ムッソリーニにとって物足りない生活であった。それに、気性の激しいラケーレは、当然女性関係を問い詰めたり、または政治問題について歓迎されない進言をしたりして、時々彼の癪の種になっていた。したがって、家庭のなかでもムッソリーニは孤立している感じをもち、これも彼の孤独感の大きな要因であった。

一九一七年、戦争で負傷したムッソリーニが入院したとき、ラケーレは看護婦の扮装をして彼の側にいようとしたことがある。このときは院長に発覚して追い出されたが、これは後に有名になる「ラケーレの変装」の最初であった。一九三〇年代の後半、ラケーレが変装してローマの下町を歩き、庶民の苦情を聞いてムッソリーニに報告しているという噂が流れるようになった。そして、戦況が思わしくなってくると、さらにラケーレ出現の噂はイタリア各地で頻度を増した。ラケーレの容姿は意外に国民から知られていなかったので、自ら何度か市場などへ行き国民の気持ちを確かめようとしたのも、あるいは事実であったかも知れない。いずれにせよ、彼女が体制に対する国民の不満について夫に忠告したことは確かである。特に彼女は夫の側近に強い警戒心をもち、私設の小型情報機関を作ってムッソリーニに側近の不正を教えようとした。ムッソリーニはラケーレのこの活動をなかなか評価しなかったが、ラケーレの直感は、時々正鵠を射ていた。後にムッソリーニが逮捕されたその日、彼女が執拗に国王のところへ行かないように忠告したことは有名である。

ともあれ、ラケーレの生活ぶりの慎ましさや夫に対する進言の逸話は、彼女に大きな人気をもたらした。ファシスト政権の崩壊以後もその人気は根強く残っている。イタリアの女性たちは彼女を身近な存在と考え、もし自分らが彼女の立場に置かれてもうまくやってゆけるだろうと、考えていた。こうしてラケーレも、ムッソリーニ神話の重要な要素となったのである。

二人の優れた女性

ムッソリーニの情事の相手になった女性は数百人であると言われているが、ほとんどが一回だけのあいびきであった。本格的な関係が少なく、ラケーレを除きムッソリーニ伝に記すに値する女性は三人だけであろう。一九一三年ムッソリーニは、自分を愛する女性が二人いて「一人は風貌があまりにも醜いが美しく広い心の持ち主であり、あと一人は美人だが狭くて欲深い心の持ち主である」と、ある女性に打ち明けた。この伝聞が正確なら、これは当時彼のもっとも身近な女性であり、彼の思想形成に重要な影響を与えたアンジェリカ・バラバノーヴァと、マルゲリータ・サルファッティ・グラッシーニの二人を暗示していたことになる。偶然、これらの優れた女性は二人ともユダヤ系であった。当時バラバノーヴァは副編集長として、サルファッティは芸術欄担当者として『アヴァンティ！』編集に加わっていた。このころ、かつて非常に緊密だったバラバノーヴァとの関係は冷め始めていたが、サルファッティのほうは逆に深まりつつあった。

アンジェリカ・バラバノーヴァはロシア人で、共産主義者としてスイスに亡命し、そこでレーニンと知り合い、一時は彼の秘書を務め愛人にもなった女性である。徹底したマルクス主義者で、イタリアに移って社会党の革命派の指導者の一人となり、党中央委員にも任命され、長い間イタリア社会党に大きな影響を与えた。ムッソリーニとの出会いはスイス滞在中で、時期は不明であるが恐らく一九〇三年あたりであろう。二人はすぐ意気投合した。

バラバノーヴァはこの情熱的で雄々しい年下のイタリア人革命家に感銘を受け、ムッソリーニはバラバノーヴァのマルクス主義の知識に感心した。彼女の指導のもと、彼はそれまで大雑把にしか知らなかったマルクス主義を初めて体系的に勉強することになった。しかし、ムッソリーニの思想形成に関するバラバノーヴァの影響を過大評価してはいけない。彼女に出会ったとき、彼の思想的基盤はすでに形成されており、彼は初めから彼女に対して批判的であった。スイスから家族に宛てた手紙で、彼はバラバノーヴァについてこのように述べている。「多くのことを知り、また理解し、マルクス主義のテクストを読みこなす人だ。しかし彼女の体のなかで血潮が廻っているのに、彼女の頭のなかでは観念が枯れてしまうのだ」。つまり、彼はマルクス主義の知識に関してはバラバノーヴァの優勢を認めても、その教条主義的な姿勢を不毛と考え容認しなかった。

以上の手紙で、ムッソリーニが血潮の廻りに言及しているのは偶然ではない。バラバノーヴァの情熱は、左翼陣営のなかでも有名で、「男殺し」の評判があった。ムッソリーニとの交遊もすぐに緊密になり、彼の帰国後もその関係は続いた。彼は『アヴァンティ!』編集長になったとき、副編集長としてバラバノーヴァを任命し、彼女が住んでいた同じビルに住まいを借りて暮らし始めた。こうして二人の関係はより深いものとなったが、間もなく悪化した。バラバノーヴァはムッソリーニを、マルクス主義路線から逸脱していると、執拗に非難したからである。ムッソリーニは当然、バラバノーヴァの指導を受け入れなかった。しかもこの頃はちょうど彼のマルクス主義について再検討している時期でもあったし、バラバノーヴァには、ムッソリーニに対する影響力が日増しに強くなってくるサルファッティについての嫉妬も働いていた。二人の間の溝が深まり、とうとう一九一三年七月バラバノーヴァは『アヴァンティ！』から解雇された。バラバノーヴァとの絶交について、ラケーレも一役買ったようである。二人の関係について噂を聞いた彼女は慌ててミラノに移り、ベニートに強い圧力をかけたという。

それでもムッソリーニもバラバノーヴァもともに社会党革命派の要人であったので、二人の間には政治的関係は続いた。第一次世界大戦の勃発のとき、ムッソリーニが最初中立・戦争不参加を支持したのは、ドイツ社会党に近かったバラバノーヴァの影響が大きいとされている。しかし、ムッソリーニが参戦に転じたとき、ついに二人の関係は完全に破綻した。社会党の中央委員会でもっとも激しくムッソリーニを非難したのは彼女であり、その執拗さには政治的理由以外に個人的感情も関わっていた。ムッソリーニを育てたのは自分だと思い込んでいたバラバノーヴァは、彼の参戦派への転換を自分に対する裏切りと感じたのである。もしムッソリーニが彼女をもう少し優しく扱っていたら、彼の社会党からの追放には至らず、イタリアの歴史が変わっていたかも知れない。

第一次世界大戦中は反戦活動のかどでイタリアから国外に追放されたバラバノーヴァはレーニンとともにロシア革命に参加したが、その執拗な教条主義がレーニンの反感を買い、ソ連からも追放されてしまった。パリに亡命した彼女は、イタリアの亡命者とともに反ファシスト活動に参加した。ムッソリーニについて著作も残している。実際長い間ムッソリーニと政治活動を共にし、また個人的に深い関係にもあった彼女は、彼をよく知る立場にあった。ただし、その著作に表れる露骨な反感はその叙述の信憑性を損なっている。したがって外国である程度の影響力をもってはいても、イタリアの研究家にはまったく参考にされていない。反面、ムッソリーニはバラバノーヴァに対して一切反感をもたず、晩年にも彼女のことを懐かしく想い、彼女から受けた知的な影響を真面目に認めていた。

バラバノーヴァがムッソリーニに対して自分の考えを押しつけようとしたので、二人の関係は当初から微妙であったが、マルゲリータ・サルファッティ・グラッシーニとの関係はより穏やかであり、あらゆる観点から見てもムッソリーニにとって得るところが多かった。マルゲリータはヴェネツィアの裕福なユダヤ人の家族、グラッシーニ家に生まれ、社会党員だったミラノのユダヤ系弁護士サルファッティと結婚していた。当時美人と評判であり、感受性に富む女性で幅広い教養をもっていたが、特に芸術へ造詣が深く、また当時の女性としては珍しく政治にも興味があり、社会党に共鳴する熱心なフェミニストでもあった。その一方では野心家で策略家でもあり、ムッソリーニを利用して出世を狙っていた面もあった。

サルファッティはムッソリーニの将来性を早くから見抜き、彼の政治家としての形成に影響を与えた。彼女は、ムッソリーニお墨付きの最初の伝記『DUX（ラテン語のドゥーチェ)』を執筆し、ムッソリーニ神話を創り出すことにも大いに貢献した。各国語に翻訳され、ベストセラーとなったこの伝記で描かれたムッソリーニ像は、超人である一方で人間性に富んだ指導者の姿である。ここにサルファッティは、ムッソリーニの人気の本質的要因を把握したのである。もとより、ムッソリーニ称賛のための伝記ではあるが、彼女でなければ観察しえない側面も紹介されている観点から価値がある。

ムッソリーニがサルファッティと知り合ったのは、彼が『アヴァンティ!』の編集長に任命されて間もなく、ミラノのクリショーヴァのサロンである。彼女は芸術欄の担当者であったが、編集長が替わったとき形式上、辞表を提出していた。しかし、ムッソリーニと知り合ってから仕事を続けることにし、彼の同意を得た。サルファッティは最初からムッソリーニの社会主義革命家の外観の下にニーチェ的超人を、直感的に見抜いた。彼女は彼をミラノの上流社会に引き入れ、服装のセンスや礼儀正しく振る舞うことを教えたり、劇場などへ連れて行き芸術への関心を呼び起こした。当時彼女は未来派の若い芸術家を後援していたので、未来派とムッソリーニとの橋渡し役を果たしていた。彼女の指導により、ムッソリーニは革命的な地方インテリから、都会型の政治家に脱皮したのである。しかし、彼女がただ一つムッソリーニに影響を与えられなかった点がある。いくら努力しても、彼をフェミニストに変えることに成功しなかったのである。

サルファッティはイタリア参戦を支持しており、当初からムッソリーニと協力して『ポポロ・ディタリア』に寄稿した。社会党員でありながら、サルファッティ夫妻は愛国者であり、長男は志願兵となって戦死した。戦後、彼女はファシスト運動に参加し、このときには二人の関係は本格的になり、その後何年間も続いた。首相となった後もムッソリーニはよく密かに彼女と夜を共にしていた。また、サルファッティはファシスト党で活発な活動を展開し、党の思想機関紙の編集長を務め、事実上文芸問題の担当者となった。しかし、一九二九年にローマに移ったラケーレはついに二人の関係を知り、それを止めるよう執拗にベニートに圧力をかけた。ラケーレの意気込みの強さを証明するエピソードがある。ある時、ロマーニャの別荘を訪れた人は彼女が興奮して庭の植木を猟銃で撃つ場面を見て驚いた。「何をしているのか」と聞いたら、ラケーレは「あのユダヤ女を殺す練習ですよ」ときっぱりと答えた。

実際、ムッソリーニも自分より三つ年上で、もう五十に近くなって、太りぎみで更年期障害でヒステリックになったサルファッティを疎ましく感じ、ついに男女の関係に終止符を打ったが、その後も、二人の交流は継続した。サルファッティの世話でムッソリーニはアメリカの大手新聞社ハーストに、当時としては破格の報酬である一本千五百ドルで年間十数本の寄稿を行なっている。契約を結んだ通信社が手数料として五百ドルを引き、残りの千ドルが二人で折半された。原稿はアメリカの読者の好みに合わせて彼女が書き、ムッソリーニの加筆訂正を経て発表されていた。これはアメリカでのムッソリーニ人気を作るために大きな政治的効果をもたらしたが、また彼にとって首相としての報酬を上回る所得にもなった。実際、ムッソリーニはこの収入を党に寄付したのである。

ところが、一九三六年のある日、いつものようにヴェネツィア宮を訪れたサルファッティは数時間待たされた後、案内係のナヴァーラに「ムッソリーニは貴女に会うわけにはいかない」と言われ、門前払いを食わせられた。かくて二十年以上続いた二人の関係に終止符が打たれた。そして、一九三九年、イタリアで反ユダヤ法が施行されるころ、サルファッティはムッソリーニの同意を得て、国外へ移住した。彼女は一九二八年からカトリックに改宗していたので、差別の対象になってはいなかったのに、イタリアの政治環境に息苦しさを感じたのである。

サルファッティとの突然の絶交の理由は明らかではない。ラケーレの執拗な圧力は一因であろうが、反ユダヤ的傾向を強めてきたムッソリーニはユダヤ系の女性と友好関係をもつのは好ましくないと思ったのであろうという推測もある。とにかく、サルファッティはムッソリーニに対する自分の影響力をあまりにも誇示するようになっていた。例えば、彼から一日何回も電話がかかってくると強調して、「彼は私がいなければ、生きていられないわ」とコメントを付け加え、「ベニートはとってもかわいいわ。私が言うことをなんでもやってくれるのよ」とまで自慢していた。年上だったサルファッティはムッソリーニに対して母性愛に近い感情を抱き、田舎者だった彼にいろいろなものを教えたことで無意識のなかにも優越感が働いたのであろう。そしてもはや彼から愛されていないことを悟ったので、かえって自分の立場を強調しようとした。しかし、このような話が伝えられると、「帝国の創立者」という肩書を得たムッソリーニが憤慨するのは当然であった。そして、彼女とすべての関係を断つことが賢明であると判断したのであろう。

政治面からも、ムッソリーニにとってサルファッティは負の存在になってしまった。政権獲得後、彼女は知識人、とりわけ芸術家をファシズムの周辺に呼び寄せるのに貴重な役割を果たした。ムッソリーニは文化問題について彼女の意見をよく参考にしていたが、サルファッティはそれを利用して、党の芸術政策の担当者になろうとし、党幹部との軋轢が絶えなかった。特に彼女が後援していた「ノヴェチェント(二十世紀)派」にファシスト党公認の芸術派の資格を与えようとした。すでに未来派にその立場を認めるようにマリネッティから執拗な要請があったが、それを退けたムッソリーニは、サルファッティの策略も許せなかった。

さてバラバノーヴァとの関係を断ってから、サルファッティとの関係が本格的になっていないうちに、ムッソリーニは他に二人の女性と微妙な関係を結んだ。その一人のレーダ・ラファネーリは、ムッソリーニの女性関係のなかで、異質の存在である。彼女の話によれば、ムッソリーニは執拗に彼女を口説いたが、例外的に目的を果たせなかったらしい。しかし、実際彼はこの関係においては、性的側面よりも、風変わりなレーダの人物そのものに好奇心をもったようである。

若いアナーキストのレーダは、イスラム教徒を自称し、自分の周囲にイスラム教と仏教の混合した東方的情緒を醸し出そうとしていた。一九一三年、レーダは初めてムッソリーニの講演を聴き感激し、遂に本物の社会主義者を見た、とアナーキスト系の雑誌上で熱狂的に訴えた。「彼は、勢いよく粗削りで、細かく仕上げないうちに突進する、乱暴で偉大な芸術家である。しかし彼が与える感銘は心に残り、彼の言葉は脳裏に刻まれる」。ムッソリーニはこの記事への感謝の手紙を出したが、彼女も手紙で彼を自分の所に招待した。ムッソリーニは二人きりならば伺うと述べ、付け加えて書いた。「貴女を喜ばせるかどうかわかりません。二人きりのほうがよいと思います。何故なら貴女は他人と違って私のことをよく理解してくれているからです。私たち二人の間に、何かが生じたと感じています。あるいは間違っているのでしょうか」。やはり彼は手っとり早い関係を予感していたようである。

レーダがムッソリーニを迎えた部屋には、ソファとクッションがあり、香の匂いが満ち溢れ、火鉢にコーヒーが沸くトルコ風の雰囲気が溢れていた。ムッソリーニはこの演出に多少困惑した。レーダは彼が東方宗教と神秘主義についてほとんど知らないことをすぐに悟った。彼はレーダが教えてくれる東方的な品々についての知識に興味をもっているかのように見せかけた。レーダは彼が内気で、人の意見に左右される面があることを感じたという。二人の交際は頻繁になり、一年以上継続したものの、中途半端なところで停滞して、結局それ以上は進展しなかった。

ムッソリーニはこのころ、彼の生涯のうちでも決定的な一時期を経験しており、自分の心境を打ち明ける相手を求めていたのであろう。『アヴァンティ！』の社説で発揮した激しいスタイルとは程遠い、ロマンチックで感傷的な手紙を彼女に送ったりもしたが、これらは当時の彼の心理を理解するための重要な資料である。しかし、ムッソリーニが参戦を主張したとき、二人の交際は突然終了した。レーダは中立主義に徹していたのである。しかし、この突然の絶交はあまりにも不自然である。もしかするとレーダは警察当局などの依頼でムッソリーニについて情報を収集していたのかも知れない。

レーダが消えた後、ムッソリーニに重大な問題を引き起こした女性、イーダ・ダルセルが登場した。彼女は美人とは言えないが背が高く好印象を与えるタイプで、頭がよく感受性に富んでいたが、精神的に不安定な女性であった。ムッソリーニは彼女とトレントで知り合い、一九一二年ミラノで偶然再会し、間もなく二人の間に関係ができた。一九一四年秋、彼がレーダと交際を断つと、さらにこの関係は深くなった。当時彼はまだラケーレと正式に結婚していなかったので、イーダは自分がムッソリーニの正妻になれるものと思い込んでいた。一九一五年十一月、二人の間に息子が誕生しベニート・アルビノと名付けられ、ムッソリーニがこの子供を認知して養育費を払うことにしたので、彼女はますます本気になった。

しかし、ムッソリーニがその間にラケーレと正式に結婚したことを知り、イーダは失望と嫉妬のあまり錯乱状態に陥った。彼女は発作的にラケーレを攻撃したし、ムッソリーニ本人を中傷する噂を振りまいた。ムッソリーニの首相就任後もイーダはなかなか諦めず、ローマ教皇やアメリカ大統領、イギリス国王などの世界中の要人に手紙を出し、ムッソリーニと結婚させてくれるよう支援を要請した。後にトレントの実家に戻ったが、精神的錯乱はますますひどくなり、それにアルコール中毒も加わり、精神病院に保護され、一九三七年、死亡した。一方ベニート・アルビノはムッソリーニの世話で教育を受け、海軍兵学校に入ったが、その後、彼も精神異常になり、一九四二年に病院で死亡したようである。

バラバノーヴァとの関係が疎遠になったとき、レーダ・ラファネーリが登場し、彼女の退場の後、イーダ・ダルセルが出現し、ダルセルとの絶交のあと、サルファッティとの関係が本格的となった。この筋書を見ると、ムッソリーニがラケーレ以外の女性と安定した関係を望み、妻と恋人という《二重体制》を無意識的に求めていたことが推測できる。つまり、人に対して警戒心が強く孤独を感じた彼は、性的な相手だけではなく、心を打ち明ける友人になるような女性を求めたのである。しかし、ラケーレをはじめ、彼が相手にした女性たちは気性が強く、すべての体験は失敗で終わったと言えよう。彼に必要であったのは、献身的でなんの私心もなく、もっぱら彼を精神的に支える慎ましやかな女性であった。そして、そういう女性が彼の前に突然現れたのである。

クラレッタとの運命的出会い

トルローニャ荘での生活に物足りなさを感じていたムッソリーニは仕事がない休日は特に孤独を感じていた。こうしたとき、車を運転するのが彼の鬱憤晴らしであった。一九三二年四月二十四日もこのような日曜日であった。彼は赤いアルファ・ロメオに乗り、よくドライブしたローマ近郊のオスティア海岸へとスピードを上げていた。途中で追い越した車に乗っていた若い女性は、ドゥーチェを認め、熱狂的な挨拶をした。彼は面白がってスピードを落とし、女性が乗っていた車に追い抜かせるようにした。ムッソリーニは彼女に挨拶を返し、もう一度スピードを上げて追い抜いた。そのまま二台は海に面している広場に着き、彼は車を降りた。もう一台の車も止まったが、降りてきた若い女性とその婚約者が、ドゥーチェに近づこうとしたとき官邸付警察官に制止された。そこでムッソリーニは通すように合図し、彼らと二十分ほど楽しく語らった。このようにして、当時ちょうど二十歳だったクララ・ペタッチは、子供のころから抱いていた夢、「ドゥーチェに会うこと」を実現したのであった。

クララ・ペタッチ（愛称クラレッタ）は一九一二年二月二十八日、ローマで生まれた。

貴族の末裔だったペタッチ家はローマの上流社会に属していた。父親フランチェスコ・サヴェーリオはローマ教皇庁首席侍医という名誉ある職業に就いていた。母親も有力な建設会社社長の娘であった。クラレッタは平均的な背の高さの美しい女性で、髪は巻き毛で黒く、目は灰色と緑色の中間で、足は子供のように小さく、脚線美と胸の豊かさが印象的であった。ムッソリーニは特にこの胸の豊かさに惹かれたようである。声は温かく深みがあり、子供の時の病気の後遺症で少し嗄れたところも魅力的であった。彼女は傾国の美女とまでは言えないが、スタイルがよく、無垢な清々しい美貌と活気あふれる私心のない性格には独自の魅力があった。クラレッタの趣味は音楽と絵画で、病弱ながらスポーツも好んだが、さらに当時の女性には珍しく車を運転した。

しかし、そんなクラレッタがもっとも熱心だったのはドゥーチェのことであった。母親の話によると、クラレッタが初めてムッソリーニに関心を示したのは一九二二年十月の終わりごろ、音楽教師の家の窓からローマに入る黒シャツ隊の進軍を見た時であるという。当時十歳だった少女の目に、ローマ進軍は新しい時代の始まりとして映ったのであった。翌年、ローマ郊外の別荘で修復工事の際、ムッソリーニをけなした職人に石を投げたという逸話もある。その後、彼女はムッソリーニのために詩を書いて送ったりした。一九二六年、ムッソリーニが暗殺未遂事件で負傷した時、十四歳のクラレッタは熱情的な見舞いの手紙を彼に送ったが、それは「ドゥーチェよ、貴方に命を捧げる」という熱烈な言葉で締めくられていた。

ムッソリーニは自分宛の手紙をなるべくは読んでいたが、この事件の後には数千通もの手紙が一度に寄せられたので、クラレッタの手紙は恐らく彼の目には入らなかったと思われる。しかし彼は、一カ月後クラレッタが贈った、イタリア国旗の三色のリボンで結ばれた詩集は読んだかも知れない。クラレッタはこの詩集についてムッソリーニの感謝状を秘書官房から贈られている。しかも、クラレッタの話によれば海岸での最初の出会いの際、自己紹介した彼女にムッソリーニは「貴女から詩集をもらいましたね」と言ったという。これは十分にあり得る話である。ムッソリーニは驚異的な記憶力をもっていたし、教皇庁で要職に就いているクラレッタの父の名前を知っていたはずだからである。

出会いの後、クラレッタは大いに興奮した。ムッソリーニと知り合っても失望を感じることはなく、ドゥーチェは全く彼女が想像した通りのすばらしい人物であった。「力強い風貌、飾り気のない微笑み、活気に溢れた目つき」と家族に語った。しかし、彼の方でもクラレッタから好印象を受けていたのであった。果たして、二日後ペタッチ家の電話が鳴り、ムッソリーニ自身が「オスティアでお会いした者ですが」と名乗り、クラレッタと話をしたいと言った。完全にあがってしまったクラレッタに、ムッソリーニは「貴女のことを思って二日間眠れなかった」と言い、また「詩集が見つかりましたので夜七時にヴェネツィア宮に来て下さい。一緒に読みましょう」と誘い、前もって母親の許しを得るようにと付け加えた。

この電話が、ローマ上流社会の良き家族を混乱に陥れたであろうことは容易に想像できる。ムッソリーニの招待を拒否するわけではなかったが、ムッソリーニの女性遍歴は有名であり、母親は特に「眠れぬ夜」の話にどきっとした。とはいえ、クラレッタはイタリアの法律によれば未成年であったから、ムッソリーニが彼女に手を出すとも考えにくかった。実際、この会見の際彼は極めて紳士的に振る舞いつつ、オスティアでの出会いで特別な印象を受けたことを強調した。単なる口実に過ぎなかった詩集は秘書官房がまだ準備していなかったので、次回に読むことになった。

二十日後、ムッソリーニは再びクラレッタをヴェネツィア宮へ呼び出した。今度は自分の心を打ち明けた。「貴女は私の心に、春の気配をもたらした……私には誰も友達がいないのだ。私は一人ぼっちだ。家族とも気が合わない。私の仕事の慰めに、貴女の微笑み、貴女の澄んだ目、貴女の明るい魂の一かけらを与えてはくれまいか」。彼は真剣であった。もう五十に近づいた彼は、ドゥーチェに対する熱心に燃えるこの清い少女を性的な対象として考えたのではなくて、彼女に自分から遠ざかりつつある若さや、政治的天命のために犠牲にした個人の小さな幸福を見つめたのであった。しかも、クラレッタは青年ファシストの生きた姿でもあった。多分その時点で自覚してはいなかったであろうが、ムッソリーニは五十の男ならではの情熱で恋に落ちてしまった。

それから、ヴェネツィア宮へのクラレッタの訪問は頻繁になった。ムッソリーニは彼女と長い時間語り合い、自分の心を打ち明けた。自分の生涯、特に若いときの政治活動についての話が多かったが、時局について触れることもあった。しかし最初の四年間、二人の関係は親愛な交友の域を出ることはなかった。それどころか、その間クラレッタの結婚で交遊は一時中断された。彼女は一九三四年六月にリッカルド・フェデリーチという空軍将校と結婚した。クラレッタが結婚したならば、もう会うべきではない、と言い出したのはムッソリーニのほうである。

しかし結婚生活は初めから順調にいかなかった。実際、クラレッタのほうは自分が彼を愛していると信じ込んでいたが、リッカルドはあまり熱心ではなかった。早くも新婚旅行の帰りにリッカルドは性的不適合を理由に別居したいと言い出したが、スキャンダルを懸念したペタッチ家の圧力で結婚生活は暫く続けられた。しかし、リッカルドはこの妥協への不満のせいか、よく暴力を振るい、二人の間には夫婦喧嘩が絶えず、クラレッタは何度も夫に殴られて、一度は大怪我もした。とうとう翌年、クラレッタは実家に戻った。一九三六年二人は法律上の別居が決定したが、当時イタリアでは離婚が認められていなかったので法律上は夫婦関係が続いた。その後、ムッソリーニとクラレッタとの関係が噂されるようになると、夫のフェデリーチは不愉快を感じ、駐在武官としてなるべく遠い外国へ派遣されるようにクラレッタを通じてムッソリーニに依頼し、一九四〇年には、駐日イタリア大使館の武官として東京に赴任した。

さて、ムッソリーニは一時クラレッタを遠くから見守っていたが、結婚が失敗したことを知るや、また彼女に近づいた。一九三五年夏以降クラレッタは再びヴェネツィア宮を訪れるようになった。エチオピア戦争へ向かっていたこの微妙な時期、彼は何でも話せる聞き役を求めていたのであった。そして、クラレッタが夫と法的に別居したことをムッソリーニに告げたとき、二人の関係は急に変わった。彼は全く文学青年のように、ペトラルカの詩を引きながら、自分の愛を彼女に打ち明け、クラレッタは当然、愛を受け入れた。二カ月後、ムッソリーニの求めに従って、クラレッタは母親とともにヴェネツィア宮を訪れた。彼は直ちに何の遠慮もなく「奥様、お嬢様を愛することをお許し下さいますか」と母親に尋ねた。この唐突な質問に驚いた夫人は唖然とし、「ドゥーチェ、貴方がすでに彼女を愛していることを知っていますが……」と言うことしかできなかった。しかし、ムッソリーニは母親の許しを得るまで自分の要請を執拗に繰り返した。

その後、二人の関係は日常的なものとなった。クラレッタは毎日昼過ぎにヴェネツィア宮を訪れ、裏口から入って専用エレベーターに乗り、専用の部屋でムッソリーニの訪れを待っていた。彼は大体執務終了後の夕方に訪ねてきたが、たまには執務中の時間を割いて慌ただしい逢瀬をもつこともあった。二人の関係は間もなく噂となり、クラレッタのもとにはムッソリーニへの口添えを依頼する国民からの数多くの手紙が届くようになった。そこで彼はクラレッタに一定の予算を与え、それらの請願を処理させるようになった。クラレッタは毎日午前中は増えるばかりの手紙を精力的に読んで、行政措置が必要な場合は担当官庁に働きかけたり、単なる金銭的な援助の要請の場合、その予算で対応したりした。

しかし、間もなくクラレッタの周囲には彼女の名声を利用して地位を高めようとする連中が集まり、また彼女の名を騙《かた》って金儲けを企む連中まで現れ始めた。特に軽率で野心家だった弟マルチェーロはうまい話によくつられて、姉の名を利用してあやしい取引に巻き込まれたことで悪い評判を得ていた。世論は彼女の力を過大評価し、ムッソリーニの決定がクラレッタの影響でなされると噂した。実際は、これは空想に過ぎず、ムッソリーニは政治問題に関して女性に耳を貸すことはなかった。まれにクラレッタが自分の意見を述べようとしても、直ちに退けられるのであった。

もともと慎ましく、何よりもムッソリーニの反感を買うことを恐れていたクラレッタは、政治的な駆け引きからは自ら距離を置いていた。彼女の口添えで解決できた問題は個人問題に限られ、そのために感謝のプレゼントを贈られたこともあったが、ムッソリーニから高価なものは貰ったことはない。何千足もの靴とか、何百着もの服とか、宝石とか別荘とかが彼女に与えられたと噂されたが、実際ムッソリーニは女性に対してはけちであって、廉価なもの以外買い与えることはなかった。クラレッタに対しても彼は大変わがままで、クラレッタは彼のために献身的に尽くしたが、その報酬は慌ただしい逢瀬だけであった。

しかし彼女はそれ以上の何も求めることはなく、たとえ短い間でも彼にくつろいだ一時を与えられれば幸せであると感じていた。彼女の献身的な態度には単なる恋愛感情だけではなく、イタリア人として、ファシストとしての使命感も働いていた。

日増しに孤独感を深めていたムッソリーニにとって、クラレッタとの関係はますます重要なものとなっていった。会えないときも電話で話し合った。この電話は警察が記録しており、その記録やクラレッタの日記は当時のイタリアの政治事情を知るために重要な資料となっている。クラレッタが一度子宮外妊娠で瀕死の状態になったとき、心配のあまり慌てた彼は初めてペタッチ家を訪問し、その後も何度か訪れるようになり、父フランチェスコ・サヴェーリオと親しくなった。この子宮外妊娠のために彼女は不妊症となり、二人の間にはついに子供が生まれなかった。

第二次世界大戦の戦況の悪化とともに、二人の関係は険悪になった。ムッソリーニは意気消沈していらいらしていたが、クラレッタはこうした態度の変化を、愛情が冷めたのではないかと彼を責めたり、嫉妬深くなったりして、崩壊しつつある体制を心配して政治的問題について進言を始めたので、クラレッタもムッソリーニにとって癪の種となってしまった。しかも彼女やその取り巻きたちに関する噂話が彼を憤慨させた。とりわけ、夫ガレアッツォ・チャーノの失脚をクラレッタの陰謀の結果としていた長女エッダは彼女との関係を断つよう、父親に強要した。ついにクラレッタもサルファッティと同様、ヴェネツィア宮への立ち入りを禁じられた。二人の関係は後に戻りはしたものの、この一度目の絶縁のしこりは暫く残っていた。しかし、二人を結んだ絆はすでに断ち難いものになっていた。ムッソリーニは近いうちに、自分にとってクラレッタがどれほど大事な存在であるのかを悟ることとなる。そして、クラレッタは、少女の時の手紙に誓ったように、ドゥーチェに命を捧げる日も遠くなかった。

第六章　試練としての戦争

エチオピア戦争

ローマの南に横たわっていたポンティーネ湿原の干拓はムッソリーニ政権が残した大きな業績の一つである。この湿原は南北交通に対する重大な支障となっており、またその周辺の地域に猛威を振るったマラリアの原因ともなっていた。ローマもこの悪疫に悩まされ、初代イタリア国王ヴィットーリオ・エマヌエーレ二世もローマ遷都の後この病気に罹って死亡している。

ポンティーネ湿原の干拓はローマ時代から何回も試みられ、その都度失敗していたが、今日では湿原のあった地域には豊かな農地六万ヘクタールが広がり、穀物やぶどう・野菜・果樹などが栽培されている。新しい州が誕生し、四つの都市も建設されている。一九二九年に始まったこの大事業は、集中作業と作業員の熱意により短期間に完成したのであった。最初の新しい都市リットーリア市（現在ラティーナ市）は一九三二年十二月に誕生した。この時ムッソリーニは干拓事業を戦争に喩えた。「即ち我々は我らが第一の戦闘に勝ったのである。（中略）ここに我々は新しい地方を征服したのである。ここに我々は戦争の真の、又本来の仕事を導き来たったのであり、又導くであろう。これこそ我々が愛する戦争である！」（村松正俊訳『ムッソリーニ全集』第九巻）。

それからちょうど二年後の一九三四年十二月、事業が完成し、リットーリアがイタリアの九十三番目の県庁所在地としての誕生を祝う儀式では、戦争の比喩はさらに強調された。干拓・開発事業に使われたトラクターやその他の耕運機は戦車の如く配置され、新しい農地を与えられた元兵士たちは鉄兜・黒シャツに徽章の出で立ちで林立する国旗の中を行進し、その後ろに軍歌の演奏に合わせて、ファシスト義勇軍と青年団体、小学生団体、少女団体が続いた。その折にムッソリーニが行なった演説はこのようなものであった。「我々ファシストにとっては、勝利よりも戦いが大事である。何故なら揺るぎない意志を以て戦いに臨むとき、必ずや勝利の栄冠を勝ちうるだろうからである」。また、付け加えて「我が民族は、武器を以て最大限に強くあらねばならない。何故なら畝を起こすのが鋤ならば、畝を守るのは剣だからである」。

ムッソリーニは、《戦い》こそ最高の人間教育の場であり国民精神形成の機会である、と考えていた。この確信の背後には、もともと労働者の自覚と向上の手段として社会闘争を重視する空想的社会主義があり、さらにソレルの暴力論とニーチェの超人思想があった。しかしその底流には何よりも、かつて見たこともなかった国民の統合を創出し民族意識の形成を促進した、あの第一次世界大戦の経験があった。この戦争は民族への強い帰属意識をもつ「塹壕の世代」を生み、イタリア社会を一新したのである。ムッソリーニ自身もこの戦争の所産であった。何世紀も異民族による支配を経験したイタリア人は、戦闘的精神を失い自信をなくしていた。その国民の性格を強化するためにも《戦い》が必要である、とムッソリーニは考えていた。彼にとって戦争は、拡張政策の手段というよりは教育方法であった。

「ファシズモの原理」で「戦争のみがあらゆる人類の精力を緊張の極度に達せしめ、之に対抗する力のある国民に尊貴の印を捺すのである。すべてのその他の試練は代用物であって、生か死か何れという中に於て、人間を自己自身に面せしめないのである」(村松正俊訳)と述べている。この文章はムッソリーニの《戦争論》の大要である。戦争とは、民族精神の形成の場であると同時に、人間に自己意識を悟らせる試練でもある。それはファシズムの「生の哲学」の中核である。戦争は国家間紛争の解決方法としての具体的な事象ではなく、むしろ《戦闘》の精神という人間の価値観である。

この「生の哲学」は根本的に「永久平和」の価値観の対極である。平和主義は《闘争》と《犠牲》の否定であるが、これらはファシズムの世界観の根本的な観念である。「此の反平和主義的精神をファシズモはまた個人の生活の中にも移し込む。（中略）かくしてファシスタは生命を是認し、之を愛し、自殺を無視し、之を卑しいと思う。生活を義務、向上、征服として理解する。その生命たるや高く、充実したものでなければならない。自己の為に、だが特に近い又は遠い、現在又未来の他人の為に生きなければならない」と、「ファシズモの原理」でムッソリーニは自分の《戦争論》を終えている。

国民精神を強化するためには、平和のなかでの戦いにも大衆を動員し、精神的昂揚状況を生み出す大きな国家的事業も役に立つと考えた。そのために食糧自給率向上を目指した小麦生産促進計画も「麦のための戦い」と称せられたのである。ここにこそ「我々が愛する戦争である！」という言葉の意味がある。

しかし、本物の戦争も迫っていた。一九三五年十月イタリア軍はエチオピアに進出し、国際連盟による経済制裁にもかかわらず、巧妙な作戦により翌年五月までに全土を制圧した。この戦争がもたらした国際危機が悪化しないうちに一日も早く勝利を収めなければならなかったムッソリーニは毒ガスの使用も辞さなかった。五月九日、情熱に駆られたイタリア人にムッソリーニは「ローマの運命的な丘に帝国が復活する」ことを告げたのである。

エチオピアでの勝利は、ムッソリーニへの国民の支持を絶頂にまで押し上げた。国内の反対勢力は事実上いなくなり、海外へ亡命した反ファシスト分子の多くも帰国した。イタリアの力を誇示することに成功したファシズムに、イタリア系アメリカ人も全面的に賛同した。ムッソリーニは国民意識形成の手段としての戦争という自分の哲学が証明されたと思った。敵の軍事力よりも、自然環境のために苦しんだこの戦争ではイタリア軍とりわけ義勇軍の黒シャツ隊は強い戦闘意識を示した。しかも一般の国民も見事に戦時の精神的動員を果たした。

この戦争における勝利は、イタリア人の何世紀にもわたる屈辱感、とりわけ不公平と考えられたヴェルサイユ条約体制に対する雪辱を果たしたもの、と思われた。イタリア人は、祖国がアドゥワの屈辱を晴らしたのみならず、「五十二カ国による包囲」と称された世界のほとんどの国の反対を押し切り自国の主張を通すことのできる一流国家になった、とも感じていた。すなわちエチオピア侵略に対する国際連盟の経済制裁は、自らの権利を主張するイタリアを封じ込めるため、諸列強が全世界を動員して圧迫を加えているのだ、と受け止められ、国民の自尊心を刺激したのであった。数年後ムッソリーニ自身が、イタリア史におけるこの戦争の意味を的確に説明している。「イタリアは一九三五年十月二日から一九三六年五月九日までの間、歴史上でもっとも劇的な、もっとも猛烈な、もっとも光に自分自身の経験を、今もあの八カ月間は、自分自身の経験した叙事詩のごとく残っている。何もかもが揺るぎなく、決意強く、男らしく、国民的な時であった。そして今から見ると、イタリア人の魂が示した美しさや詩的感覚や輝かしさを考えると、何もかもがロマン的であった！　あの戦争ほど共鳴を呼んだものはなかった。あの時ほど純正なる情熱はなかった。あの時ほど深い精神の統合はなかった」。

反面、エチオピア戦争は外国におけるムッソリーニとファシズムのイメージを損なった。ムッソリーニは小国を侵略した暴力的な独裁者と見えてきた。特に、反共の戦士としてムッソリーニを評価した英米の保守派は、今度は国際秩序を乱す信頼できない政治家として彼を警戒するようになった。日本でも、ムッソリーニとファシズムに対して好感を抱いていた日本主義者の一部は、エチオピア戦争をヨーロッパの植民地主義の典型的な例として非難し、一時反イタリア感情が高まった。アメリカ合衆国の黒人の中にも反イタリア感情は激しくなり、黒人とイタリア系アメリカ人との間の関係は緊張し、戦争の間毎日のように衝突が繰り返された。しかし、黒人のなかから意外にムッソリーニに共鳴する人物が出た。それは当時パリを風靡していた女優ジョセフィン・ベイカーであった。彼女は「ムッソリーニは黒人を救済する人物です。黒人奴隷制度を打破したのです」と断言し、黒人に向かって、「世界の黒人よ。貴方たちの姉妹、ジョセフィン・ベイカーに耳を貸してください。もしムッソリーニと戦うために入隊すれば、自分の人種を援助するどころか、あの偉大なるイタリア人が全滅させようとしている奴隷商人に協力する結果になるでしょう」と訴えたのである。エチオピアで奴隷制度が残っていたのは事実であり、イタリアの宣伝は戦争の結果、奴隷制度がなくなることを強調していた。当時のイタリア人はエチオピア戦争を単なる植民地戦争として理解しないで、奴隷制度や専制的な政権の下に喘いでいた原住民に文明をもたらす使命感を抱いていた。

しかしエチオピア戦争は、より長くより大きい戦争の始まりとなった。今やイタリアはヴェルサイユ体制に対し真っ向から挑戦したのである。ムッソリーニは得意の外交能力により列強にエチオピア併合を認知させることには成功したし、イギリスとの関係も一応改善させたものの、彼の政策はもう引き返せないところまで来ていたのであった。エチオピア戦争をきっかけに、ドイツへの接近が始まり、この戦争の終結から数週間後に始まったスペイン内乱に際し、イタリアとドイツはフランコ軍を援助し、フランス、イギリス、アメリカ、ソ連が人民戦線を支持した。これでヨーロッパにおける第二次世界大戦の両陣営の布陣が整えられてきた。

ファシズムとナチズム

イタリアとドイツとの接近は二つの国家間に同盟をもたらしただけではなく、ファシズムとナチズムとの思想的連結と、二人の指導者、ムッソリーニとヒトラーとの間に個人的人間関係も生み出した。これは個人的関係が政治問題に影響を及ぼすことを極力避けたムッソリーニにとって例外であったが、二人の指導者の友情が、国家間の同盟や思想間の親近性を強調するようになった。

ヒトラーがムッソリーニに対して感じた友情と尊敬はよく知られている。彼は、自分も感化を受けた普遍性をもつ思想運動の創始者としてムッソリーニを高く評価し、自分の師匠として仰いでいた。ムッソリーニが未だ政権に就いていなかった一九二二年九月、ドイツに当時多く見られた群小右翼団体の一つに過ぎなかった国家社会主義ドイツ労働者党（ナチ党）はすでにファシスト党と連絡を取り始めている。またヒトラーは『我が闘争』でもファシスト革命を高く称賛している。一九二七年、駐独イタリア大使館を通じ、彼はムッソリーニに署名付き写真を求めたが、これは拒絶された。単なる政治運動の首領ではなく一国の首相だったムッソリーニは、他国の革命運動の指導者に署名付き写真を贈ることを賢明としなかったからであろう。

後に一九三七年、ムッソリーニがドイツを訪問した時もヒトラーは、自分でムッソリーニの宿泊予定の部屋を調べ、細かく検討して「俺の師匠を迎えるのだ。すべてが完全でなければならない」と側近に指示を与えた。そして、ベルリンの広場でムッソリーニの記念像を造ることが計画されたとき、ヒトラーは自らその図案を描いた。ヒトラーも、側近に対して距離を置き、孤独を感じていた男であったから、ムッソリーニを唯一の友人と思い込んでいたようである。実際ムッソリーニは、彼に対してある程度の影響を与え得た唯一の人物であった。第二次世界大戦中にドイツの要人たちは、よく彼にヒトラーへの助言を求めた。

しかし逆にヒトラーに対するムッソリーニの感情はそれほど深いものではなかった。ムッソリーニはヒトラーの延々と理屈っぽい話をする傾向が気に入らなかった。しかも第二次世界大戦になると、イタリアの戦況の悪化に伴い、ムッソリーニはヒトラーとさらに困難な問題を取り扱うようになったため、この同盟者との会合はますます彼にとって重荷となってしまった。ところが、こうした精神的距離はあっても二人の間には友好関係が成立していたことは確かである。ムッソリーニがドイツ語を話せたことが、この関係の成立に大きく関わっていた。彼らは当初から、重要な問題に関しては通訳なしで二人で直接話し合っており、したがってこの二人の直接会談の詳細な記録は残っていない。後にルーズヴェルトはスターリンとチャーチルとの三者間の個人外交を唱えたし、現在もサミットなどで個人外交が演出されているが、実にムッソリーニとヒトラーの関係こそはこうした外交の先駆けであった。この点からもムッソリーニは、新しい時代にふさわしい外交を展開した政治家であると言えるかも知れない。

二人の独裁者の最初の会談は、ヒトラーの政権獲得から一年半後、一九三四年六月十四、十五日の二日間、ヴェネツィアで行われている。ヒトラーにとって首相として初めての外遊であった。会談は通訳を入れないで二人だけでドイツ語で行われ、記録は残っていないが、成功裡に終わったとは言えないようだ。ムッソリーニがヒトラーについて悪い印象を受けたと言われているが、実際は好印象を受けたわけでも、反感を抱いたわけでもなかった。ムッソリーニはヒトラーの第一印象として、好感を呼ぶような人間ではないが、頭の回転が早く弁も立ち、信念の強い人物である、と家族に語った。またヒトラーが自分に示した友情を誠実なものとも感じていた。ムッソリーニがヒトラーに対して隔たりを感じたのは、思想とか人間性とかではなくて、具体的な政治問題に関してであった。ヒトラーの訪問の主な目的はオーストリアの併合についてムッソリーニの同意を得ることであったが、ムッソリーニは毅然としてオーストリアの独立を主張した。

しかし、このすぐ後、ムッソリーニに反感を抱かせた二つの事件が起きた。まず、六月三十日のレームその他のナチス突撃隊の粛清である。この冷酷な虐殺はムッソリーニに深刻な衝撃を与えた。妹エドヴィージェと長男ヴィットーリオの話によると、彼は家に帰り、「あの男は野蛮人だ。あの殺し方は何だ。しかも、彼らは自分のもっとも勇敢な仲間であったのに」と、興奮した状態で家族に訴えた。しかし、あまり反応がなかったので「俺が、自分の手で、バルボやグランディやボッタイを殺すようなものだ」と付け加えた。「残念ながら、貴方にはそんな勇気がないのよ」と、ラケーレは食い込んだ。ムッソリーニはがっかりして、自分の部屋へ退いた。ラケーレはかねてから側近に対するムッソリーニの甘さについて批判的であった。そして、直感的にヒトラーに対して好感を抱いていた。しかし、そのムッソリーニは数年後、一時自分の後継者にしようと思っていた娘婿チャーノについて幻滅したとき、まだ後継者になれると思い込んでいた彼にフランスの雑誌を渡し、「レームの粛清についてよい記事が載っているので、読んでみたら」と言った。チャーノが「その事件についてはよく知っているので、別に読みたくない」と答えると、「お前のためになるので、読んだほうがいい」と言い返した。チャーノは雑誌に目を通してドキッとした。その見出しにはこうあった「レームが殺されたのは、ヒトラーの後継者になりたかったからである」。ムッソリーニはこのようなブラック・ユーモアが好きであった。

その後、七月二十五日ドイツの支援を受けたとされているクーデターでオーストリア宰相ドルフスが殺害されたとき、ムッソリーニは激しく憤慨した。ヒトラーがオーストリアのナチ党の決行を前もって知っていたかどうか明らかではないが、ムッソリーニは直感的に彼に疑惑をかけ、会談から一カ月ばかりたってからのこの敵意ある行動によって、ヒトラーの真意を疑い始めた。しかも、彼はドルフスと友好関係にあり、暗殺の際もその妻子は彼の別荘を訪問中であった。ムッソリーニはこの暴挙を個人的な挑発として受け止めた。二国間の関係は危機の崖っぷちに立たされた。イタリア軍が国境に展開し、孤立したヒトラーは一時併合を断念せざるを得なかった。

実際、ナチス・ドイツに対するムッソリーニの心境は複雑であった。彼が常に高く評価してきたドイツという国家に、ファシズムに親近感を示す運動が起こっていることには喜ばざるを得なかった。また外交面でも、ヴェルサイユ条約の改正を要求するドイツの姿勢に彼は理解を示した。しかし、ムッソリーニにとっては、思想に基づいた同盟関係が自分を束縛することは好ましいことではなかった。何よりもオーストリア問題が二つの体制の接近にとって障害となった。ヒトラーは自らの祖国オーストリアをドイツに併合する意志を表明していたが、オーストリアの独立を保護することは当時のイタリア外交の基本方針であった。この問題が解決されない限り、イタリアとドイツとの接近は不可能であった。

しかしその後、エチオピア戦争に対する経済制裁と国際的孤立のなかで、すでに国際連盟から脱退していたドイツがイタリアを援助したことから、ムッソリーニはじめイタリア人全体がドイツの姿勢に好意を感じ始めた。一方エチオピア戦争はイタリア外交の大きな転換点であり、思想的親近感を別にしても、ヴェルサイユ体制の修正を主張するこの二カ国間の提携は時代の趨勢でもあった。この趨勢の前には、オーストリアの独立にこだわることはもはや無意味である、とムッソリーニは判断した。

もっとも、オーストリアの国民の大半は併合に賛成であった。「ハプスブルク帝国の残骸の最後の番兵役を私が果たすものではない」と彼は長男ヴィットーリオに漏らしたという。実はムッソリーニは一九一九年にドイツ民族統一への支持を表明しており、オーストリア独立支持は彼以前のイタリア外交路線の遺産であった。ムッソリーニがオーストリア併合を承認したとき、ヒトラーは感謝の電報を打ち「ドゥーチェ、一生忘れられないことだ」と述べた。一方ムッソリーニも、エチオピア戦争の際のドイツの支援に対し恩義を感じていた。このようにして二人の間には相互信頼に基づいた友好関係が生まれたのであった。

両国の関係が決定的に強化されたのは、一九三七年九月のムッソリーニのドイツ訪問の際であった。ムッソリーニはドイツ各地を歴訪し、どこでも盛大な歓迎を受けた。彼はナチ党の高度な組織力とドイツ軍の強大な戦闘力を自分の目で確かめ、大きな感銘を受けた。この訪問の頂点は、前年にオリンピックが開催されたベルリンのマイフェルトで行われた演説会である。この集会は、三千本の旗の下におよそ百万人の聴衆を集めた大規模なものであった。ヒトラーは短い演説でムッソリーニを「歴史に作られたのではなく、歴史を作る得難い人物」として紹介した。

ムッソリーニはドイツ語で演説を行なった。緊張のせいか発音の間違いで幾つかの言葉が分かりにくかったものの、彼のドイツ語は完璧に近く、聴衆に深い感銘を与えた。彼は、イタリアとドイツは同じ時期に統一国家になった史実を指摘して、二つの国と二つの革命を結ぶ友好関係を強調し、「ファシズムとナチズムは、同じ世紀に同じ行動で統一を獲得し、復活した、我々の民族の生命を結ぶ、この歴史的展開の並行性の表現である。（中略）我々は世界観の多くの部分を共有している。意志が民族の生命を決定する力であり、その歴史を動かす原動力であることを我々は確信している。（中略）したがっていわゆる史的唯物論がその政治的・哲学的副産物の論理を拒絶している。ファシズムとナチズム、両者ともあらゆる形での労働を人間の気品の印として讃え、両者とも青年を頼みとし、彼らに規律・勇敢さ・強靭さ・愛国心や安楽な生活に対する蔑視を美徳として指し示している」と語った。そして最後に、こう断言した。「ファシズムには守るべき倫理がある。その倫理は自分の個人倫理でもある。それは包み隠さず明確に発言することであり、友があれば最後までもろともに進むことである。今日世界に存在する、最も大きく最も純正な民主主義国家はドイツとイタリアである。明日はヨーロッパ全体がファシスト化されるだろう」。

時折降ってきた激しい雨にもかかわらず、聴衆は熱烈な喝采をムッソリーニに送った。ドイツ人は同盟国がないことを常に憂慮してきたが、その心理の微妙な部分に直接訴えた重みある友情の誓約に、聴衆は感動していた。実際にムッソリーニは最後までこの誓約を守ったのである。彼は、個人やファシスト党の指導者としてではなく、イタリア人として誓約したのである。同盟に対する忠誠を守ることで、新生イタリアが容易に同盟を覆す道徳観のない国ではなくなったことを示そうとしたのであった。その夜ムッソリーニは、クラレッタへの電話で「凱旋のような大成功だった！」と語っている。

両国の間の不信感はこれで取り除かれた。ムッソリーニはドイツの力を信じたし、短期間でドイツを再生させたヒトラーに感心せざるを得なかった。両民族はこれから歩調を合わせて前進しなければならない、と彼は確信していた。一方ヒトラーも翌年五月イタリアを訪問し、両国関係のさらなる強化が図られた。彼は、ナポリ海岸での大々的な観艦式で八十隻の潜水艦が共に潜没し、共に浮上するという壮大なデモンストレーションを見て、イタリア海軍の能力に深く感心した。反面、ムッソリーニが国王の臣下の座に甘んじていることが、彼には不満であったようである。

ユダヤ人を差別する規定も含む人種保護法の導入はイタリアとドイツとの接近の一つの所産とされている。人種政策、とりわけユダヤ人に対する措置の導入について、ムッソリーニがナチス・ドイツの政策と歩調を合わせることも念頭にあったことは事実である。ファシスト党のなかでそれを要求する声も多かった。とはいえ、ファシズムの人種政策は単なるドイツの猿まねではなかった。すでに一九二一年の戦闘ファッショ大会の基調講演でムッソリーニはファシズムが人種の問題と取り組まなければならないことを指摘した。同じ年にイタリア族は地中海系のアーリア人であることも断言した。しかし、イタリア・ファシズムでは《人種》というものは生物学的な意味を取らず、精神的・文化的な特質の蓄積として理解されていた。したがって、「ファシズモの原理」では《人種》ではなく、より正確に《血統》という用語が使用されている。「(民族は) 人種でなく、地理的に区別された地方でなくして、歴史的に永続する血統、一つの観念によって統一された多衆である」（村松正俊訳、ただし原文の「民族」を「血統」に訂正）。

また、ユダヤ問題に関して、ムッソリーニはユダヤ人を特に好まなかったものの、反ユダヤ的感覚も抱いてはいなかった。もともと、彼の知的形成のなかでは、マルクスから始まるヨーロッパ左翼の反ユダヤ思想も働いたと思われる。人種的・宗教的な要素に基づく右翼の反ユダヤ主義と違って、社会的な側面に基づき、搾取的な資本家としてユダヤ人を非難するこの感情は、ムッソリーニを感化したフランスの左翼に特に強かったが、彼の言動には反ユダヤ的感覚は見当たらない。例えばバラバノーヴァやサルファッティのような、彼に強い影響を与えた女性たちがユダヤ人であったことも注目される。ファシスト運動には、多くのユダヤ人が参加し、何人かが重要なポストも占めていた。ファシズムの思想家のなかにはユダヤ人のオリヴェッティもいた。実際、イタリアにはユダヤ人は極く少数で、社会的・政治的な問題になっていなかった。

第一次世界大戦の平和交渉の折、ムッソリーニは一時イタリアに対する国際ユダヤの陰謀を告発したが、その後はこの問題について言及せず、反ユダヤ感情を示さなかった。むしろ、ユダヤ教の自由を保障する法律を制定し、シオニズム運動に対して好意的な姿勢を示した。人種問題についてもエチオピア戦争は重要な転換をもたらした。一方、エチオピアに住み着くイタリア人が現地人に吸収されることが懸念されたので、人種隔離の措置が講じられた。他方、ユダヤ人組織は、特にアメリカで、ソロモン王の末裔を名乗っていた皇帝がいるエチオピアに同情して反イタリア的態度を示したことで、イタリアでも「国際ユダヤの陰謀」を懸念する声が上がってきた。ムッソリーニもユダヤ人がファシズムに対して敵意を抱いていると考えるようになった。しかも、ドイツとの思想的側面での交流によりファシスト運動に、とりわけ旧国粋党系思想家のなかにすでに存在していた反ユダヤ主義的傾向がさらに強化された。

ユダヤ人の人権を侵害する法律が導入されたことはムッソリーニ政権の汚点とされているが、規制はゆるやかなものであり、迫害の形を取ることはなかった。ムッソリーニ自身は、国際ユダヤの陰謀を告発しても、個人としてのユダヤ人に対し反感を抱いていなかった。例えば人種政策を導入する法律が制定された同じ一九三八年、ヒトラーに対する彼の働きかけの結果、ジークムント・フロイトが国外亡命に成功している。また、ファシスト党のもっとも極端な反ユダヤ主義者とされたファリナッチにすらユダヤ人女性秘書がいて、人種政策にかかわらず終戦まで彼の側で働いていた。

国際関係の観点から、ユダヤ人差別措置はそれほどの反響を起こさなかった。当時、欧米諸国の指導層には反ユダヤの偏見が根強かったので、反応は形式上の非難に留まった。西洋民主主義陣営は、ムッソリーニの反ユダヤ政策そのものを憂慮するよりも、それがドイツへの接近の証しとして受け止めたので非難したのである。

ムッソリーニにとって、ユダヤ人問題は、人種問題であるより、政治問題であった。全体国家のなかで独自性を維持し、強い連帯の意識に結ばれた集団の存在は認められない。とりわけ、その集団が国境を越える繫がりがある場合には。ムッソリーニの見解では、ユダヤ人問題の解決は全滅か国外追放ではなく、完全な同化であったようである。

最近、ホロコーストに関するムッソリーニの対応が問われているが、それは秘密裡に行われていたので、彼は知るよしもなかった。ただし、東欧等のドイツ占領地でユダヤ人の虐殺が行われている情報は彼に届いていたが、戦争の方針についてドイツとの関係が険悪になった以上、彼はイタリアの利害の保護に集中し、ヒトラーとの会談ではユダヤ問題に言及しなかったようである。

ドイツとの同盟から参戦へ

スペイン内戦も両国の協力をさらに深化させた。イタリアとドイツは軍隊を派遣し公然とフランコ側を支援し、その介入に明確な政治的・思想的な意味を与えた。スペイン戦争はイタリアとドイツの思惑通りに解決したが、一方でヨーロッパ諸国間の亀裂は深まり、衝突はもはや不可避となった。しかし、ヒトラーは状況有利と判断して直ちに行動を起こすべきであるとしたのに、ムッソリーニはむしろ政治的解決を図って時間を稼ごうとした。

ムッソリーニの慎重な姿勢の裏にはイタリアの戦争準備が整っていないという認識もあったが、それよりも、軍事的解決の場合、ドイツが指導権を発揮するだろうが、政治的解決の場合、ムッソリーニは自分が主役を果たせると思っていたことがあった。

したがって、一九三八年九月、ズデーテン危機によりヨーロッパでの戦争が不可避と見えたとき、ムッソリーニはそれを阻止するのに積極的に行動した。彼はイギリス首相チェンバレンの要請を受け入れ、フランス首相ダラディエを含めた四人で会談をもつことをヒトラーに提案した。ヒトラーは渋々受諾し、九月二十九日、四首脳がドイツのミュンヘンで会合をもった。この会談でムッソリーニは、前もってヒトラーから受けていた解決案を自分の妥協案として提示し、イギリス、フランスの同意を得た。ヒトラーも当然反論できず、合意は容易に得られた。この会談ではムッソリーニが主役を演じた。フランス語、ドイツ語、英語を十分に習得していた彼は通訳抜きで全員と会談し、外国語のできないヒトラーはムッソリーニに全面的に頼り切っていた。この時のヒトラーに対するムッソリーニの影響力は周囲の驚きの的であった。当時の駐独フランス大使フランソワ＝ポンセによると「ヒトラーはムッソリーニのそばに立って彼を見つめていた。まるで幻惑され、催眠術をかけられたかのように、ドゥーチェが笑うとき彼も笑い、ドゥーチェが顔をしかめるとき彼も顔をしかめた」。

ミュンヘン合意で国際政治におけるムッソリーニの権威は絶頂に達した。しかしそのすぐ後、急速に彼の転落が始まった。この合意は、戦争が回避されたということで、各国で歓迎された。ムッソリーニは帰国に際して、平和の救世主として熱狂的な歓迎を受けたが、戦争を不可避と考えていた彼は、この歓迎を不愉快に感じた。彼は、この歓迎をイタリア国民が戦闘的精神を欠いている証拠だと受け止めたからである。

一方でドイツとの同盟が、一九三九年五月二十二日ベルリンで調印された「鋼鉄条約」によって成立した。この条約は、どちらか一国が戦争に巻き込まれたとき他方に即時の軍事援助の義務を規定したもので、極めて強い拘束力をもったものであった。国際的に緊張の高まった時期に締結されたこの条約は、明らかに戦争への選択であった。国際政治におけるイタリアの立場を向上させ、国民精神を強化する、戦争という歴史的機会がいよいよ迫ってきたと、ムッソリーニは覚悟していた。しかし、両国は戦争が四、五年後に勃発すると予測することで一致しており、ムッソリーニは一九四三年までを戦争準備のための時間として求め、それについてヒトラーの同意を得た。

西洋列強との戦争が不可避であると、政権獲得以降ムッソリーニは認識していたが、イタリアの軍備が不十分である事実が、何とこのときに至って初めて明らかとなったのである。彼は、ヒトラー、スターリン、チャーチルらと違い、自ら軍事問題に直接介入せず専門家たる軍人に任せていた。それにエチオピア、スペイン両戦争の戦果がよかったことも手伝って、彼は世界大戦が不可避な時点まで軍備が不十分である事実に気づかなかったようである。ところが、これまでイタリア軍の強さを吹聴してきた軍首脳が、大規模な戦争勃発の可能性に直面したとき、急に態度を変えたのであった。統合参謀本部長バドリオは、海軍を除いてイタリア軍の準備は大幅に遅れており、一九四三年まで戦争突入は不可能であると文書をもってムッソリーニに知らせた。しかもイタリア軍の問題は軍備のみならず指導部の非能率にもあったが、統帥権は国王にあり、ムッソリーニには人事問題に関する発言権が少なかったという事情もある。とはいえ、一方で戦争を提唱しつつ戦争準備を軽視していたムッソリーニの責任が大きいことは争えない。

ムッソリーニの思想における戦争の意味を考えると、イタリアの戦争準備が十分でないという現実は、彼にとって大きな心理的痛手であった。イギリス・フランス・アメリカは、イタリア・ドイツ・日本を彼らの世界支配に対する重大な脅威と感じ、いずれ必ず戦争に訴えて抑えようとするだろう、とムッソリーニは確信していた。敵国の準備が整う前に、なるべく早く戦争を起こすのが得策であることも認識していた。しかしイタリアはその世界史的役割を果たせるほどの力をもっていなかった。たとえ戦争で勝利を収めても、ドイツに引きずられての勝利に過ぎないであろうし、そのような勝利から新しい国民が生まれてくるわけもなかった。こうしたムッソリーニの挫折感は、日増しに深刻なものとなっていった。

結局、事態が急展開するなかで、彼は傍観者の立場に追い込まれてしまった。そして、一九三九年八月にドイツがポーランド侵攻の決意を伝えた際、戦争は三、四年後という了解であったことを認めて、ヒトラーは彼にイタリア参戦を要求しなかったが、ムッソリーニは政治的感覚から、イタリアと彼自身の名誉のためにも参戦すべきであると考えた。しかし、準備不十分を理由に参戦に反対していた国王と軍首脳部の強い決意を打ち破ることはできなかった。ムッソリーニにとって屈辱の時期が始まった。

当時外務大臣で彼の信頼を受けていた娘婿チャーノの回顧によれば、ムッソリーニはドイツを見捨ててはいけないと思っていた。「全世界は「イタリア人は卑怯だ、戦争の亡霊を見てしり込みした」と言うだろう」と述べ、なかなか決心の臍《ほぞ》を固めず、最後まで迷っていた。独ソ不可侵条約締結によりドイツが優勢に立ったのを見て彼は参戦に傾いたが、ついには諦め、参戦見送りをヒトラーに通知した。チャーノは記している。「ドゥーチェは錯乱している。武人の本能と名誉の意識を感じる彼は戦いを欲していた。しかし理性が彼を止めた。だがそのために大いに苦しんでいる。軍事分野で永遠の平和を夢想しながら、彼に危険な夢を与えた側近たちは役立たずであった。今日、彼は厳しい現実に直面している。ドゥーチェは失意のどん底で喘いでいる」。

ヒトラーはムッソリーニの苦しい立場に理解を示し、自らイタリア参戦を要求していないことを発表すると決めた。ただし自分の発表まで不参戦の情報を秘密にすることを要求していたのに、チャーノが情報をイギリス大使に漏らしてしまった。ドイツは間もなく情報漏洩があったことを知り、イタリアへの不信感を募らせた。ともあれ、ぎりぎりの時点でムッソリーニは戦争を阻止するために政治的な解決を求めて最後の試みを行なった。八月三十一日ヒトラーの合意を得て、九月五日に国際会議を開催することを提案した。翌日フランスとイギリスが受諾を回答してきたが、すでにドイツはポーランドへの侵攻を開始していた。にもかかわらずヒトラーは二日、会議開催に賛成であることを表明し、フランスの賛成も確認されたが、イギリスはドイツ軍のポーランド領土からの撤退を条件にした。ドイツがそれを受け入れるはずもなく、ムッソリーニの和平工作はついに失敗したのであった。

後年ムッソリーニは「このとき即時参戦しなかったことは大間違いであった」と長男ヴィットーリオに漏らしているが、現実にその後一年待っても何も変わらなかった。イギリスはイタリアへの敵意を募らせ、イタリアはますますドイツ寄りの方向へと追い込まれた。また国際貿易が麻痺したため軍備の強化も不可能となった。実は軍事面でのイタリアの準備はさほど悪くはなかった。海軍は近代的で強力であり、一九三九年の時点で戦闘機保有数は世界一であったし、また作戦海域となるべき地中海にも海軍は十分な戦力を持ってはいたが、産業構造の本質的脆弱さから持久戦は許されなかった。しかも、準備不十分を口実に戦争を拒絶した軍首脳部の姿勢がより本格的な問題であった。それでもドイツの緒戦における成功により、イタリアの雰囲気は一変した。国民は好戦的熱意を帯び、ドイツの勝利が確実に見えた時点では、皆勝利者側に与することを望むようになった。かつて専ら歯止めを掛ける役だった国王も領土拡張の夢を抱き、「時代遅れの国」スイスを終戦後には解体しよう、とムッソリーニに提案したこともあった。

参戦のための機は熟した。一九四〇年三月十日、ドイツ外相リッベントロップがムッソリーニとの会見でドイツのフランス侵攻戦開始を予告したとき、ムッソリーニは腹を決めた。その夜彼はクラレッタに電話し、路線を変えたことを告げている。「大きな軍事力や、人員の訓練や、現在準備中である新兵器により、ドイツは早いうちに勝利を収めるだろう」。翌日ムッソリーニはリッベントロップにイタリア参戦を告げた。しかし「イタリアには解決すべき独自の問題があるため、ドイツと並行的に」戦争を展開する、という点を強調した。三月十八日、当時イタリアとドイツとの国境だったブレンネロ峠でムッソリーニはヒトラーと会談し、参戦の意志を重ねて伝えた。その後五月十八日、戦争不参加を求めるチャーチルに答える親書で、ムッソリーニは「イギリスがポーランドに対する盟約を守るため参戦したように、イタリアもドイツとの盟約を守らねばならない」と告げ、自分の強い決意を示した。

ムッソリーニはブレンネロ会談の後、国王に送った極秘の覚書で、イタリアの国益を守り公的な条約を遵守するため参戦を決定した、と明言している。イタリアは大国の地位を失わないためにも中立であってはいけないが、参戦するとすればドイツ側以外にはあり得ない。しかし参戦が遅れたため、イタリアはすでに主役を果たすことができなくなっていた。こうした情勢認識から「イタリアとドイツは、それぞれ独自の戦争を行うが、しかしこの戦争は並行的に展開される」としてイタリア独自の立場をこの覚書で強調した。このようにして《並行戦争》の発想が生じたのであった。ムッソリーニはこうして自分の独自性と、そしてドイツも承認しているイタリアの影響圏・地中海地域での役割を確保しようとした。ところが《並行戦争》は、同盟国間の戦略的調整を妨げる危険な幻想に過ぎなかった。独自の軍事的役割を果たすほどの十分な力を保有していなかったイタリアは、この調整がなかったために大きな被害を被ることになった。

参戦が決定したものの、軍の戦争準備は思うように行かなかったので、開戦の日は何回も引き延ばされた。いよいよ六月十日イタリアが宣戦したときにはフランスはすでに軍事的に敗北しており、フランス首相レイノーは「イタリアは瀕死のフランスの背後を襲った」と非難した。連合国の宣伝でイタリアが卑怯者扱いにされ、その汚点はいまでも非難の対象となっている。しかし、その日の夕方、ヴェネツィア宮殿のバルコニーからムッソリーニが群衆に向かって参戦を宣言したとき、熱狂は最高潮にまで高まった。これはムッソリーニのもっとも優れた演説の一つであった。

「どの時代でもイタリア国民の前進を妨げ、時にはその存在まで脅かしてきた西洋の金権主義的・反動的な民主主義諸国に反対して、我々は戦闘に参加する。（中略）今日、我々が戦争の危険と犠牲を引き受けるのは、民族の名誉と利害と将来がそれを厳しく強いるからである。何故ならば、一国民が本当に偉大であることを欲するなら、誓約を聖なるものとせねばならぬし、歴史の流れを決める、最高の試練を逃してはならない。（中略）この偉大な戦いは、我々の革命の論理上の展開の一段階に過ぎない。地球全体の富と金の独占を残忍なまでに維持する搾取者に対する、資源に乏しくとも労働力に富む民族の闘争である。繁殖力を失い没落に向かう民族に対する、生命力に富む若い民族の闘争である。二つの世紀と二つの思想との間の戦いである」。そしてこう結論を述べた。「号令は一つであり、定言的・拘束的であり、アルプス山脈からインド洋までの全国民の心を占め、心を燃やす。それは勝つことである！　そして我々は勝つことである！」。

群衆は熱狂的に賛意を表した。ムッソリーニは付け加えて「イタリア、ヨーロッパ、世界に、ついに正義に基づく永い平和の時代を開くため」と述べ、最後に「イタリア国民よ、武器を取れ。その強靭さ、その心強さ、その勇敢さを示せ！」と締めくくった。群衆は狂わんばかりの賛意をもって「ドゥーチェ！　ドゥーチェ！」と叫び続けた。聴衆は、ヴェネツィア広場で直接にせよ、ラジオを通じてにせよ、情熱に囚われ、歴史の偉大なる決定に参加した気持ちを味わっていた。この荘厳な時に国民の結束力が再確認されたのであった。イタリア人は軍事力と指揮権の強さを信じ、短期間に勝利で終わると考えられた戦争に自信をもって参加したのであった。

ヴェネツィア宮の前の広場にムッソリーニの演説を聴きにきた群衆の中に、ファン・ドミンゴ・ペロンというアルゼンチンの青年将校もいた。ペロンはムッソリーニの魅力の虜となり、群衆を支配する能力に深く感銘を受けた。帰国したペロンはムッソリーニの死の数カ月後アルゼンチンで政権を獲得し、ムッソリーニの構想を受け継ぐ体制を樹立した。

失敗を招いた《並行戦争》

戦争はイタリア国民全体やムッソリーニ自身にとって、失望と苦しみだけをもたらすものであることが早くも明らかとなった。イタリア軍により西アルプスで展開された攻撃は、予想以上のフランス軍の強い抵抗に遭い失敗に終わった。しかもたった数日の短い交戦の間に、フランス艦隊は真昼にイタリア最大の港町ジェノヴァを砲撃し、無傷で帰投した。フランスはイタリアには負けたと考えず、ドイツを通じて停戦を申し込んでくるという侮辱に耐えざるを得なかった。フランスとの停戦協定が六月二十四日に締結された。戦場で成功を収めなかったことに負い目を感じたムッソリーニはフランスに対する要求をほとんど破棄して、国境沿いの狭い占領地帯を確保するに留まった。フェアな姿勢であったが、戦略の観点からチュニジアの占領を諦めたことは北アフリカでの作戦に重大な不利をもたらした。

数日後の六月二十八日、リビア総督として北アフリカのイタリア軍の司令官を兼ねたイタロ・バルボは、自分が乗っていた軍用機が誤って友軍の高射砲に撃墜され戦死した。彼はファシスト党の幹部のなかでもっとも人気があっただけに、この訃報は国民に深刻な衝撃を与えた。彼はイタリアの空軍の創立者として大きな功績を挙げていた。特に一九三三年にローマ進軍十周年記念行事の一つとして、二十五機の軍用機を率いて大西洋を横断したことは当時画期的なことで、イタリアの内外で彼の名声を高めた。しかし、彼の人気はムッソリーニの警戒心を起こし、ついにリビア総督という名誉ある閑職に左遷された。それでもリビアの開発のために全力を尽くし、戦争になったとき積極的に行動し、勇敢に最前線に出て、自分でイギリスの装甲車を拿捕することもあった。緒戦の彼の戦死は大きな打撃であった。

フランス降伏後、少数のイギリス軍が展開していただけの地中海地域では、当初イタリアは圧倒的優勢の立場にあったが、この間イタリア側からの大した動きはなかった。これはムッソリーニとヒトラーがイギリスとの妥協が可能であると考え、イギリスを刺激することを避けたからであろう。戦争が短期間で終結した場合、ムッソリーニはその政治的解決に自分が大きな役割を果たせると思い込んでいたが、間もなく戦争は長期化の様相を呈し、その結果は政治的にではなく軍事的に出るものと予想されるようになった。彼はついにイギリスとの間に交渉の余地がないことを悟った。最後までゲルマン系二大国間の妥協への希望を捨て得なかったヒトラーと異なり、彼はイギリスとの戦いが徹底的・全面的なものとなることを覚悟して、大決断を行なった。一九四〇年十月二十八日、事前にドイツと協議することなく、突然ギリシャに対して開戦したのであった。こうしてムッソリーニは、イタリアが単独で戦略を決定して《並行戦争》を行なっていることを強調しようとしたのである。開戦直前に報告を受けたヒトラーはムッソリーニを止めようとしたが、無駄であった。

戦略的観点からは、ムッソリーニの決断は正しかったといえる。地中海でイギリスに対する長期戦を展開する場合、イギリスより先にギリシャに進駐することが必要とされたからである。しかし戦術的には、攻撃軍をアルバニアとギリシャ国境に展開したのは大きな誤りであった。ここは防御側に有利な山脈地帯であり、しかも間もなく動きを不可能とする雨季が近づいていた。イタリア統合参謀本部は、一九二二年、トルコとの戦争で総崩れとなったギリシャ軍を過小評価し、今回も同様にすぐ総崩れとなるだろうと決め込んでいたのである。しかし今回はギリシャ軍はすぐ反撃に出て、アルバニアのイタリア軍防衛線を突破した。イタリア軍参謀本部は一時パニック状態に陥り、ドイツを通じて停戦を申し出ることすら検討されたほどであった。バドリオはこの失敗の責任を取って統合参謀本部長を辞任せざるを得なかった。

北アフリカでも戦局は悪化していた。十二月九日、イギリス軍は突然エジプトからリビアを攻略し、防衛線を崩してイタリア軍を包囲し数万人を捕虜にした。この戦線の司令官ロドルフォ・グラツィアーニ元帥は冷静さを失い、千三百キロ彼方のトリポリへの撤退を提案した。彼は、ムッソリーニに電報を打ち、「象に対する蚤の戦いである」という表現を使って、弱小な戦力で強大な敵に立ち向かわせられたことを訴え、ムッソリーニに敗北の責任を負わせようとした。ムッソリーニは「大砲を千台持っているとは変わった蚤だ」と苦々しくチャーノに自分の所見を述べた。さらに十一月十一日夜、空母から出撃したイギリス軍爆撃機隊が二波に分かれてイタリア海軍最大の基地ターラントを攻撃し、イタリア軍の誇る最新鋭艦「リットーリオ」を含む戦艦三隻・巡洋艦一隻を沈没あるいは大破させた。後に日本の真珠湾攻撃のモデルともなったこの作戦で、イタリアは機動艦隊の戦力の約半分を失い、地中海でイギリスに対して劣勢となった。イタリア海軍の『戦争史』にも述べられているが、敵の動きを十分予測できなかった理由は今日も謎とされている。リビアに向かう輸送艦隊の余りにも頻繁な被害と合わせて、この事実に直面したイタリア国民は裏切り者が存在しているのでは、と疑うようになった。実際、秘密裡に敵国と協力した軍高官の存在が戦後証明された。

その間、イタリア人にあれほど感激をもたらした《アフリカにおける第二ローマ帝国》も、不名誉な滅亡へと差しかかっていた。一九四一年初め、イギリス軍がスーダンからエチオピアに進攻した。イタリア軍はケレンで粘り強く抵抗したが、三月末にケレンが陥落し、後は帝国の領土はあまりにも容易に占領されてしまった。エチオピア副王で総司令官だったアオスタ公爵は五月十九日に降伏し、七月までにイタリア軍はほとんど降伏してしまった。孤立したゴンダールの駐屯軍だけが、十一月末まで優勢な敵軍を相手に抵抗を続けた。ゴンダールの抵抗はイタリア軍の名誉をある程度回復したものの、その反面、他の部隊の降伏があまりにも早すぎたことを証明した。ゴンダール陥落の後、旧帝国に残ったイタリア唯一の存在は、一九四五年まで現地人を指導してゲリラ作戦を展開したただ一人の将校だけであった。

この一連の失敗は、ムッソリーニに深刻な打撃を与えた。すでに三〇年代終わりごろから彼の体力は胃潰瘍により衰えており、加えて参戦延期による挫折感も彼の肉体的・精神的状況を悪化させていた。そして今、彼が構築した国家体制が目前で崩壊しつつあった。イタリア人を偉大な国民に仕立てる夢は、厳しい現実に打ち砕かれようとしていた。戦争という《最高の試練》の前に、イタリア社会の脆弱さが露になったのである。しかも失敗の規模は想像を絶するものであった。彼は、軽薄に振る舞い、無能な側近を信用し、そして忠誠な人々の進言に耳を貸さなかった自分の責任を感じ始めてきた。しかも彼の悩みはそれだけではなかった。例え《蚤》のイタリアが《象》のイギリスに潰されたことの責任を彼が負うべきであっても、数量的にも質的にもどう見てもイタリアに劣るギリシャ軍に対する敗北は、納得できない現実であった。今まで成し遂げてきた国家の構想など、すべては幻想に過ぎなかったのではなかろうか。そして彼に残るのは、祖国を破滅に追い込んだ責任だけであった。

ともあれ、アルバニアとリビアでの失敗の後、ムッソリーニは《並行戦争》が不可能であることを悟った。一九四一年一月十九日のベルヒテスガルテンでのヒトラーとの会談では、嫌々ながらも同盟国に援助を求めざるを得なかった。ヒトラーは彼の失策を非難せず理解を示したが、かえってムッソリーニはさらに苦しい思いをした。ドイツからの軍事援助は同盟条約に規定されたものであり、参戦当初からドイツ側から申し出されていたのを、ムッソリーニはイタリア独自の立場を維持するために断ったのであった。それを今になって要請することを、彼は屈辱と感じた。イタリアが独自の戦闘能力を持ち得ず、ドイツに依存せざるを得ないこの状況は、それからもずっとムッソリーニを悩ませ続けた。とにかく、ドイツ機甲師団のリビア派遣が決定し、また春にはドイツ軍はブルガリアからギリシャへ進攻するということも合意された。軍事協力は間もなく成果をもたらし、両国混成リビア方面軍の司令官となったロンメルは二月、攻勢にまわり、悠々とエジプト国境まで進出したのであった。

アルバニア戦線では、冬の間イタリア陣営が強化され、ドイツ介入の前にギリシャ軍を制圧できる可能性が見えてきた。三月初めの総攻撃が決定され、成功を予測してムッソリーニも前線へ出向いた。彼は楽観的ではなかったが、軍首脳部の要請に応えて前線へ行き、総攻撃開始に立ち会うこととなったのであった。数時間後、彼はいきなり側にいた大将に向かって、「一兵卒として従軍したことがあるか」と質問した。陸軍大学出身で、当然一兵卒の経験がなかった大将は、無理に微笑みを装いながら「ありません」と答えた。「自分にはある」とムッソリーニはぶっきらぼうに言い、「それなりの経験を身につけている。攻撃作戦は二、三時間のうちに成功しなければ失敗に終わる」と断言した。

やはりその通りであった。ギリシャ軍撃破には、ドイツ軍の介入を待たねばならなかった。四月に侵攻を開始したドイツ軍は、二週間でギリシャ全土を制圧した。その傍らドイツ・イタリア両軍はユーゴスラヴィアにも進出した。ユーゴスラヴィアは解体され、イタリアは渇望していたダルマツィアのみならず、スロベニアをも併合した。そしてクロアチアはイタリア王室分家を国王とする独立国となった。

戦争による挫折と肉体的衰弱に加えて、ムッソリーニは個人としての深刻な精神的打撃も受けた。一九四一年八月七日、空軍に勤務していた次男ブルーノが、ピサ近くで飛行機事故により死亡した。訃報を受けたムッソリーニはすぐに、自ら操縦する飛行機でピサへ飛び、事故現場を確認した。そしてラケーレに電話し、息子の死を伝えた。彼は冷静さを維持はしたが、打撃は大きかった。葬儀はプレダッピオで行われ、ブルーノの遺体は祖父母が眠る礼拝堂に葬られた。葬儀に立ち会ったボッタイの回顧によると、ムッソリーニは緑に近い青ざめた顔で、目を赤くして顔をこわばらせていたという。この悲しみは、彼をより人間的にするよりも、かえって人間に対してより厳しくするのではないかと、ボッタイは恐れた。

翌年三月、ムッソリーニは空軍殉職者の遺族に勲章を渡す儀式に出席した。そのなかにはブルーノの未亡人も含まれていた。チャーノの日記によると、ムッソリーニが彼女に勲章を渡したとき「周囲には、誠実な感動が漂っていた。彼は表情を崩さなかった。さながら岩のように。(中略)超人間的か、非人間的か、と問うであろう。そのどちらでもない。彼が自覚したのは、自分の一瞬の弱みが何百万人の心に動揺を与えることであった」。

クラレッタは、ムッソリーニの悲しみの深刻さを思い、彼のもとを訪れることを憚って《ベン》という、二人の間にしか通じていなかった愛称を使って手紙を送った。「ベン、私の愛するベン。貴方にショックを与えたこの大いなる不幸があった以上、私はひっそりと陰に退き、この無限の悲しみに浸る貴方を一人にしておかなければならないと思います。悲しみにうちひしがれた貴方の心のなかには、もはや私の場所はありません。もはや貴方のところには戻れません。私は離れていなければならないのです」。しかし、ムッソリーニはこの時にこそクラレッタを必要とし、二人の関係はさらに深いものとなった。彼はしきりに彼女にブルーノの話をし、彼にもはや会えないわけではないなどととぼけてみせた。クラレッタも作り笑いを浮かべながら「ブルーノはいつか帰ってくるわね」と調子を合わせてはいたが、一人になると苦しみに耐えきれず涙を流した。

弟アルナルドの死去の時と同様に、ブルーノのためにもムッソリーニは、『ブルーノと語る』という本を一カ月で書き下ろした。冷静で素朴なスタイルで書かれたこの本のなかで、ムッソリーニは自虐的に近い自制心を示したのである。しかし毎晩食卓に着く前、空っぽになったブルーノの椅子を撫でたりした。一方、ラケーレのもとには匿名の手紙が届き、ブルーノの事件は偶然ではなく、サボタージュの結果であるとの情報が提供された。ラケーレがその文書をベニートに見せたとき、彼は泣き出して「無駄だ！」と叫び、「もはや私たちの愛するブルーノは戻って来はしないのだ」と述べて、事故の真相を究明することをしなかった。

日本への親近感

その間に、戦争の結果を左右する重要な展開があった。一九四一年六月二十二日、ドイツが突然ソ連に侵攻を開始した。今度は前もってヒトラーからの情報を与えられたムッソリーニは五月からロシア派遣のための三師団の準備を行なっていた。ロシア戦線に対するイタリアの参加は、ファシズム対共産主義の視点から、思想的にも必要ではあったが、政治的視点からも欠かせないものであった。ドイツ軍がアフリカ戦線でイタリアを支援したように、イタリアもロシア戦線でドイツ軍を支援すべきであった。イタリア派遣軍は、訓練がよく、装備も十分であり、ロシア戦線で戦果をあげた。八月末、ムッソリーニはロシア戦線を訪れた。ブルーノの死後いつも近くにいた長男ヴィットーリオも一緒であった。ラステンブルクの総統大本営でヒトラーと会見したが、このときヒトラーはソ連軍が予想以上に強い抵抗を示している、と述べた。ムッソリーニはヒトラーの勝利への自信が揺らいでいることを感じたのであった。

ラステンブルクからムッソリーニとヒトラーは、イタリア派遣軍が展開しているウクライナ戦線へと飛行機で向かった。イタリア兵はムッソリーニの訪問を喜び、熱烈に歓迎した。この際ムッソリーニは占領されたばかりのブレスト＝リトフスクを訪れた。彼がソ連の都市を見たのはこの一度限りであったが、かなり失望したようである。彼は公共施設はさぞ近代的で素晴らしいものだろうと期待していたのに、実際は貧弱で古びた建物に過ぎなかったからである。帰りには、ムッソリーニは自ら飛行機を操縦した。ヒトラーは緊張したが、着陸の際にはパイロットに任せたので、ホッとした様子であった。

十二月八日、日本とアメリカ合衆国が戦争を開始した。十一日、イタリアとドイツもアメリカに対して宣戦布告を行なった。ヒトラーによる国会への発表より早く、ムッソリーニはヴェネツィア宮のバルコニーからそれをイタリア国民に告げた。この演説で彼は、素晴らしい武道の伝統を誇る日本とともに戦うことがイタリアにとって光栄であると断言し、戦争の責任がルーズヴェルト一人にあると述べ、彼を自分の国民も騙した「正真正銘の民主主義的な専制君主」として弾劾した。また、日本の参戦により、枢軸国家の戦争目標が明らかになると、強調した。

ヒトラーと違い、ムッソリーニは日本の参戦を歓迎した。ヒトラーはアメリカの参戦が避けられることを心のなかで願っていたので日本に対して苛立ちを感じていた。しかも、日本の参戦でイギリスとの妥協はさらに難しくなった。ヒトラーは、同じゲルマン民族であるイギリスに好感を抱き、世界におけるイギリスの立場を認めようと思い、妥協への希望を最後まで捨てなかった。ソ連との戦争での勝利の後、イギリスとの妥協の可能性を探りたいと、ムッソリーニに打ち明けたこともあった。したがって日本が提唱していたインドの独立について、彼は根本的に反対であった。大英帝国を脅かすのは好ましくないと考えていたし、またインドは白色人種の支配下にあるべきだとも思っていたからである。

ヒトラーの考え方の背景にはより本質的な問題が見え隠れしていた。それは黄色人種の日本人に対する偏見であった。嫌々ながら東アジアにおける日本の影響圏を認めはしたものの、『我が闘争』にも記した如く、日本との同盟は政治的観点から賛成すべきであっても、人種の観点からは非難すべきであると考えていたのであった。したがって、「アジアをアジア人に」という日本の主張を、彼は納得できず、白人国家であるアメリカとイギリスを抑えて日本が影響圏を拡張することを望ましく思っていなかった。

ムッソリーニは全く反対の意見であった。彼はアメリカとの戦争が不可避であることをかねてから覚悟していた。ヴェルサイユ平和会議のとき、アメリカがイタリアへの敵意を示したことは彼の国際政治の理解に重大な影響を与えた。その結果、ムッソリーニはアングロサクソン諸国との対決なしには、イタリアが所期の目的を達成することは不可能であることを悟った。しかも、ヒトラーがアメリカに対して好感を抱いていたのに、彼はアメリカニズムを拒絶し、モスクワと同様、ワシントンもファシズムと妥協し得ない思想の中心地であると考えていた。したがって一九三七年アメリカを訪問しホワイトハウスに招待されたヴィットーリオを通じて、大西洋上の軍艦で欧州問題に関して協議することをルーズヴェルトは提案してきたが、ムッソリーニはこれを退けた。ヴィットーリオはルーズヴェルト夫妻の温かい歓迎にいたく感激したが、父親に報告した時、彼の反応は冷たく、「ルーズヴェルト夫人は写真で見るように本当にブスだったか」と訊ねるに留まった。

なお、ムッソリーニはイギリスとの妥協を諦め、全面的な衝突を主張した。この観点から日本との協力を必要としていた。特にインドに対する日本の進出が、地中海戦線に影響を及ぼすことを期待していた。そして、英・米・仏の覇権主義に対する抵抗を提唱し、中東やアジアの民族独立運動をも積極的に支持した彼は「アジアをアジア人に」という主張に共鳴した。とりわけ、ムッソリーニは日本人に対する人種的偏見を抱えておらず、むしろ好意を感じていた。

人種問題についてムッソリーニの考え方を理解するために、彼の日本観は重要な示唆を与えている。彼は黄禍論を毅然として否定した。「黄禍論は存在しない。それは貿易における日本の競争力の問題に過ぎない」と断言した。彼は黄色人種の出生率の高さを懸念してはいたが、それを退廃しつつある白色人種に対する警鐘として受け止めていた。したがって、日本と接するとき、人種問題を超克すべきであると思っていた。ある新聞記者が日・独・伊の三人種の協力を称賛したとき、「日本について論ずる場合、人種という語を極力避けるべきである」と注意したことは、彼がこの問題について極めて敏感であったことを証明している。人種とは、生物学的ではなく、文化的なものと見た彼は、日本との関係において人種的な相違より、文化的・精神的・政治的な共通点を強調するのが道理に適うと思っていた。とにかく、白色人種による世界支配を提唱せず、日本人や有色人種との共存を支持した。

一九四一年にチャーチルとルーズヴェルトが「大西洋憲章」で連合国の政治理念を提唱し、戦後体制の構想を提案した後、ムッソリーニは枢軸国も、ヨーロッパの将来像を描き、インド・アラブ諸国等の独立を明記する戦後世界の「新秩序」の憲章を発表するよう、執拗にヒトラーに働きかけたが、彼はこれを頑固に拒み続けた。この問題にこそ、ムッソリーニとヒトラー、あるいはファシズムとナチズムとの根本的相違点が表面化していた。一方、ムッソリーニにとって、世界戦争はファシスト革命の延長で、西洋民主主義国家の覇権主義を打倒し、世界の再編成を実施することを目的にすべきであった。他方、ヒトラーはゲルマン民族の優越性を主張し、ラテン民族との友好関係を認めはしたが、英・米・仏の覇権の代わりにドイツの覇権を構築しようと考えたのであった。この観点から、日本の参戦はムッソリーニが提唱した戦争目的に適合するものであった。それによって、戦争がドイツの戦争ではなく、新しい世界秩序を要求する新興列強の戦争になり、その目的としてアジアと中東の独立も含まれていた。これを念頭に置くと、日本の参戦により、枢軸国家の戦争目的が明らかになるというムッソリーニの発言の意味が理解できる。

枢軸国家の関係の観点から、ムッソリーニは日本に大きな期待を掛けていた。イタリアの軍事面での失敗の繰り返しの結果、彼の発言権は著しく減少し、ドイツが完全に指導権を掌握し、戦争のやり方とヨーロッパの政治を独断的に決定するようになった。枢軸国家が勝利した場合、ヨーロッパ全体はドイツの支配下に陥るだろうことは明らかであった。イタリアに地中海での影響圏が認められているものの、それはヒトラーとムッソリーニの個人関係に保障されていただけである。しかも東欧の占領地域での蛮行や、占領国家に対する乱暴な待遇や、同盟国との関係における強気の姿勢などドイツ人の人を人とも思わぬ振る舞いは、戦後体制について深刻な不安をもたらした。その結果、中立国家は次第に姿勢を硬化し、同盟国のなかにも不満が募っていた。それを懸念したムッソリーニは枢軸側の小国との関係を強化し、ドイツを牽制しようとした。この目的を達成するためには、日本の支持を得ることによって、自分の立場を強化するのは重要であった。

ムッソリーニはイタリアと日本との間に共通の利害があって、協力できる領域があると思っていた。その一つは、インド独立の問題であった。ずっとヨーロッパに引き留められていたチャンドラ・ボースを、ムッソリーニは執拗に努力して、ヒトラーをついに同意させ、日本へ出発させることができた。より重要な問題は対ソ講和であった。対ソ戦が泥沼化したとき、ムッソリーニはソ連との講和を唯一の解決方法であると思い、そのために東京と歩調を合わせてヒトラーへの圧力を掛けようとした。とにかく、ムッソリーニは日本との優先的な関係を確立することを狙い、それによってドイツに対するイタリアの政治行動範囲を拡大することを図っていた。ドイツよりも早く、対米戦争宣言を発表したのも、それを強調するためであった。ムッソリーニの熱意に対して日本側は慎重な姿勢で対応したが、一九四二年末に日本の外交官の中でも俊才とされていた日高信六郎《ひだかしんろくろう》が大使としてローマへ派遣されたことは、日本がイタリアを重視するようになった印である。

日本への接近について、冷静な政治的考慮のほかに、感情的な動機も働いていた。ムッソリーニが親日家であったのは確かであるが、彼がなぜ日本に対して好感を抱いたのかははっきりしていない。たぶん、ロマンチックな性格の持ち主であった彼の異国趣味が原因であったのかも知れない。あるいは日露戦争のとき、イタリアで強かった日本への共鳴が働いたのであろう。しかし、当時彼は兵役に服していたせいか、日露戦争についての言及はない。日本について初めての言及は第一次世界大戦のときである。彼は最初日本の参戦に対し消極的であったが、帝政ロシアの崩壊の後、シベリアへの日本の出兵を提唱した。これらは時局的な記事であったから、ムッソリーニの日本観は表れてこないが、一九二一年にトリエステのファショの会議での演説で日本の指導の下にアジア独立運動の勃発の可能性を指摘し、国際政治の中心が大西洋から太平洋に移ることを予言した。アジアの反乱は、支配と搾取を押し付けたヨーロッパ列強の政策の当然の帰結とし、太平洋に関して、日本とアメリカの利害が対立していることを強調した。

示唆に富んだこの発言は、ムッソリーニの先見性を証明するとともに、日本の事情に関する知識を示している。それは詩人・下位春吉《しもいはるきち》との交友の所産であると思われる。上田敏の弟子であった下位は、ナポリ東洋大学の日本語の講師として、日伊文化交流の促進のため重要な役割を果たしていた。下位は第一次世界大戦の終わり頃にダンヌンツィオと知り合う機会があり、フィウメの占領に参加した。イタリア正規軍の包囲でフィウメと外界との連絡がむずかしくなったとき、東洋人であまり怪しまれることなく往来していた下位が、ダンヌンツィオの密使としてムッソリーニに書簡を届けたのが彼を知るきっかけであったと思われる。

下位の発想で、ダンヌンツィオは一九二〇年の初め、ローマから東京へ飛行機で飛ぶ計画を立て、ムッソリーニも乗り気になって『ポポロ・ディタリア』の特派員として参加するつもりであった。下位から詳しい情報を得た土井晩翠はダンヌンツィオの到来を歓迎するため、『中央公論』に「天馬の道に」という詩を発表したが、フィウメでの状態が緊迫したので、計画は中止になった。その代わりに、戦闘ファショの一員でもあった若い将校フェラリンが計画を受け継いで二月にローマを出発し、五月末に東京に着陸し、初めて日本とヨーロッパとの間に空路を開いた。その後、下位はイタリアのファシズムと日本、とりわけ知識人との間の橋渡し役を果たした。反面、ムッソリーニは彼との付き合いにより、日本の事情について比較的詳しくなり、時々『ポポロ・ディタリア』で日本の政治について社説を書き、民族派に理解を示した。一九二八年、会津若松の白虎隊が祀られる飯盛山へ古代ローマの柱がローマ市から寄贈されたことは、下位からムッソリーニへの提言によるものであった。

この逸材と知り合ったことでムッソリーニは日本人を評価するようになった。しかし政府の責任者であった以上、国際政治の都合で日本に対する好感を表すのを抑えることもあった。例えば、三〇年代の前半にアメリカの新聞に黄色人種に対抗すべく白色人種の連帯を呼びかける記事を発表したし、満州国の問題について日本の政策を批判したが、個人として日本に対する好意的な姿勢は変えなかった。制度と思想との類似性の観点からチャーノを中心としてファシスト党のなかで国民党を支持する親中国派ができたが、ムッソリーニはずっと親日派であった。かくて三〇年代後半、イタリアは中国問題について日本の主張を支持し、イギリスとの緊張をさらに増す原因になった。彼は自分の日本観を一九三七年の『ポポロ・ディタリア』の社説で次のように述べている。「日本は《正式》にファシスト体制を導入していないが、その反共の姿勢により、その政治の動向により、その国民の生活様式により、ファシスト国家として数えられる」。ムッソリーニは日本国民の高い出生率を評価し、それを生命力の証拠として見ていた。また日本人を「素朴で、武人の美徳に優れ、無限に克己の能力を備えた民族」として称賛した。これらはムッソリーニの人間像と一致する美徳である。

ムッソリーニの日本贔屓説を裏付けるエピソードがある。日本政府は皇紀二千六百年の祝典として一九四〇年のオリンピックを東京で開催することを望んでいた。同じ一九四〇年開催を申請していたローマはもっとも強力なライバルであったので、日本オリンピック委員会はローマの辞退を直接ムッソリーニに頼むことを決定し、そのために伯爵副島道正委員がイタリアに派遣された。彼は一九三五年一月十四日にローマに着き、十六日にムッソリーニに会見することになっていたが、急に高熱を出した。にもかかわらず、予定通り十六日午後杉村陽太郎駐伊大使とともにヴェネツィア宮を訪れたが、肉体的疲労に極度の緊張感も加わって、控室で気を失って倒れた。賓客が突然倒れたことでムッソリーニとの会見が中止になったのはこれが初めてであった。副島は医者から一カ月の安静を命じられたので、ムッソリーニとの会見は延期になった。二週間後、各国大使が陸軍の閲兵式に招待され、杉村も出席した。ムッソリーニが馬に乗って大使たちの前を通る予定の時間の直前、強いにわか雨が降ってきて、大使たちはかねて用意されていた雨避けテントに避難したが、それを潔しとしなかった杉村一人は自分の所に留まって土砂降りの雨の中で総統が通るのを待っていた。ムッソリーニは杉村の前を通ったとき、彼のほうをちらっと見た。一週間後、イタリア外務省から、健康の状態が回復していたら、ムッソリーニが副島に会いたいという旨が伝えられた。副島は杉村とともに所定の二月八日にヴェネツィア宮を訪れ、そこでムッソリーニは案外に快くオリンピック開催を東京に譲る旨を告げた。そして、自分で副島に近寄り、手を強く握って、英語で「強い意志をもて、それが大事なことだ」と励ました。その後、二人を出口まで送り、杉村に「私は今日、二人のサムライに出会った」と言った。

なぜ、ムッソリーニは重要な問題について簡単に譲歩したかについて、いろいろの憶測があるが、彼は皇紀二千六百年の意味を重視したと考えられる。それでも、「ムッソリーニは、情の人だ」と言った副島の見解は正鵠を射ているのであろう。ムッソリーニは副島と杉村の熱心さに心を打たれ、彼らに自分が理想としていたサムライの典型を見たのに相違ない。

ムッソリーニの親日感情は単なる個人的な好感から生じたのではなく、思想的な考慮も含んでいた。日本を事実上ファシスト国家とする生活様式への言及は、文化・歴史の条件の相違を超越するファシズムの普遍的価値観の存在を示唆していた。日本の主張への理解は、アジア・中東の独立運動への支持と併せて考えると、ファシズムが非ヨーロッパ文化圏の諸国の支持も得られる、腐敗した西洋文明に抵抗する新しい文明として位置付けることがムッソリーニの意図であったと思われる。

ムッソリーニ打倒の動き

軍事面で、日本の参戦がアメリカの参戦をもたらしたのは、長期的に見ると不利なことではあったが、当初は地中海でのイギリス軍の勢力を弱めた点でイタリアには有利であった。特にマレー沖海戦でのプリンス・オブ・ウェールズとレパルスの撃沈は、イギリス海軍に大きな打撃を与えた。しかも同じ月(十二月)の十九日、イタリア海軍の特別攻撃隊がアレキサンドリアの軍港に侵入、イギリス戦艦二隻を沈没させて、ターラントの屈辱を雪いだ。その結果、イギリスは再び地中海で劣勢に追い込まれた。

アジアにおける日本の進出と、ロシア戦線でのドイツ軍の前進を見た一九四二年は、枢軸国にとっての絶頂期であった。北アフリカ戦線でもドイツ・イタリア混合軍はイギリス防衛線を破り、ナイル川から程遠くないエル・アラメインまで進出した。エジプトの占領、地中海の制圧は間近に見えた。ムッソリーニも楽観的になり、エジプト占領を目的とする総攻撃に立ち会うため七月、北アフリカ前線へ向かった。ムッソリーニのカイロ入城を、エジプト人も期待していた。その時カイロで反英デモを繰り返した群衆は、ムッソリーニのアラビア語型「ムッサ・アリ」の名を熱烈に叫んだ。エジプト国王をはじめ、エジプト支配層と軍人の大部分は胸中枢軸国を支持していた。ムッソリーニの到来を期待していた青年将校の一人だったナセルは、イギリスとの戦いに備えて軍内に秘密組織を作っていたし、もう一人の若い将校、サダトはナイル川に浮かぶ隠れ家から、ロンメルの司令部と無線で連絡を取っていた。戦後、ナセルは革命を起こし、ムッソリーニのファシズムのエジプト版とも言える国家体制を導入し、彼の後を継いだサダトも大統領になった。

しかし、今度もムッソリーニは枢軸軍の力がすでに尽き、勝利の可能性がないということを見抜いてしまった。彼は無駄足を踏んだ気持ちでローマへ戻ったが、念のため荷物をリビアに置いてきた。ところが、それを取りにゆく機会はついに来なかった。十一月、イギリス軍はエル・アラメインで枢軸軍を破り、ロシア戦線でもドイツ軍の前進はスターリングラードで抑えられた。太平洋ではミッドウェーの失敗の後、日本は作戦の主導権をアメリカに譲った。いよいよ戦局は枢軸国家に不利に展開し始めた。イタリア軍の振るわない戦果に悩みつつも、最終的勝利を信じてきたムッソリーニであったが、今は最悪の状態を懸念するようになった。

しかし、逆境においてこそ彼の武人意識は刺激された。十二月二日、彼は国会での最後の演説で、「ローマはカンナエの敗北の後、偉大であった」という歴史の事実を指摘して、

「我々の血に、古代ローマ人の血がすべて流れているとは言わないが、しかし古代ローマ人の血をもっとも多く受け継いでいることは確実である。我々はこの事実を証明しなければならない。だからこそやり通さねばならない。これを我々に強いるのは、義務の意識と自尊心である」と、語勢を強めて国民を励ました。この演説で、彼の戦争責任を追及したチャーチルに対して激しく反論し、「実際、自分は大英帝国の仇役として認められたことを光栄に感じている」と言い切った。

ところが戦況はさらに悪化し、モロッコへのアメリカ軍上陸は、アフリカ戦線の行方を決定した。一九四三年五月、チュニジアで最後まで抵抗していたドイツ・イタリア混合軍が降伏した。イタリア本土が連合軍の次の目標となり、シチリアかサルデーニャへの上陸準備が始まっていると予想された。第一次大戦におけるカポレットでの敗北のときと同じように、国土の占領に対して国民が結束することをムッソリーニは期待した。実際、統合参謀本部長は敵軍がシチリアに上陸した場合、それを壊滅する自信を表明していた。六月二十四日、ムッソリーニは党本部で意気込みの強い演説を行ない、「連合軍がイタリアに上陸した場合、水際でくい止められるだろう」と豪語した。あいにくこの演説が公開されてから数日後、現地時間で九日連合軍はすでにシチリアに上陸し、イタリア軍は抵抗らしい抵抗もしないで崩壊しつつあった。この演説が皮肉の的になったのは当然であるが、しかし彼は《水際》を指すのに、標準語ではなくロマーニャ方言をもとにした新語を使った。

ムッソリーニは幾つかの新語を造り、それは標準語となっていった。《水際》は彼の新造語の最後のものであったが、不思議にもイタリア語に定着している。現在では《水際の演説》は格言となり、もともと帯びていた皮肉な意味合いを失って抑えきれない勢力に対する絶望的抵抗の意味を表すようになった。まさにイタリア人は《水際》を防げなかったことに引け目を感じてしまったようである。

精神的に疲れて自信を失い、肉体的にも衰弱しきって完全に孤立したムッソリーニは、一生でもっとも深刻な危機に直面せざるを得なかった。国土の侵略をもたらした一連の失敗の結果、ドイツとの同盟を破り、連合国との和平を望む勢力が力をもちだした。彼らには、戦争の徹底とドイツとの同盟堅持を主張するムッソリーニは邪魔であった。二つの陰謀が同時に展開していた。

一つは軍部による国王の全権の下での元統合参謀本部長バドリオ元帥を中心とする、軍事政権樹立のためのクーデター計画であり、もう一方でグランディ、ボッタイ、チャーノらを中心とするファシスト党幹部による、合法的政治的解決の計画であった。これはファシズム大評議会でムッソリーニを追いつめ、国王に辞表を提出させて挙国一致内閣を作ろうとしたのである。

この陰謀の主役はグランディであった。彼は一九二〇年のファシスト運動と社会党が和解協定について対立した時代以来のムッソリーニのライバルだが、下院議長や法務大臣など、国家の要職に就き、特に駐英大使としてエチオピア戦争のときイギリスに対する外交工作で大きな功績を挙げていた。ファシスト党のなかでの親英派で、ドイツとの同盟と戦争への参加に反対であった。野心家であった彼は、ムッソリーニ失脚の後、新政権の中心的な人物になれると思い込み、連合国との和平交渉の責任を与えられると期待していた。ボッタイもファシスト政権の中心的な人物であった。ムッソリーニの信頼を受けて、大きな功績を挙げ、文部大臣としてジェンティーレが始めた改革を完成した。彼はムッソリーニに対してライバル意識がなく、野心も抱いていなかった。ただ、戦争の継続が無理であると思い、ムッソリーニの指導力の低下を心配していた。チャーノは、外務大臣を解任されたことで恨みを抱き、ドイツに対して反感をもっていた。彼も、ボッタイと同じようにムッソリーニを引退へ追い込み、連合国との和平交渉を開始すべきであると思っていたが、ファシスト体制の崩壊を望んでいなかった。二人ともグランディに利用されたと言えるであろう。

両方の謀略の間に立ったのは宮内大臣アックアローネであり、彼はファシズム大評議会の決議を契機として、国王がムッソリーニを解任し、バドリオを首相に任命するように計画していた。しかし国王は当初あまり乗り気ではなかった。彼はムッソリーニを評価していたし、二十年間の緊密な協力の結果、二人の間には人間的関係も生まれていた。しかも、軍の最高総司令官として、ドイツとの同盟関係を破棄することを潔しとは考えなかった。

しかし、王政の継続のためには、降伏以外選択肢はないと説得され、国王もついに重い腰を上げた。その結果、逆にサヴォイア家を名誉のない没落へ追い込んでしまった。

連合軍がシチリアに上陸した際、イタリア軍の受け身の姿勢は、偶然ではなかった。実際、軍首脳部は内地における敗北は、降伏のきっかけになると思い込んでいた。そして、イタリアの状態の悪化を懸念したヒトラーがムッソリーニに緊急の会談を申し込んだとき、統合参謀本部長は、イタリアが単独で和平交渉を開始せざるを得ない旨をヒトラーに伝えるべきだと、ムッソリーニに進言した。しかし、彼は毅然とこの提案を却下した。イタリアはこの条件の下で降伏したら、大国として国際舞台から降りることになり、国家統一以来の成果をすべて捨てることになる、と反論した。彼も胸中和平交渉を望んではいたが、連敗の結果としての降伏を容認できなかった。彼は後日、長男ヴィットーリオに漏らしたように、「或る晴れた日」、イタリア国民の名誉を回復できるような軍事的成功を待ってい た。その日が来れば、名誉ある和平のための交渉を開始してもよいと考えていた。しかし、願望の《晴れた日》はついに来ず、荒れ模様の毎日であった。

ヒトラーとの会談は七月十九日ドイツとの国境から遠くないイタリアの町フェルトレで行われた。ヒトラーはかつてなかった激しさでイタリア軍の行動を非難したが、最終的にイタリアを支援する意志を再確認した。この会談の後、統合参謀本部長は自分の意見が受け入れられなかったことに抗議して辞意を表明した。これで軍部のムッソリーニに対する抵抗の姿勢が明らかとなった。クーデターの計画はすでに実施の段階に入っていた。

謀略が山場を迎えたのは、ヴェネツィア宮の両半球図の間でファシズム大評議会が久しぶりに開催された七月二十四日の蒸し暑い午後五時であった。これに合わせて、国王は、ムッソリーニとの謁見を翌日のやはり午後五時に決めていた。この集会は非公式で、意見の交換に留まるはずであったが、ムッソリーニは反対派が攻撃を仕掛けてくることをすでに知っていた。グランディは、この場で動議案を提出する決心を彼に前もって知らせていた。この動議は、国王に全権を返還するようムッソリーニに勧告するもので、彼の失脚をもたらすものであった。ムッソリーニは政敵を前もって抑えるために十分な力をもっていた。この日、トルローニャ荘を出ようとしたとき、ラケーレは「あの連中は、全員を逮捕しなさい」と彼に迫ったが、彼は何の対抗策も講じることなく勝ち目のない対決に立ち向かった。

彼はその当日、精神的に無気力であったし、なおかつ健康状態も悪かった。二時間前には胃潰瘍の痛みの発作があり、主治医が集会の延期を勧めたほどであった。灰緑色の軍服を着ていた彼は書類で一杯になった鞄を持ち、疲れた表情で広間に入り、誰にも目を向けなかった。党幹部たちは黒い制服を着ていた。ムッソリーニは感情のこもらない声で、軍事・政治事情についての纏まりの悪い報告を行なった後、グランディ動議案に賛成することは、ファシスト政権の終焉をもたらすと忠告した。出席者はいつものムッソリーニではなく、まるで別人が喋っているかのような印象を受けた。

ムッソリーニ自身、自分の精神的状態についてこのように述べている。「すぐに周囲に漂う強い敵意を感じた。熱意を込めずに低い声で話した。電球の光が大いに邪魔となったので、それを防ぐため手を額に当てていた。私に対する裁判に立ち会っているような感じであった。同時に被告と傍観者であることを感じた。私のなかで、すべての精力が急に尽きてしまった」。討議は初めからムッソリーニにとって好ましくない方向へ展開した。グランディは悪意を込めた激しい口調で彼を攻撃した。ボッタイとチャーノのほか、旧国粋党のフェデルツォーニと、ローマ進軍を指導した四人のなかから生き残った、親王政右派のデ・ボーノとデ・ヴェッキもグランディを積極的に支持した。タカ派のファリナッチはグランディと組まず、ムッソリーニも支持しないで、ファシスト党による政権の掌握を狙う動議案を提出した。集会の合間を見て、彼はクラレッタに電話し、もはや終わりだと告げて、早めに避難せよと勧告した。

深夜まで続いた激しい論争の揚げ句、ムッソリーニは党書記長スコルツァに、動議案に対する賛否を議決するよう求めた。重い沈黙のなかで、彼を支持していたスコルツァは、長い間ためらった。最後まで状況を覆すようなムッソリーニの決意を期待しながら、彼の目を見つめたが、なんの反応もなかった。ついにムッソリーニは、「始めろ」と苛立った声で命令した。スコルツァは評議員一人一人の名前を呼んだ。賛成十九、反対八、棄権一であった。ファシスト革命を指導した幹部や政権の要人はほとんど賛成であった。ムッソリーニは完全に孤立していた。

ムッソリーニは他人事のように「グランディ動議は可決された」と告げ、冷静に書類を整理し、無表情に高い声で「諸君、この動議をもって、ファシスト体制は危機に瀕した。会議を終了する」と述べた。二十五日の午前四時であった。ムッソリーニは車に乗り、ラケーレが一晩中眠れず彼を待っていたトルローニャ荘へと向かい、運転手にゆっくり走るように命令した。

その夜のムッソリーニの睡眠は短く、安らかなものではなかった。翌朝午前九時、いつものようにヴェネツィア宮の執務室へ出かけた。その日も彼の行動は不思議なほど消極的であり、国王の支援を頼みにしているようであった。義勇軍参謀本部長ガルビアティが状況打開のための行動計画を提案したが、彼はなんの反応も示さなかった。ガルビアティが反対派逮捕を訴えたとき、ムッソリーニは苛立たしく「国王に謁見するまでは、何も行動できない」と答えた。陰謀についての詳しい情報を入手したクラレッタが電話で「バドリオに注意して」と忠告した時も、彼はそれを無視した。

ムッソリーニの胸中に何があったのか。その日の朝の日高信六郎駐伊日本大使との会見の内容から推察できる。彼は日高に、ソ連と和平を結び、全軍事力を地中海に集中するようヒトラーに圧力を掛けることを日本政府に要請する旨を頼み、もしヒトラーがそれを拒絶した場合、イタリアは危機打開のために独自の行動を取るほかはない、と付け加えた。このことからムッソリーニがどのような心境で国王との会見に望んだか、十分推察できる。彼は、ヒトラーに対して、ソ連との和平かイタリア単独和平かの選択を迫る任務を、国王から与えてもらいたかったのであろう。

その朝、ムッソリーニは、死刑が言い渡されていた二人のスラヴ系パルチザンに対する恩赦を認めるように、ダルマツィア司令官宛の電報を打った。後日、「首相としての自分の最後の決定が、二つの若い生命を救うことだったのは喜ばしいと思う」と書いている。午後二時、ガルビアティとともに護衛隊抜きで、数日前に空襲を受けたローマの被害地域を慰問した。被災者たちは彼を歓迎し、自宅を失った庶民の女性は泣きながら彼に抱きついた。しかし、和平を求める声を誰も上げなかった。むしろ、勝利まで戦いを貫く意志を示す人が多かった。ムッソリーニは感激し、それぞれの人々に慰めの言葉を掛けた。ドゥーチェが現れたという情報が周囲に広がり、間もなく車は群衆に囲まれてしまった。やはり彼の人気は、まだまだ高かった。

いつものように、群衆との接触からムッソリーニは新しい生命力を得ていた。トルローニャ荘に向かう途中、ムッソリーニは活気に満ちた声で「国民の連帯意識を強めるため、国王に声明を発表してもらいたい」とガルビアティに語った。ガルビアティが、国王は今でもムッソリーニを信頼しているかと慎重に訊ねてみたとき、ムッソリーニは「国王の全面的賛成なしには何もやったことがない」と答え、「二十数年間、週一、二回は国王に謁見し、すべての国家問題のみならず、私事についても彼と相談してきた。彼はいつも自分を支持して下さった」と述べた。トルローニャ荘で、ムッソリーニは三時半に軽く遅い昼食をとった。ラケーレは改めて国王のところに行かないように勧めたが、ムッソリーニは耳を貸さなかった。五時少し前、彼は国王が求めたように私服を着て、秘書室長とともに出掛けようとすると、ラケーレは「あなた方は今晩は家に帰れないのよ」と忠告して彼らを見送った。

やはりその通りであった。ムッソリーニは罠に掛かった。国王との会談の内容は不明である。後にムッソリーニはそれについて発表したが、どこまで信憑性があるかは分からない。国王側の資料も同様である。ともあれ、国王は緊張した面持ちで、ムッソリーニに彼の解任と、バドリオの首相任命を伝えたのは確かである。会談は二十分ほど続き、その後青ざめた顔の国王が、戸惑いながらムッソリーニを控室まで送り、彼に握手しながら「今日は暑いな」と弱々しく言い残して立ち去った。

祖国の死

ムッソリーニが表に出ると、玄関前に待機するはずだった自分の車が数十メートル先に移動させられていることに気づいた途端、憲兵大尉が現れて国王から彼を保護する任務を受けたと伝えた。「そのようなことは必要ない」とムッソリーニは叫んだが、「ドゥーチェ！　私は命令を実行しなければならない」と大尉は反論した。「それでは、ついてきてください」とムッソリーニは自分の車に向かおうとしたが、大尉は彼を抑えて「いいえ、ドゥーチェ！　私の車で行かねばならないのです」と言った。そしてそこに駐車してあった赤十字の救急車の方へ彼を導いた。ムッソリーニは躊躇しつつ乗り込んだ。安全措置であると思っていたが、実際は彼は逮捕されたのであった。

その夜、イタリア国民はラジオのニュースを通じ、ムッソリーニの解任とバドリオの首相任命を知った。また同時に国王とバドリオのそれぞれの声明も発表され、戦争の続行が訴えられた。直後に軍部に煽られて、イタリア全土で反ファシスト・デモが起こった。しかし、イタリア人の大部分は、一連の災いの頂点と見えたこの出来事に衝撃を受け、ムッソリーニの失脚が降伏への道を開いたことを感じた。イタリア人はすでに、降伏は不可避であると悟っていたので、この転換を諦めの気持ちで受け入れた。むしろ、これで戦争が終わり、政治的自由が回復するのではとの期待もあった。しかし、戦争はそれからもイタリアの歴史にかつてなかった大規模な内戦に変容して、なお二年間継続した。しかもバドリオ内閣は政治的自由を回復させるどころか、群衆に発砲し、ファシスト・反ファシスト双方を大量に投獄する強圧的軍事政権となった。

ムッソリーニ失脚の知らせは、ファシストたちを混乱に陥れた。『アヴァンティ！』時代からムッソリーニの側近だった国営通信社社長モルガーニは、情報を入手した途端拳銃で自殺した。ムッソリーニに宛てた遺書で彼は述べている。「イタリア人とファシストとしての深刻な痛みに、私は負けてしまった。私の自殺は卑怯な行為ではない！　もう精力も生命力も尽きてしまった。（中略）貴方の名前とイタリア救国への祈りを口にして死ぬのである」。モルガーニの絶望的行為は、その時点におけるファシストたちの精神状態を表していた。一枚岩としてムッソリーニに忠実だったファシスト党は、膨大な組織と十分な軍事力を保有していたにもかかわらず、まったく生命力が尽きてしまっていた。二十五日、党書記長も義勇軍参謀本部長もムッソリーニに武力行使を提案したが、拒絶されたので、ムッソリーニ逮捕の後、彼らは対応策に戸惑ったのも当然のことである。最終的に戦争状態の下で国に混乱を起こさないために、彼らは行動に出なかった。また戦争続行の知らせは、ファシストたちの愛国心に訴えた。

彼らは祖国の利害のため、嫌々ながらも新政権に抵抗しなかった。その反面、軍事政権はたちまちのうちに、ファシスト党の解散を命令し、危険と見なしたファシストたちを逮捕した。そのなかには、ムッソリーニに反対してクーデターへのきっかけを作って、その実施の後無用になった反対派の幹部たちも含まれていた。グランディはアックアローネとの関係を利用してポルトガルへの脱出に成功した。ボッタイは逮捕されたが、その後、降伏後の混沌を利用して外国への脱出に成功し、フランスの外人部隊に入隊して、戦後イタリアに帰り、ファシストたちに嫌われても、ファシストであり続けた。数人がドイツに亡命した。その一人はファリナッチであった。反ユダヤで親独派であった彼は、ナチ党の幹部から高く評価され、彼を中心にファシスト党を再建する可能性も検討された。しかし、彼はその器ではないことがすぐに明らかになった。しかも、ムッソリーニを非難したことでヒトラーの反感を買った。反独を自任したチャーノはスペインへの亡命のためドイツの援助を求めたが、しかし彼を乗せたドイツの軍用機はスペインではなく、ドイツに着陸した。チャーノは自ら罠に引っ掛かった。党の元書記長ムーティは憲兵に暗殺された。彼はイタリア人同士の戦争の最初の犠牲者となった。

ムッソリーニの戦闘的で粘り強い性格やその政治的感覚を考えると、彼が消極姿勢を示し、あまりにも簡単に罠にかかったことは今でも謎であり、さまざまな解釈が試みられている。例えば、一部のナチ党幹部は、戦争の継続を断念したムッソリーニが自分の失脚を意識的に許したとさえ疑っていた。これは根拠のない憶説に過ぎないが、ムッソリーニの言動が不可解であったことを証明している。彼の性格については、マッテオッティ事件と第二次世界大戦参戦の例を挙げて、不透明な条件の下で、思い切って決断することは苦手であったとの指摘がある。むしろ、時間を稼ぐなどして状況の好転を待つのが、彼の危機対策であった。したがって、七月二十五日に武力行使で問題を打開することは、ムッソリーニにとっては選びにくい選択肢であった。しかも、鋼鉄条約の締結以来続いてきた一連の失敗により、彼は失意の底に陥り、精神的に弱化し、悲観論と運命論の傾向がさらに強まったことも指摘される。

かつてルートヴィッヒから、ユリウス・カエサルが刺客に襲われたとき、なぜ抵抗しなかったと思うかと尋ねられたが、ムッソリーニは「彼は多分殺されるのを望んだのだろう」と答えている。前内務次官のブファリーニ＝グイディは大評議会の席上でのムッソリーニの超然たる姿勢についてこのように述べた。「ブルートゥスとその共謀者の短刀の下でカエサルが行なったように、頭にトーガを被ったようであった」。これはムッソリーニがルートヴィッヒに答えた言葉を連想させる。また、胃潰瘍の悪化による彼の肉体的な疲労との関連も指摘されている。彼はちょうどその日に発作を起こしているし、後にその日のことを、同じく胃潰瘍に悩まされていた未来派の詩人マリネッティに「貴方が知っているように、これも我々の病の症状である。精力は全くなくなるが、頭脳が透明になるほど明晰になる」と語っている。

この時期、ムッソリーニが疲れ果てて失望のどん底にあったことは疑いがない。実際、彼は一生でもっとも深刻な危機に直面し、肉体的にも精神的にも最悪の状態にあった。無意識のなかで引退を望んだかも知れない。しかし政治的感覚と責任意識をもって、最後まで自分の役割を果たさねばならないことを彼は自覚していた。彼は自らマリネッティに述べたように、精力を失ってはいても頭脳は相変わらず明断であった。ところが、ローマ進軍やマッテオッティ事件の時に彼が見せた、あの冷静かつ絶妙な合理的判断力は今度は狂った。彼は、ファシスト政権の崩壊と軍事的敗北は、同時に王政の崩壊をも意味すると判断し、しかもヒトラーを説得して、連合国との有利な和平条件を獲得できるのは自分だけであると考えていた。したがって自分の利害は国王の利害と一致していると思い込んでいたのであった。それですべてを国王に賭けた。実際国王も最後までためらっていたが、ようやくムッソリーニを解任した。しかし、ムッソリーニの予測通り、これは最終的に王政の崩壊をもたらした。国王は間もなく自分の誤算に気づいたが、もはや遅かった。

ムッソリーニ逮捕は比較的容易であったが、和平の獲得はそう容易ではなかった。新政権はそれについて何の計画もなかった。彼らがもっとも恐れていたのはドイツの反応であった。連合軍の侵攻に対抗するため、イタリアの国土にドイツ軍が多く進駐していた。バドリオは首相就任直後に戦争継続声明を出し同盟国を騙そうとしたが、これは幼稚な策謀に過ぎなかった。当然ムッソリーニ逮捕はドイツ側に警戒感を与え、イタリア駐屯軍は増強された。やはりムッソリーニがいなければ、ドイツから離れることも不可能であった。

クーデターの結果政権をとった軍部は軍事面ではすでにその非効率性を示したのであったが、国務に当たっても同じく無能であった。迅速な対応が求められるなか、バドリオは従来の仕事ぶりを変えず、午前中だけは執務室に現れ、昼食を済ますと昼寝を楽しみ、その後夕方まで友達とトランプ遊びに興じ、夕食をとって早寝していた。イタリアでの軍事力を増強していたドイツに対して何の対応策も練っていなかった。連合国との交渉も展開せず、無駄に貴重な時間を浪費した。その後、外務省と軍部とは互いに何の連絡もとらず、並行的に和平交渉を展開するという混乱の状態となった。とにかく、ムッソリーニの解任で戦争継続の意志がないのは明白になったので、イタリア側は連合国との取引の余地をなくし、先方の条件を全面的に受け入れざるを得なかった。戦後チャーチルが書いたように、戦争の成り行きが明らかになった後でも、連合国側はどの時点でもムッソリーニとの交渉に対して前向きであった。彼は冷静で慎重にもっとも適切な時期を選ぶことで、戦争を短縮するために大きな貢献ができただろう、と。まさに、ムッソリーニがいなくなったことで、和平交渉もできなくなったのである。

最終的に軍部は交渉の主導権を握り、一九四三年九月三日降伏協定に調印し、停戦は八日に決定された。その日の午後六時半には連合軍の最高司令官アイゼンハワーはラジオ放送で停戦を発表した。七時ごろ、ドイツ大使は外務省に呼ばれ、イタリア降伏を知らされた。当日の午前中、国王は大使にイタリアが戦争を継続することを再確認したばかりであったのに。七時四十五分にイタリア国営放送はバドリオの声明をもって国民に降伏を報道した。この声明でイタリア軍に連合国との交戦を中止し、《よそから》攻撃されたら応戦するように命令を与えられた。これで問題が解決されたと考え、なんの措置も講じないまま、イタリアの首脳たちは楽観的な雰囲気で帰宅した。ドイツ軍は平和的にイタリアから引き揚げると思い込んでいたのであろう。しかし深夜になると、方々からドイツ軍の攻撃の情報が入ってきた。午前四時ごろ、バドリオが起こされ、ローマが包囲されつつあることを知らされた。急遽、国王と政府の脱出が決められ、五時ごろ、国王はドイツ軍が封鎖していなかった唯一の国道を通じて慌てて逃亡した。政府と軍部の要人は、軍と行政機構にどのような指導も与えず、六時ごろローマを去った。

その後、イタリアは混乱に陥り、国家として崩壊してしまった。国土は連合軍とドイツ軍に占領された。国内の軍隊は四散し、ロシアから、バルカン半島、フランスまで展開された軍事力はほとんど抵抗なくドイツ軍により武装解除され、六十万人以上の兵士が戦争捕虜の資格を認められないまま、強制労働者としてドイツへ送り込まれてしまった。艦隊は停戦の合意により、連合軍に投降し、武装解除された。極東に展開された軍艦は一部自沈を試みたものの、日本に押さえられてしまった。国家統一のための闘争の始まりから百年も経たないうちに、イタリア人は祖国を失ったのである。

第七章　幻の共和国

ムッソリーニの救出

イタリアがこのような激変に直面している間に、ムッソリーニは囚われの身となって外界から完全に遮断されていた。逮捕の直後には自分の境遇も自覚していなかった。一九四三年七月二十五日の夜、彼はバドリオから偽善的な手紙を送られ、彼の身を守るための安全策が講じられたと説明され、行きたいところがあれば教えるようにとも伝えられた。ムッソリーニはそれを信用して彼の親切に感謝し、戦争続行の決定に賛成と協力の意思を表明し、カミナーテ塔へ行かせるよう要求した。

しかし、二十八日に彼はローマとナポリとの間の海岸の沖の離島ポンツァに連行された。この小さな島は古代ローマ時代からの流刑地で、ファシスト政権も政治犯を送り込んでいた。当時ポンツァ島に監禁された政治犯のなかには、社会党の書記長でムッソリーニの旧友ピエトロ・ネンニや、ムッソリーニの暗殺に失敗したザニボーニがいた。ザニボーニは懲役三十年の判決を受けていたが、途中ムッソリーニの特赦により監禁に減刑された。二人は双眼鏡でムッソリーニが送られて来たのを認め、今や同じ囚人となった政敵の姿に、情勢変化の激しさを感じた。

ムッソリーニに与えられた住まいは、かつてこの島に監禁されたエチオピア土侯が住んでいた後、長い間空き家になっていたものであった。家具はマットレスのないベッドと古いテーブルと壊れた椅子以外に何もなかった。逮捕以来ムッソリーニは家族への連絡もできず、最高気温が四十度近い暑さのなかで着替えることもできなかった。また彼はいつものように現金を持っていなかったので、食べ物をはじめ、日常生活に必要な物も買えなかった。こうした屈辱的待遇に、ムッソリーニはとうとう自分が囚われの身であることを悟り、落胆してしまった。

しかし失意のどん底に陥った途端、彼は意外にも共感する人たちと出会った。彼の監視役となった憲兵の軍曹二人がその家へやって来た。二人とも感動を隠そうとしなかったが、その一人マリーニ軍曹は、ファシスト式敬礼をして、「ドゥーチェ、貴殿に会見することは、かねてから私の熱望でありましたが、この状況の下では……」と述べたまま壁に額を当てて泣き崩れた。ムッソリーニも感激して彼と抱き合った。あと一人の軍曹も涙をこぼしていた。マリーニはファシスト党幹部の不正を発見したが、上司はそれを隠蔽し、かえって彼がこの離島に左遷された。このことを告発するために彼はムッソリーニに会いたがっていた。

かくて、ムッソリーニは素朴な人たちが自分に対して抱いていた愛情と信頼を確かめると同時に、自分の政権の不正についても反省せざるを得なかった。ともかく、マリーニと同僚たちはムッソリーニが何とか眠れるように部屋を片付け、食事も準備した。その後も幽囚の間、どこへ行っても自発的にムッソリーニに共感を示した人々が現れた。

翌日二十九日はムッソリーニの六十歳の誕生日であったが、マリーニ軍曹から桃を二個贈られ、ドイツのゲーリングから祝電を送られただけであった。ちょうどその日ラケーレは夫からの葉書を受け取った。そこには元気でいるので心配しないようにと書かれ、なお服と本を送るように求めていた。二十五日の夕方から出掛けて帰らなかった夫について、ラケーレは何の連絡も受けていなかった。ただ、二十七日に知り合いの王族からムッソリーニが逮捕されたことと、国王はすでに自分の行為の正否を疑っていたことを知らされた。ラケーレは服と本のほかに果物と現金一万リラを送った。本のなかには彼の書斎に広げたままになっていたイタリア人作家リッチョッティの『キリスト伝』も含まれていた。ムッソリーニはこの本をポンツァ島で読み終え多くの書き込みを残しているが、最終ページには「有頂天にさせる本だ」と書いた。ブルーノの死後、彼は宗教に近づいたが、この幽囚の間にその傾向はさらに強まった。ラケーレはその後カミナーテ塔に連行され、ロマノとアンナ・マリアとともに軟禁状態に置かれた。ヴィットーリオはドイツへの亡命に成功した。

八月七日、ムッソリーニはポンツァ島からサルデーニャの北にあるマダレーナ島へ軍艦で移された。これによってバドリオ政権はドイツによる救出工作を阻止しようとした。ムッソリーニはポンツァで海水浴を楽しむなどして、精神的にはある程度回復していた。彼をマダレーナ島へ移送した海軍の将軍はそれに気付き、ムッソリーニは未だ要注意人物であると、バドリオに忠告した。バドリオは彼を消すべきであると考えたが、何の措置も取らなかった。これは国王の反対もあったらしいが、それ以上にドイツの報復を恐れていたのである。

マダレーナ島には海軍基地があり、ムッソリーニは上級将校用の住まいを与えられたが、反面監視は厳しくなり海水浴も禁止された。ただし文書を書くことは許され、彼はノート二冊に自分の心境を書き留めた。この文書を彼は「ある哲学的・倫理的・政治的日記」であると、後に述べたが、原文は失われて部分的なドイツ語訳とムッソリーニ自身が引用した断片しか残っていない。懐疑的・悲観的な色合いを帯びてはいるが、その底には強い精神力が見て取れる。八月八日には「イタリアにもはやファシストがいなくなったと信じることはできない。恐らく前よりも増えているかも知れない」と書き、さらに次のように述べた。「ファシズムは全世界の関心を呼び起こし、新しい道を開いた思潮であった。すべてが崩壊することなどはあり得ない。この二十年間の事業や成果や希望について今日考え直して、「私は夢を見たのだろうか。すべて幻だったのだろうか。すべて見せ掛けだったのだろうか。深いものは何もなかったのだろうか」と、私自身に問いかけるのである」。

数日後にはこのようにも書いている。

「しばらくしてからもう一度、地平線の上にファシズムが光り輝くだろう。(中略)ナポレオンの二十年間は、歴史的事実としてよりも、現在フランス人の国民意識と切り離せない事実となった。恐らくイタリアでも同じことが起こるだろう。(中略)世界各地に散らばった我々の血を持つすべての人々が、顔を上げて恥じることなくイタリア人であることを宣言できた、(カトリック教会との和解からスペイン内乱まで)ファシスト時代の十年間について、今世紀後半の世代は自慢するだろう。(中略)罪を償うために苦しまなければならない。今日と明日のイタリア人の何百万人が、敗北と不名誉とは何を意味するか、独立を失うことが何を意味するか、主体から他人の政治の対象になることが何を意味するのか、完全な非武装が何を意味するのかを、自分の肉体と自分の精神をもって感じなければならない。苦い杯を最後の一滴まで干さねばならない。底を打ってこそ星まで昇ることができるのだ。あまりにも侮辱される経験から生ずる挫折感のみが、イタリア人に奪回への力を与えるだろう」。

十九日ムッソリーニは、ヒトラーからの大いに遅れた誕生日プレゼントを受け取った。それはムッソリーニのために特別に豪華に装丁された二十四冊のドイツ語原文のニーチェ全集で、ヒトラーからの友情を込めた自筆メッセージが添えられていた。ムッソリーニはマダレーナを去るまでに最初の四冊を読み終えたが、その後この本は行方不明となっている。ヒトラーはムッソリーニ逮捕を知って第一巻を再印刷させ、その中に暗号メッセージを入れていたという説もある。これは根拠のない推測に過ぎないが、ヒトラーはムッソリーニが囚われたことを知り、直ぐに救出作戦を計画したことは事実である。

クーデターの翌日の七月二十六日、ヒトラーは早急に親衛隊大尉オットー・スコルツェニーに「我が友ムッソリーニ」の救出を命じたのであった。スコルツェニーは直ちにイタリアへ行き、二十九日にはムッソリーニがポンツァ島にいることを突き止めたが、行動を起こす前にムッソリーニは移されてしまった。次いでスコルツェニーはムッソリーニがマダレーナ島にいることを知った。船乗りに変装して島に潜入し、ムッソリーニの囚われている建物を確認し、窓越しに彼の顔を見ることもできた。救出作戦は直ちに展開され、八月十八日スコルツェニーは偵察のため飛行機で島に向かったが、イギリス戦闘機に撃墜されてしまった。

九死に一生を得たスコルツェニーは、直ぐにヒトラーのもとへ報告に赴いた。ヒトラーは彼に向かい「スコルツェニー大尉、君なら必ず成功する」と力強く断言した。スコルツェニーはこの言葉に深い感銘を受けた。「フューラー（総統）の催眠術に近い説得力について何度も話を聞いたことはあったが、一度体験して私の疑いはすべて晴れてしまった。成功について確信を得た」と述べている。八月二十八日、スコルツェニーはマダレーナ島にたどり着いたが、ちょうどその日の朝、ムッソリーニがよそへ移送されたことを知った。ムッソリーニは水上機でローマ近くのブラッチアーノ湖の空軍基地に移され、そこから救急車でアペニン山脈最高峰グラン・サッソ山麓の別荘に幽閉された。水上機から降りたとき何人かの兵士が彼を認め、仲間を集めて救出に向かったが、その場に着いたところ、救急車はすでに出発してしまっていた。これはイタリア人による唯一のムッソリーニ救出の試みであった。

しかし別荘での滞在は長く続かなかった。休戦協定についての交渉の場で連合国はムッソリーニの身柄引き渡しを要求したので、バドリオ政権はさらに安全策を講じ、ムッソリーニはグラン・サッソの麓から海抜二千百十二メートルにあるホテルに移された。このホテルに行くにはロープウェイしかなかったので、完璧に安全であると考えられた。グラン・サッソではムッソリーニの生活環境はある程度改善された。彼はラジオを聴いたり新聞を読んだりしたし、監視役の兵士とトランプに興じたりした。休戦の日であった九月八日、一人の羊飼いが彼に近づき、その周辺の農民はみなファシストであることを強調してから、ドイツ軍による救出作戦が進行していることを告げ、自分は彼の所在をドイツ軍に教えるつもりだと述べた。しかしその必要はなかった。ちょうどその朝、スコルツェニーは偵察機からその地域の写真を撮っていた。

夕方ムッソリーニはラジオでイタリアの降伏を知った。監視は強化されたが、国王とバドリオ首相がローマから逃亡したため、政局は混乱に陥り、流動的な状況になった。もともと、バドリオはドイツが救出作戦を実行してきた場合、囚人ムッソリーニを殺害するように命じたが、この状況の下でドイツの報復を恐れた警察長官はその命令を取り消した。十日、ムッソリーニはラジオで休戦協定のなかに自分の身柄引き渡しが含まれていることを知り、大いに興奮して「引き渡される前に自殺するぞ」と叫んだ。実際に翌日の朝剃刀で手首を切ろうとしたところを監視役の兵士に取り押さえられている。

十二日、午前中、空は曇っていたが、昼ごろには強い風が雲を吹き飛ばし晴れてきた。午後二時、偶然窓から外を覗いたムッソリーニは、ホテル前の広場にグライダーが着陸するのを目にした。機関銃を手にした兵士が飛び出してきた。引き続き数機のグライダーが着陸し、同時にロープウエーからも武装した兵士たちが現れた。ムッソリーニは、彼らがドイツの救出部隊であることについて初めから疑わなかった。実際、最初のグライダーから飛び出した兵士のなかにスコルツェニーもいた。不意をつかれた監視部隊は何の反撃もできない格好になった。

無事にムッソリーニの救出に成功したスコルツェニーは、彼に向かい「ドゥーチェ、貴方を解放するためフューラーから派遣されたものです」と告げると、感激したムッソリーニは彼を抱き、「フューラーがこうして友情を示してくれるだろうと初めから確信していた。フューラーに、また君と、危険を冒してくれた君の仲間に感謝する」と答えた。スコルツェニーは引き続き、ラケーレと子供たちを解放するための作戦も展開中であることを告げた。スコルツェニーは、ムッソリーニは肉体的に衰えてはいたが、「燃えるような黒い目が、かえって偉大な独裁者そのままである」と感じた。

陸上での移動は安全ではなかったので、ムッソリーニを飛行機で移送することが決められた。ホテルの近くに狭い広場があったが、ドイツ兵士は監視部隊のイタリア兵士に助けられて、大きな石などを移動させるなど何とか準備をして、そこにドイツ空軍のスター、ゲルラハ大尉の操縦で、狭い場所でも離着陸できる超小型飛行機が辛うじて着陸した。この飛行機は二人乗りであったのでムッソリーニだけを乗せて帰る予定であったが、出発直前にゲルラハの反対を押し切ってスコルツェニーも乗り込んだ。飛行機の操縦の経験があったムッソリーニは心配を隠せなかった。身長百九十センチ、体重百キロのスコルツェニーの大きな体は離陸の大きな障害となった。そのために、ムッソリーニの安全を脅かしたことで後日彼はゲーリングから叱責された。とにかく、飛行機は奇跡的に離陸に成功し、一時間後ローマ南部のドイツ空軍基地にたどり着き、そこからムッソリーニはヒトラーの総司令部があるラステンブルクへ向かった。

途中、ムッソリーニはミュンヘンへ立ち寄りラケーレに再会した。彼女はバドリオのクーデター後のイタリア情勢について何も知らなかった夫にそれを報告し、これからどうしたいのかを尋ねた。ムッソリーニは彼女を暫く見つめ、「それについてヒトラーと細かく話し合うのだが、イタリア国民救済のため尽力するという私の方針を貫く決心をした」と慌ただしく答えた。「無駄じゃないかしら」とラケーレが訝しげに反論すると、彼はきっぱりと、「命をかける覚悟だが、約束を守らなければならない」と断言した。

ムッソリーニが救出された十二日、ドイツに亡命中だった長男ヴィットーリオは急にヒトラーの総統府に呼ばれた。執務室に入ると、ヒトラーは喜びに溢れる眼差しで彼を迎え、感激した様子で「喜ばしいことに、ドゥーチェが我らの勇敢なる兵士により解放された。彼は元気で、間もなくこちらに来るだろう」と語った。外国語が苦手なヒトラーであったが、この言葉をわざわざイタリア語で話したのであった。誰よりも早く、ムッソリーニの長男に自分で直接知らせたいという思いやりは偽りのない友情の証拠であった。

イタリア社会共和国の樹立

ヒトラーとの会談は十四、十五の両日、友好的でありながら緊張した雰囲気で行われた。ムッソリーニはヒトラーからオーストリア併合後に「一生忘れられないことだ」という電報を貰ったことに触れ、「今度は私が同じ言葉を言わなければならない」と述べ、「命を救われたというより、敵に引き渡されるというこのうえない侮辱を受けずに済んだことで、まさに感謝いたします」と付け加えた。その後イタリア情勢についての議論が行われ、ヒトラーは強気に出て、ムッソリーニが政権の座に復帰しなかった場合、イタリアはポーランドと同じようにひどい処遇を受けるだろうと、彼を脅かした。ムッソリーニに対するヒトラーの友情は変わらなかったが、クーデターを抑圧できなかったことと、幽閉により抑鬱状態に陥っていたことで、ムッソリーニの威厳が損なわれてしまっていた。今度は、今までと違ってヒトラーはムッソリーニの影響を受けないで、遠慮なく主導権をとった。

とにかく会談の結果、イタリアのドイツ軍占領地域でムッソリーニを中心にファシスト政権を樹立し戦争を継続する方針が決定された。勝利の後はイタリアは元の立場に復帰することも合意された。また、この場でヒトラーは初めてソ連との和平の可能性を仄めかした。会談に立ち会ったゲッベルスの日記によると、二人の独裁者の意見は完全に一致したという。

別れる前、ヒトラーはムッソリーニに二つの点について忠告した。一つは健康に気を遣うことで、もう一つは今までの過ちを反省して、側近と政敵を甘く見ないことであった。第一の点については、ムッソリーニはこれを受け入れた。ラステンブルクに滞在中、ヒトラーの主治医モレル博士が彼を診断したが、胃潰瘍を除いて健康状態は基本的に良好であった。ヒトラーの希望により、モレルの下にもう一人のドイツ人医師、ザカリエ博士が主治医として任じられた。効果は早くも表れた。適切なダイエットにより、ムッソリーニの運命を大きく左右した慢性胃潰瘍は治癒し、彼は体力を取り戻した。ただし第二の点については、ヒトラーの忠告は無視された。失脚の経験のあとでも、ムッソリーニは甘い独裁者であった。

ヒトラーとの会談の結果、ムッソリーニは政治の舞台に再登場することを決めた。しかし、失脚と幽閉によって肉体的にも精神的にも打撃を受けていた彼は、本心から復帰したのであろうか。あるいは、胸中に引退を望みながら、イタリアに対するドイツの報復を避けるため、ヒトラーの強い圧力に負けて無理に新政権の指導を引き受けたのではなかろうか。実際、憔悴したムッソリーニはもはや無気力で、ドイツの傀儡に過ぎなかったと主張する研究家が多い。幽閉中にムッソリーニは深刻な抑鬱状態に陥り、その後遺症が残ったのは事実である。

しかし、一九四三年九月の時点で、引退の可能性は彼にとってまったく論外であった。ヒトラーに会う前からその確固たる決心をラケーレに打ち明けたのであった。まず彼の高い自尊心が引退を許さなかった。敗北を前にしての引退は不名誉な逃走であり、歴史上の自分の位置づけを決定的に損なうものであった。さらに、自分の天命についての意識がそれを許さなかった。彼はイタリアとファシズムに対する天命を全うしなければならなかった。とりわけ、戦争に対する自分の責任を感じ、最後まで退かない決意であった。しかも、彼は資質として戦闘的であり、自分で参加しないで遠くから状況の展開を見守るタイプではなかった。彼は自分の政治的感覚を頼み、敗北に打ちのめされず最後まで諦めないで好機が現れてくるのを期待していた。

とにかく、ムッソリーニは新政権の形成という大任務を引き受けた。新政権の形成よりも国家の再建といったほうがいい。降伏の結果、国家機構は完全に崩壊し、ローマから逃亡したバドリオ政府は国土のただの一部分しか支配していなかった。連合軍の占領地区を除いて国土の大半はドイツ軍の支配下にあり、無政府状態に陥っていた。そこで、ドイツ軍による占領のつらい事実を忍び、できる範囲で独立性のある国家機構を作り直し、戦争継続のための軍事勢力を再編成するのが急務であった。

ムッソリーニはヒトラーとの会談を終えてからすぐ、同じ十五日には最初の緊急措置を講じた。イタリア国営放送を通じ、一連の指令を発表し、それによって彼を指導者としたファシスト党を「共和ファシスト党」として再生し、書記長に文化相として実績を挙げたアレッサンドロ・パヴォリーニが任命された。また、公務員は直ちに職場に帰るよう命じられた。そして十八日、ムッソリーニはラジオで直接イタリア人に訴えかけ、ほぼ二カ月ぶりに表に出た。彼は群衆と直に向き合うと得意の雄弁ぶりを発揮したのに、目の前に相手がいないラジオ演説は苦手であった。したがって彼の声には従来のめりはりがなかった。本当のムッソリーニの演説が放送されているのではなく、別人のものではないかと考える人も少なくなかった。それはともかく、巧妙に構成された演説であった。

ムッソリーニは国家を崩壊に導いた国王の裏切りを訴え、イタリア社会共和国の樹立を宣言し、祖国の名誉の奪回と、国土防衛のため武器をとるように国民に呼びかけた。また戦争の結果、社会正義を保障する労働者の国家である社会共和国としてイタリアを再生させることを約した。「我々の意志、我々の勇気、我々の信念は、イタリアに新体制や、将来性や、生命力や、世界におけるしかるべき立場を与えるだろう。これは希望ではなく、皆のための最高の信義でなければならない。イタリア万歳！　共和ファシスト党万歳！」。

その間、ムッソリーニは新政府の編成に取り組んでいた。内閣組閣は困難であった。クーデターに加担した旧政権の多くの要人は、当然登用できなかった。また、この状況の下で協力を拒否した者も少なくなかった。軍のなかで人望を集めていたロドルフォ・グラツィアーニ元帥が国防相となったのは大きな成功であった。また、初期からの参加者のなか、哲学者ジェンティーレもいた。彼はイタリア学士院院長に任命されたが、一九四四年四月十五日、自宅の玄関でテロの犠牲となった。

新体制の根本的な政治方針を決めるのも肝要であった。ムッソリーニは救出後の最初の演説で国民に新しい国家体制の樹立を約したのであった。まず、国王に遠慮する理由がなくなったので、共和制が導入され、ムッソリーニは国家元首となった。しかし、国家が分裂し外国軍隊に占領された状況では、憲法制定議会を開くことは不可能であったし、新生国家の正統性を証明するために戦争での勝利、少なくとも名誉ある平和を獲得するのが前提であると考えられたので、社会共和国の法的基盤の決定は戦後の課題とされた。

とはいえ、新生国家の体制の輪郭を示す文書が必要とされていた。共和ファシスト党と労働組合の大会が十一月十四日ヴェローナで開催された。この会議にムッソリーニは参加せず、党書記長パヴォリーニを議長とした。当時の緊張した状況の下で開かれ、あらゆる思潮の人物が参加したこの大会は、混沌そのものであった。とりわけ、フェラーラの党支部長が大会へ行く途中殺害されたという情報が届いたとき、一同は立ち上がって「フェラーラへ」と叫ぶなど混乱した場面もあった。パヴォリーニはフェラーラへファシスト党の特別警察の部隊を派遣することで事態を収拾したが、この惨事は会議に暗い影を投げかけた。しかも、フェラーラへ駆けつけた部隊は、ムッソリーニの激しい怒りを呼んだ残忍な報復を実行した。

しかし、このような悪い条件の下でも、この大会で決定された「ヴェローナの十八条のマニフェスト」は重要な文書であった。前もってムッソリーニの承認を受けていたこの文書は、ファシズムの歴史のなかでの節目であり、ある意味でネオ・ファシズムの誕生でもあった。注目すべきことに、その第九条は、ほとんど同じ語句で現行のイタリア共和国憲法前文に繰り返されている。「イタリアは労働に基づいた共和国である」という表現は、現行イタリア憲法の場合抽象的な揚言に過ぎないが、ヴェローナのマニフェストでは、労働者の企業経営参加制度の導入によって、少なくとも原則として具体化されている。将来の国家体制について、マニフェストは行政機構に対する市民による監視と「責任のある」批判の原理を導入し、下院の選挙を含む混合体制の導入を提案した。またファシスト党の草の根党員たちのかねてからの要求を受け入れて、党員による選挙で党幹部の選任の制度も認められた。このようにして、強い権限をもった大統領に対するバランスが工夫されたのである。この発想の延長線として、その後建設的批判の立場から国政に参加する反対派の形成も許可された。

社会共和国の国家理念を、ムッソリーニは自分自身の政治的遺産と見なしていた。初期ファショ運動は共和制を主張したが、のちに現実的判断により王政を容認した。ところが二十年間も継続したこの妥協は、深刻な危機に直面したとき崩れ去った。したがって新生ファシスト国家が大統領集権型共和国となったのは当然である。また労働者の経営参加への選択もファシスト党の社会的理想の展開の成果であり、労働憲章の主張を実現し、協調組合体制を完成する制度であった。経営参加の中核をなした利益分配の原理は、協調組合主義の基盤である労使協調の当然の帰結であった。

ムッソリーニの権威は低下したものの、多くのイタリア人にとって彼は国家崩壊のなかで唯一の希望であった。彼の周りに集まったのは、ファシストだけではなかった。一般の国民も、反ファシストだった人々さえ、降伏の屈辱に反発したり、あるいは社会共和国の構想に惹かれて新政権に協力した。社会党時代の仲間の何人もが、ムッソリーニに再接近してきた。

そのなかに、イタリア共産党の創立者の一人だったあのニコーラ・ボンバッチもいた。彼は二〇年代の共産党内の権力闘争に敗れて追放されていたが、レーニンをはじめソ連の指導層との個人関係を生かして、貿易会社を作って生計を維持した。スターリン時代になると、彼の友人が失脚したので商売が不可能になり、貧窮の状態に陥った。それを知ったムッソリーニは彼を援助したが、旧友の自尊心を傷つけないよう、援助金を出しているのが自分であるのを隠そうとした。反面、援助金がムッソリーニによることが判っていたボンバッチは、ムッソリーニに遠慮して判らない振りをしていたが、ついにヴェネツィア宮へ行き、涙をこぼしながらムッソリーニに感謝したという美談もある。ボンバッチを純情で清廉潔白の士として評価していたムッソリーニは彼をもっとも信頼できる相談相手の一人として、ヴェローナのマニフェストの作成や、労働者の企業経営参加等の政策決定に関して重用した。

勝ち目のない絶望的な状況のなかで創設されたにもかかわらず、共和国は意外にも幅広い支持を受けたのであった。このようにドイツ軍占領地域で短期間に国家の根本的な機能が回復したが、反面、イタリアを二つの国に分割するという結果をもたらした。ローマ以北のドイツ軍占領地区には社会共和国（通称・北の共和国、蔑称・小共和国、または政府の在所からサロー共和国）が誕生し、南部の連合軍の占領地区にバドリオ政権の王国（通称・南の王国）が存続した。しかも、降伏の結果イタリア軍が崩壊したとき、一部の兵士はドイツ軍による武装解除命令をきらって、山岳地帯に逃亡した。そこで降伏時の混乱の状態の下で収容所から脱走した戦争捕虜と合流し、ソ連人やユーゴ人からゲリラのノウハウを得て、ドイツ軍に対し抵抗活動を開始した。これはレジスタンスの始まりであった。その後は反ファシスト政党の分子や、徴兵やドイツへの労働者としての派遣を逃れる者の参加で、共産党分子の指導の下、勢力を伸ばし、ドイツ軍と共和国に対してゲリラ戦を展開した。このようにイタリア人は、国民同士が殺し合うという、民族の歴史のなかでもっとも暗い時期の一つを経験することになった。

南の政府の存在によってその正統性が否定され、領土内でもレジスタンスにより脅かされたイタリア社会共和国をドイツの傀儡国家とする見方があるが、実際、当時の事情が許す限りの国土を完全に支配し、行政・司法機構や警察等の旧国家の全機関を管理下に置いた主権国家であった。しかも、連合国占領軍の支配下に置かれ、国際法上主権を剝奪された南の王国に比較すると、イタリア社会共和国は同盟国軍の進駐による事実上の制限があっても、国際法上、国家としての主権を保有していた。

とりわけ、社会共和国が、南部政府と違って、徴兵を実施することに成功したのは、主権国家であった証拠として重視されている。徴兵を拒否し、パルチザンに参加する者も少なくなかったが、時代的条件を考えれば出頭率は悪くはなく、それで四個師団が編成された。共和国政府は百万以上の兵力を豪語したが、これはドイツで客員労働者として戦争に貢献した数十万人も含む数字で、実際の戦闘力は六十万人ぐらいと推定される。徴兵による四個師団以外はすべて志願兵であった。戦勝が絶望的な状態でこのような多くの志願者が出たのは、歴史に前例のない現象であった。大部分は元王国軍の兵士であった。国防義勇軍は全員、ファシスト政権下に編制された空軍は大半は共和国軍に合流した。陸海軍からは、とりわけエリート部隊を中心として参加者も多かった。驚異的なことは少年少女の参加であった。党の武装部隊の年齢制限は特別な場合に例外的に十五歳まで下げられたが、生年を偽ってより若い少年少女も入隊しようとした。それについての詳しい数字はないが、戦没者の年齢から測定すると、共和国軍の兵士のうち数万人が十八歳以下であり、少し年上の将校たちに指導されていた。これも歴史に例のない現象で、新世代に対するムッソリーニの期待は無駄ではなかったことを示している。

ただし共和国の主権国家としての大きな限界は枢軸側諸国以外に国際的承認を得られなかったことである。スペインとポルトガルのような、枢軸国家に好意的な中立国家も、事実上の外交関係を結んでも公式に承認することを控えた。しかも在外イタリア外交官からの参加者は少なく、大使級は一名だけであった。駐日イタリア大使館でもキャリア外交官は全員共和国に参加せず、日本政府に拘留されることを選んだ。そのなかに武官として派遣されていたクラレッタの前夫フェデリーチもいた。公務員の大半が共和国に参加したが、そのなかで、外交官の姿勢は対照的であった。恐らく彼らは国際政治の経験により、冷静な目で時局を判断し、勝ち目のない冒険に巻き込まれないのが賢明と考えたであろう。また、国王への宣誓を守る意識も働いたのであった。実際、イタリア国内でも胸中ムッソリーニ政権に共鳴しつつも、宣誓を反故にはできなかった官僚や将校は多かった。反面、連合国の捕虜になった兵士のなか、南政府側の捕虜に与えられた有利な待遇を一蹴して、ファシスト戦犯扱いされ、厳しい待遇を受けても共和国に忠誠を宣言した者が何千人もいた。

今になって社会共和国の正統性について論ずるのは、無駄な空論に過ぎない。南の政府も、北の政府も独自に将来の進路を決めることはできなかった。それぞれの運命は戦争の結果に左右されていた。勝てば官軍とは、厳しい現実であった。そして社会共和国の運命ははじめから決まっていた。最初の段階でイタリア国土の大半を占め、一部の国民の支持に支えられた共和国だったが、連合軍の漸進により次第に領土を失い、対パルチザン・ゲリラ作戦に大きな犠牲を払った兵士の士気は低下し、最終的に駐イタリア・ドイツ軍の降伏により混乱のなかで壊滅する運命であった。

イタリア社会共和国は傀儡国家ではなかったとしても、《幻の共和国》であったことは確かである。ムッソリーニをはじめ共和国を支持したイタリア人は、たとえ胸中不可能な勝利へのか細い望みを秘め、最後の破滅を覚悟していた。共和ファシスト党の武装組織であった「黒い旅団」のトスカーナ地方部隊の軍歌に、「一時の卑怯さを振り払うために死ぬ覚悟だ。たとえ余生一秒さえあれば、永劫のつもりで生きよう」という言葉があったが、それはあの時代の精神を象徴していると言える。共和国軍の標語は「イタリアの名誉のため」であったことから推測できるように、ムッソリーニたちの意図は敗北を超越する道徳的遺産を残すことであった。

新生共和国の政府がローマに置かれていなかったことは、この終末の予感を強調したのである。ローマは戦線にあまりにも近かったので、政府は臨時にミラノとヴェネツィアの間にあるガルダ湖畔のサローに置かれた。ムッソリーニはドイツから帰国して、一カ月ぐらいカミナーテ塔で休養し、十月初旬、サローの近くガルニャーノに定住した。執務室はカトリック系の尼僧の会であるオルソリーネの別荘に置かれた。十九世紀調の執務室は質素であり、「両半球図の間」の荘厳さと対照的であった。今度は彼は黒シャツの上に地味な灰緑色の制服を着て大きい眼鏡を掛け、実際より老けて見えた。やつれた顔のなかで、活き活きした目がより大きく映っていた。訪問客があると彼は立って迎え入れ、椅子に座らせた。失脚と幽閉の経験は彼をより人間的にした。

海を愛したムッソリーニは、動きのないガルダ湖を好まなかった。特に冬は憂鬱を感じた。この雰囲気のなかで彼の悲観的態度と人間不信は一層深まった。気分が不安定になり戦争の展開は彼を一喜一憂させた。彼を支えていたのは、自分の信念への確信や、遅かれ早かれ自分が歴史に認められるだろうという自信であった。最後の最後まで、彼はドイツの秘密兵器や日本の不滅神話を信じて、胸中に勝利への希望を秘め、国際政治への再登場を期待もしていた。

自分個人の悲劇を泰然と受け止め、在りし日の余計なレトリックを捨てた、人間ムッソリーニの最後の姿はいよいよ本物となった。彼は天命の意識に生き、そのためにすべてを捨てた人間であった。そしてこれからの六百日間、彼はイタリアの悲劇を自分の肩に背負っていることを感じていたのであった。彼はもはや現在性と人間性を失った歴史的存在になってしまったことを自覚し、生きている死者であるとさえ考えた。にもかかわらず、精力的に職務に当たり、総理の時代よりも多くの仕事をこなした。彼の働きぶりに驚嘆した側近に「俺は二十年間イタリアを引っ張った馬車馬だ」と無愛想に答えたこともある。

しかし前と違って、彼は大衆との接触を追求しなくなった。今はイタリア人と接するに、演説ではなく新聞記事を選んだ。彼は昔の職務に戻ったかのように、一日の半分を執筆に割いていた。彼は定期的に「共和国通信」という一連の記事を執筆して時局について論じ、また『コリエーレ・デラ・セーラ』紙上に自分の失脚の事情を語る「一年史」を連載した。この連載の前書きの結語に「今日イタリアは十字架に磔《はりつけ》にされているが、すでに復活の夜明けが地平線に見えている」と述べたことに彼の心境が窺える。

ヒトラーとの最後の会談

ドイツとの関係も大きな難題であった。建前として同盟国だったドイツは、事実上イタリアを占領し徹底的に管理していた。ムッソリーニ自身も、安全措置という名目でドイツ軍の厳しい監視下に置かれ、移動の自由も制限されていた。ヒトラーの命令で彼の護衛に当たらせられた親衛隊の小隊は、実は彼を監視していたのであった。ドイツの絶えざる干渉の結果、共和国の主権は単なる見せ掛けになってしまう恐れがあった。特にレジスタンスの行動に対するドイツ軍の報復措置は、国民の反感を呼び起こし、共和国の権威を損なうので、ムッソリーニは憤慨し、それを差し止めるために全力を尽くした。彼は毎日のようにドイツ側首脳と衝突し、何度もヒトラーに直接介入を依頼せざるを得なかった。実際、直接占領支配を望んでいたドイツ側にとって、共和国は厄介な妨げであり、その存在を保障したのは二人の独裁者の間の友情だけであった。

しかし、ムッソリーニの心をもっとも痛ましく悩ませたのは内戦状態であった。彼は一政党の指導者ではなく、すべてのイタリア人の元首たらんと意識し、戦争継続によりイタリア民族の名誉と、歴史のなかでの役割を奪回することを望んでいた。しかし、多くのイタリア人は、共和国の建設を独裁政権への回帰として受け止め、ドイツ軍の協力者と見なしたファシストたちに対して戦闘活動を展開していた。とりわけ、主に共産党分子によって形成された都市ゲリラ組織はテロに走り、共和国の支持者の無差別的な殺害をくり返した。彼らの行動は報復を呼び、血で血を洗う国民同士の戦争状態をもたらした。

その結果、治安維持が共和国の軍事力の主な活動となった。連合軍に対抗するため結成された共和国軍が同胞に対する戦いで力をすり減らしてゆく現実は、彼を深く苦しませた。ファシズムの最大の成果であった国民的結束が、殺戮と報復の悪循環により彼の目の前で崩壊しつつあった。毎朝、党書記長が対パルチザン戦に関する報告を提出するとき、彼は殺されたファシストたちの名簿に目を通し、激しい怒りを感じたが、直ぐに冷静さを取り戻し、報復をやめさせ死刑を免除するような措置をとったりもした。こうして何人ものパルチザン指導者が命を救われた。しかし、内戦の最前線に立つ人々は、当然このような寛容さを評価しなかった。かくて、彼は部下からも非難される羽目に陥ってしまうのであった。

なお、彼を失脚させたファシズム大評議会の反対派の処分はムッソリーニにとって極めて苦しい経験となった。グランディやボッタイらの首謀者を含めた反乱派の大部分は逃亡に成功していたが、チャーノら七名がファシストに逮捕された。草の根の党員は彼らの処罰を当たり前と思った。混乱を極めたヴェローナ大会の席上でも、全員一致したのは一点だけであった。七月二十四日の大評議会でグランディ案に賛成し、ファシスト体制の崩壊をもたらした幹部たちを反逆者として決定し、厳しい処分を要求したのである。ラステンブルク会談の際、ヒトラーもムッソリーニに彼らの処分を求めていた。しかし彼は、長年ともに活動してきた人々に対して断固たる措置をとることをためらっていた。とりわけ、逮捕者のなかにはローマ進軍の指導者の一人だった高齢のデ・ボーノ元帥もいた。ムッソリーニは個人として自分を裏切った人々を許したし、しかも復讐をもって新生共和国の出発点とすることは賢明ではないと考えていた。反面、裏切り者に対しては断固たる措置をとらなければ、共和国建設と戦争継続の道義的根拠がなくなるとも感じ、精神的に悩んでいた。

ムッソリーニの苦悩をより深刻にしたのが、愛娘エッダの夫チャーノの存在であった。彼自身もチャーノの裏切りに大きな衝撃を受けていた。大評議会の帰りの車のなかで「チャーノまでも……」と呟き、幽閉中も娘婿への強い反感を抱いた。しかし、解放後はエッダの強い嘆願に説得され、チャーノとは和解していた。今彼の本意は、チャーノをはじめ、皆の命を助けてやることであった。しかしチャーノが処刑されてから彼が「もしチャーノ銃殺を差し止めたならば、娘婿の命を助けたと非難されたであろう。そして今日は、自分の孫たちの父親を銃殺させたと皆が言うだろう！」と指摘したように、チャーノとの親戚関係は彼に介入の余地を与えなかった。

とにかく、逮捕者中チャーノだけが首謀者の一人であって、ムッソリーニに愛されていながら彼を裏切ったことは許しがたい、とファシストたちに嫌われた。ヒトラーも、ムッソリーニが自分の娘婿は死刑にできないと言った際、冷酷に「娘婿であるからこそ処刑すべきだ」と反論した。この状態の下で、彼は受け身で事態の展開を見守るしかなかった。《反逆者》たちを裁く特別裁判は、一九四四年一月九日ヴェローナで開廷され、二日間で判決を出した。大評議会の翌日にムッソリーニ宛の手紙でグランディ案への賛成を撤回した一人を除き、全員死刑の判決が下った。彼らが提出した助命嘆願書はムッソリーニには届かず、十一日に銃殺刑が執行された。錯乱状態に陥った一人を除き、全員堂々と刑場に赴いた。そのなかで「ドゥーチェ万歳！」を叫んだ人もいた。

ムッソリーニは神経を尖らせて裁判を見守った。側近は彼が自殺するのではないかと心配するほどであった。死刑が実行されたあと秘書室長から受刑者の最期の様子に関する報告を彼は黙って聞いていた。秘書室長はその場面についてこのように述べている。「彼の顔も視線も緊張を示していた。私の言葉一つも聞き漏らさなかった。彼の顔は恐ろしいほど青ざめ、彼の指は絶えず机を叩いていた。彼の心の緊張は最高度に達していた。極めて長い沈黙の後彼はとうとう口を開いたが、その声の調子は暗く、荒く、怒りに満ちていた。「アルプス山脈の向こうの人々にも教えてやろうじゃないか、どのようにイタリア人が死ぬかを！」――彼は叫んだ――「彼らはこの裁判を要求したが、私の意見をあなたはよく知っている。国家的理由のためこの最高の犠牲が必要であったのだが、しかし将来イタリア人は、私を残酷だと批判するだろう」。

エッダとの衝突はムッソリーニに大きな精神的打撃を与えた。彼女は必死で夫を庇《かば》い、父に助命を乞うた。だから夫の処刑後はムッソリーニを罵り、ドイツの傀儡だと呼んだり、彼を困らせるために重要な情報を公開すると脅かしたりした。後々までエッダは父親を許さず、父娘の断絶は決定的になった。反面ラケーレはチャーノ処刑を毅然として認めたから母娘の関係も険しくなり、ムッソリーニ家は混乱に陥った。この困難のなかで彼を愛し、慰めを与えたのはクラレッタだけであった。

ムッソリーニの失脚の後、クラレッタは酷い目に遭っていた。イタリアの新聞は一挙に二人の関係をスキャンダルめいた形で暴露する報道で毎日賑わうようになった。クラレッタは両親と妹ミリアムとともに何の理由もなくバドリオの命令で逮捕され、兵役中の弟マルチェーロも身柄を拘束された。獄中でムッソリーニの安否も知らされず、失望のどん底に陥ったクラレッタは、ムッソリーニ宛の手紙の形をとった日記を綴り、自分の心中を吐露した。イタリアの降伏のあと、一族はドイツ軍に救出され、ムッソリーニとクラレッタは再会した。ムッソリーニは、彼女や家族までもが投獄されたことに衝撃を受けた。彼女が自分のために犠牲となった事実を知ると、彼にこの女性が自分にとってどれほど重要であったかがわかった。かくて二人の関係は一層深まったのであった。

しかし今度は、二人の愛を取り巻く情勢は険しくなり、昔のように簡単に逢うことはできなくなった。ドイツ側はムッソリーニを取り込む工作にクラレッタを利用しようとし、ファシスト党のタカ派は彼女をムッソリーニの精神的衰弱の原因と見て非難し、暗殺計画を練ってもいた。さらに、失脚の前まで二人の関係には見て見ぬふりをしていたラケーレは、今度はそのことでムッソリーニを執拗に責め、夫婦関係は悪くなった。クラレッタはムッソリーニの臨時官邸から遠くない故ダンヌンツィオの憂鬱な屋敷に住まいを構え、ムッソリーニとの逢瀬には日本大使館の某書記官の住まいの隣にあった別荘も利用した。この書記官によると、ムッソリーニは彼への訪問を口実にして、時折庭を通ってクラレッタを訪ねた。これを知ったラケーレが、突然現れて大いに暴れたという一幕もあったという。

こうした状態のなかでムッソリーニを心強くさせたのは、若者が数多く軍に志願していることであった。共和国の正統性の基盤となる軍事力の再建は、彼がもっとも重視する問題であった。したがって初めて精力と希望を取り戻したのは、一九四四年四月の、ドイツで訓練していた海兵隊師団「サン・マルコ」への訪問の際であった。彼は高度な訓練水準に好印象を受け、兵士たちの熱狂的な歓迎にも感動した。その前にムッソリーニはヒトラーと会談し、ソ連との個別和平を提案したが、無駄であった。その際、ヒトラーの主治医モレル博士に診断を受け、胃潰瘍がほぼ完治していることも分かった。これも気分回復の一因であった。

ところが、イタリアに帰ると、戦線からの情報は悪くなるばかりであった。六月四日、ついに連合軍はローマに入城した。連合軍が一月にアンツィオに上陸して以来、六カ月ほど継続したローマ防衛戦には共和国軍の部隊も参加し、今度は全滅寸前まで勇敢に戦った。ローマ陥落は大きな衝撃であった。哀悼の意を表すため三日間公共活動が休止され、店舗は休業した。連合軍を海へ退却させることを願っていたムッソリーニも落胆したが、国民に対する声明を発表して、戦闘のために力を尽くすよう呼びかけた。ローマ陥落の翌日、連合軍はノルマンディーに上陸し、間もなく日本本土への空爆も開始された。枢軸国の武運は傾きつつあったが、かたやムッソリーニは昔の精力を取り戻したかのようであった。

ローマ陥落の後、ドイツ軍は中部イタリアから次第に引き揚げ、アペニン山脈の北部に防衛線を敷いた。その結果、共和国の領土は北イタリアに縮小された。フィレンツェも陥落したが、ドイツ軍の引き揚げの後、都市に入った連合軍は意外にも民兵の決死隊の抵抗に遭い、激しい市街戦が何日も続いた。決死隊のなかには女性も多く、ムッソリーニはフィレンツェの女性の勇敢さを「共和国通信」の記事で称えた。

七月、ムッソリーニは再びドイツを訪問し、バイエルンで訓練中の共和国軍四個師団を閲兵した。とりわけ陸軍師団「リットーリオ」の実弾演習は素晴らしく、ドイツ軍高官たちも感心したので、彼は大いに満足した。そのとき、将校たちに向け、「もう一度国民になるためには、戦いに戻らなければならない。何故ならイタリアは、いつものようにこの劇的な選択肢に直面している。大国として存在するか、あるいは存在しないかである」と訴えた。各師団の兵士たちの歓迎ぶりは、栄光の時代よりもさらに情熱的であった。彼は特にベルサリェーリ（狙撃隊）の行進に大きな感銘を受けた。彼自身もかつてベルサリェーリの隊員だったからばかりではない。駆け足で行進する兵士のうち一人は、松葉杖をついて脚一本で走っていたのである。彼の顔には努力と苦痛が表れていたが、ドゥーチェの前を走っていることとの喜びは、彼の目の輝きに表れていた。

その後七月二十日にムッソリーニは、ヒトラーの最高司令部があるラステンブルクに到着した。列車は多少遅れたが、青ざめた顔のヒトラーが腕を三角巾で首から吊るし、焼けた制服を着たままで彼の到着を出迎え、「ドゥーチェ、悪魔の装置が私に投げつけられたばかりだ！」と言った。実は少し前、シュタウフェンベルク大佐によるヒトラー爆殺未遂事件が起きていたのであった。予定では爆破時刻にはムッソリーニもヒトラーとともにいるはずだったから、彼も暗殺の標的とされていたが、列車の遅れにより免れたのであった。ヒトラーはムッソリーニを爆破現場に案内した。彼は大きな衝撃を受けてはいたものの、冷静さを保ち、「爆風によってほとんど裸になってしまった。運よくご婦人方はいなかったが……」と、冗談を言う余裕も見せた。ヒトラーは、奇跡的に生き残ったことこそ、自分の天命が必ず全うされることの証拠だと述べたところ、「その通りだ」と、ムッソリーニも同意して、「天は貴方を保護するために手を差し伸べたのだ。今日この部屋で起きた奇跡を考えると、我々の天命が全うされないことはあり得ないのだ」と語気を強めて言い切った。

その後のムッソリーニ＝ヒトラー会談では、イタリア側の要求が完全に受け入れられる結果となった。今度はドイツ側は、彼らの中にも謀略勢力があることを認めざるを得なかったことでいつものように強気に出ることはできなかった。ドイツで演習中のイタリア師団はイタリアへ帰国し、ドイツ師団とともにグラツィアーニ元帥の指揮下の混成軍団として戦線に配置されることとなった。またムッソリーニの懸案だった、降伏時にドイツ軍捕虜となりドイツで強制労働に就かされていた元イタリア軍人六十万人に、自由労働者の資格を与える件も了承された。またヒトラーは、唯一の勝利の希望である秘密兵器開発が順調であることもムッソリーニに告げた。別れの際、ヒトラーは熱意を込めてムッソリーニに「貴方は自分個人とドイツ国民のもっとも高貴な友人である。何が起こっても、ドイツとイタリアのより輝かしい将来を確信している」と述べた。これが二人の独裁者の永遠の別離であった。

敗北の覚悟

ドイツ訪問の後ムッソリーニは肉体的にも精神的にも回復し、大衆の前に久しぶりに出ることを決めた。十二月十六日彼は治安当局の反対を押し切って突然ミラノへ行き、リリコ劇場で最後の大演説を行なった。群衆の熱狂に煽られて、彼は従来見られたような対話的な方法で演説を展開しながら、幅広い内容にわたり、戦争問題のほかに社会政策や反対勢力の政治参加という課題にも取り組んだ。日本について言及する部分もあった。「遠くて近い日本について話したい。旭日の帝国が決して負けることなく勝利まで戦い抜くことは、確信というよりも疑い得ない事実である。(中略)日本の意志と魂を示すのは、死を覚悟した特攻隊の存在である。数十名規模ではなく、何万人もの若者たちが「一機以て敵艦一隻」を合言葉にし、それを実行する。(中略)共和国イタリア人たる我々にとって、世界の感心感嘆を得ている天皇の陸海空の兵士たちが、誠実で我々に理解を示す仲間として共にあることは誇りである」。

それについて、ムッソリーニはエチオピア戦争の際、イギリスとの戦争に至った場合に備え、イタリアでも英艦隊を標的とした決死の特攻隊が結成されたこと、名簿の筆頭に志願したのが当時の空軍司令官バルボであることを初めて明かした。「さて、もしいずれか、このような特攻隊を作る時が来たならば、もし我々の血脈に古代ローマの戦士の血が未だ流れていることを証明すべき時が来たならば、国民に対する自分の呼びかけは無駄になるのだろうか?」と問いかけたとき、「否!」と答える聴衆の叫びが会場に響きわたった。ムッソリーニと群衆との対話が復活したのであった。

久しぶりに群衆に接近したムッソリーニを取り囲んだ情熱は驚異的であった。ファシストたちが集まった劇場の熱狂は当然であっても、市街地で彼を喝采して迎えた数千人のミラノ市民の熱烈な歓迎ぶりは誰も予測できないものであった。レジスタンスの歴史家であるジョルジョ・ボッカは、ムッソリーニが無事にオープンカーで市街パレードを行なったことについて、「これはミラノのレジスタンスの弱さを示したものである」と認めている。

ミラノで過ごした数日間の経験は、熱烈かつ行動的で、彼に勇気を与えた。彼はサン・セポルクロ広場で、一九一九年に戦闘ファショが結成された建物のバルコニーから「イタリア史だけではなく、世界史に残る」この出来事を記念する演説も行なったのである。

共和ファシスト党の武装組織だった「黒い旅団」のミラノ本部を観閲し、若い隊員たちに向かって「この秋は灰色であるにもかかわらず、祖国の大いなる春は近づいている。それを自分は君たちの情熱から感じ、君たちの目に読み取るものである」と述べた。またイタリア軍隊史上、初めて結成された婦人補助部隊も閲兵し、その宣誓を受けた。「女性同志の皆さん、極度に清らかな魂を以て、あらゆる条件の下にも貴女方が今日行なった宣誓を守ることを、自分は確信している。しかし、一つ忘れないで欲しい。この宣誓は自分にではなくイタリアに対するものであるのだ」と強調した。彼は部隊に隊旗を授与する際、最初に隊旗に口付けをし、次いで旗手の少女のほおにも口付けをした。彼のとなりにいた主治医のザカリエは述べる。「少女はたとえようもない至福を示す、法悦の表情を見せていた。彼女の顔には大きな柔和と、完全な献身と、激しい感動が読み取れた。私にとって一生忘れられない光景であった」と。

偶然、このミラノの熱狂的な数日間に、希望を取り戻すような幾つかの戦果が見られた。アルデンヌでのドイツ軍の反撃は当初成功を収め、イタリア戦線でも共和国軍の反撃が連合軍の不意を突き、フィレンツェに迫る勢いを見せた。イタリア戦線での連合軍の弱さが証明されたので、ムッソリーニは大規模な反撃が可能であると考え、長男ヴィットーリオをヒトラーのもとへ特使として送り、四個師団の派遣を要請した。しかしヒトラーは決戦場である東西両戦線からは一兵たりとも送れない、と断った。ムッソリーニはこれを受け入れざるを得ず、ヴィットーリオに「この二次的戦線での我々の成功も、戦争全体の成り行きを変えることは出来ない」と苦々しく言葉にした。にもかかわらず一九四五年一月末、猛烈な吹雪の中、彼はアペニン山脈の前線部隊を訪問した。

枢軸国軍の戦果は一時的なものであり、不可避だった敗北を遅らせることにもならなかった。一九四五年三月一日、七回目のダンヌンツィオの命日に詩人の記念館で行われた演説でムッソリーニは、現在を超越する民族の歴史の永遠性に対する信念を表明した。死せるダンヌンツィオに向かって、「君は死んだのではない。地中海の真ん中にイタリアという半島が存在するかぎり死ぬことはない。君は死んだのではない。この半島の中心に、我々がいずれ必ず帰るローマという都が存在する限り、君は死ぬことはない」と述べたのである。しかし、彼はもはや敗北を覚悟していた。このローマ帰還の確信は、すでに不可能となった軍事的勝利ではなく、思想的勝利への確信であった。そして、永遠に民族の歴史に残る詩人ダンヌンツィオの運命に、ムッソリーニはおそらく自分の運命を重ね合わせたのであろう。

敗北の予感が漂う一九四五年の悲しい春、死はムッソリーニの脳裏を離れない存在となった。三月、あまりにも死のことを考え過ぎていると彼を批判したドイツ人女性記者に、このように反論した。「死は我が友となり、もはや恐ろしい存在ではなくなった。あまりにも苦労した人間にとって、死は神の恵みである」。そして、迫りくる終焉に対する自分の心境を打ち明けて、「私に開かれた道は、死以外にない。それが正当だ。私は過ちを犯したのである。それを償おう。もし私のこの虚しい命に、何らかの価値があるのなら。(中略)誰も責められない、私以外は誰も非難できない。私は責任を取ろう、世界が否定できない成果であるにせよ、私の弱点と頽廃であるにせよ。私の星は傾いた。すべて道化芝居に過ぎないことを知っていても、私は自分の務めを果たし、何とかやり遂げたいと思う。悲劇の終幕を待ち、すべてのものごとから離れてしまったという微妙な感じで、もはや役者としての意識も失ってしまった。最後の観客であると思っている。私自身の声も、録音のように私の耳に聞こえてくる。私はもはや囚人であり、ゲームの単なるカードに過ぎない」と告げた。それでも、ムッソリーニは敗北者を意識したのではなく、失望の中でも自分の信念を捨ててはいなかった。「今は私は沈黙を守る。しかし、いずれ世界は私の声を聞くだろう」と予言のように言い切った。

四月十七日、ついに状況は破局へ向かった。連合軍が攻勢に転じ、ポー平原に進出したのである。彼は妹エドヴィージェと別れ、鋭い先見性を発揮して戦後の世界について自分の所見を述べた。イタリア・ドイツ・日本は歴史を先取りして広大な影響圏を主張したが、これは逆に彼らに災いとなり、国家でありながら大陸と戦い、敗北を喫した。枢軸国家を破るために英米がソ連と結んだ同盟は不自然である以上、解体するのは必至であるが、対立は第三次世界大戦までに至らないであろう。戦後の国際関係は大陸と大洋を単位にして行われ、敗戦国はもとの位置を回復しないであろう。まして分割される運命であるドイツは。イタリアは自分の文化を生かして統合ヨーロッパのなかでの位置付けを追求すればよい、と。二十世紀の歴史のなかで自分の果たした役割について、ムッソリーニは自分に満足であり、復讐も再評価も望んでいないと、強調した。

締めくくりとして、「私は一生の間、演説でも文章でも数多くの引用を行ってきた。間違ったものもあると言われているが、今はもう一つ引用したい。今こそは正確である。ハムレットが言ったように、私も「その後は沈黙となる」と言おう。かねてから大いなる沈黙に入る決心はできている」と述べた。これは、彼を死に追いやった悲劇の前夜の心境であった。不可避な運命に対する諦めだけではなく、歴史が自分に課した役割の自覚でもある。

ムッソリーニは、殺されることが自分の天命であると意識していた。サルファッティは初めてムッソリーニに出会った時、サヴォナローラを連想したという。しかし、あの熱狂的な予言者が火炙りの刑で命が取られたと同じように、彼はサヴォナローラになるには自ら生贄とならねばならない。この事実をムッソリーニが悟ったのは幽閉中であった。そのとき彼は、連合軍に引き渡され裁判に掛けられるという屈辱には耐えられないと感じ、死に方によって歴史上の自分の立場が決定されることを知ったのである。これは救出後の彼の、行き詰まった時の選択となった。ラケーレと再会した際、彼はこれから命をかける覚悟であると語った。したがって、敗北のとき逃亡や脱出の可能性を彼は断固として拒絶した。四月二十五日、息子ヴィットーリオからスペイン亡命用の飛行機の準備ができたと告げられた時も、彼は毅然として「馬鹿な話はやめろ！　皆は俺に脱出するよう催促するが、俺がイタリアを去ることはない。部下を捨てることはない。ローマから逃げた国王と同じ非難を受けたくはない」と言った。彼は国王やバドリオを厳しく非難していたが、同じ過ちを繰り返すはずがなかった。

それは、部下を捨てたり敗北を生き延びることを自分に許さない、自分自身の気質と名誉意識だけではなかった。彼は、自分にとっての道化芝居と悲劇との間の微妙な分岐点が「死」であることを自覚していたのである。軍事的敗北や、失脚や、逮捕、幻の共和国の経験の後、自分の歴史的立場を決定するものは、死以外にはないと彼は感じていた。しかし、彼の覚悟は、自殺をもって歴史の終焉を告げようとしたヒトラーとは、まったく違うものであった。ムッソリーニにとっての死は、歴史のなかでの自分の永遠性を保障するものであった。そのために自殺ではなく、生贄の形を取らなければならなかった。無意識のうちにも彼にあった、こうした根本的な決心を念頭に置かなければ、死に至るまでのムッソリーニの行動は理解し難い。

さらに、彼の行動をより難解なものとしたのが、不可避である自らの死を受容する一種の運命主義の一方で、ムッソリーニには闘士の気質と政治家の感覚から運命に逆らおうとする態度もあったという事実である。彼は死を自分の歴史的運命であると覚悟しながらも、最後の瞬間まで自分の天命を果たすつもりであったし、死をもって自分の責任を回避することを潔しとしなかったようでもある。また、敗戦後も自分には果たさなければならない仕事がある、と考えたのかも知れない。かくて最後の時でも、ムッソリーニは確固たる決定をせず時間を無駄にし、あらゆる可能性を検討し、最終的に選択を成り行きに任せたのである。これは彼の一生を通じて、緊急時に表れる最大の短所であった。しかも、敗北による失意や肉体的な疲労も働いていた。死の前数時間の、ムッソリーニの脳裏に何があったかは知る術もない。しかし彼を取り巻く事情については、十分に知られている。

まず、「Z条件」の問題がある。「Z条件」とは、敗北による非常状態に対応するための計画であった。それによると、ドイツとスイスに挟まれて、防戦に向いているアルプス山脈に囲まれたヴァルテリーナ地域に、党の武装組織である「黒い旅団」を中心に共和国の軍事力を集中することになっていた。「共和国アルプス城塞」と称されたこの防衛地域は、ドイツ軍の最後の抵抗地域として予定されていたバイエルンに近接していた。計画は敗戦が確実となり、政敵の報復が懸念されるようになった一九四四年終わりごろから検討され始めた。グラツィアーニと軍首脳部はミラノでの最後の抵抗を提案したが、軍事面で望ましいこの選択肢は、民間人を巻き込むとしてムッソリーニにより拒絶された。ムッソリーニはこの「Z条件」を、イタリア人の軍事的名誉を回復し、党員の安全確保のための方法として選択した。彼は自分について、「部下の身代わりとして犠牲になるつもり」であったと、党書記長パヴォリーニに述べている。

ところがこの計画には大きな問題点があった。ヴァルテリーナは辺境的地域であり、混乱状態が生じた場合、広い範囲に分散した軍事力をここに合流させることは困難だったのである。しかも共和国の軍事力はドイツ軍と共同の指揮系統下に置かれていたので、独自で行動を取るのは困難であった。ことにもっとも重要なのは、イタリア北部で展開されつつあったのは正規戦ではなく、兵士の家族も巻き込んだ内戦だったことである。ファシスト部隊の兵士がパルチザンの報復の前に自分の家族を見捨てて移動することは考えられず、女性や子供も含めた軍団を戦闘地区に移動させることも不可能に近いことだったのである。

この軍事計画の一方で、これを補充し、ある意味でこの前提ともなる政治的計画も進行しつつあった。ムッソリーニは、共和国宣言以来彼に接近した左翼分子の仲介で、共和国政府からレジスタンスの指導部であった国民解放委員会（CLN）の穏健左翼への権力委譲のため話し合いを開始していた。その代わりにファシスト党員の家族に対する安全や、ヴァルテリーナへの移動の自由の保証を得ようとしたものであった。ムッソリーニの目的は流血を避けるとともに、自分の政治的遺産として共和国の社会政策を左翼の政治勢力に残すことであった。しかしすでに勝利したことを意識していたレジスタンス側は交渉を拒絶し、単なる無条件降伏の要求をくり返したので、計画はついに失敗した。

また、ムッソリーニと連合国の要人との交渉も展開されつつあったと思われる。チャーチルの名が挙がっているが、ともかくムッソリーニは最後の数日間いつも大きな鞄を持ち歩き、「あと一カ月だけ頑張れば、戦争に負けても、平和になって勝利を収めるための十分の資料がこの鞄のなかにある」と自信と期待を込めて何回も述べたことがある。一体、どんな資料だったのであろう。チャーチルとの文通であったという説は今でも有力であるが、ムッソリーニがイタリアの運命を左右すると思うほど、かなり重要な内容のものだったに違いない。とにかく、この資料は彼の行動の謎と関係があったと思われる。理解しがたい四月二十六日のムッソリーニの行動も、連合国工作員からの連絡を待っていたと考えれば納得できる。パルチザンによる逮捕のときもムッソリーニが持っていたこの鞄は、その後行方不明になった。そして、戦争が終わってから間もなく九月に、チャーチルが休養の名目でムッソリーニの最期の舞台だったコモ湖の周辺に一カ月ほど滞在したのは、この謎を一層複雑にしている。

ムッソリーニの書類の謎に関連して、日高大使も関与したようである。イタリア社会共和国ができたとき、日本政府はすみやかにそれを承認し、日本大使館はヴェネツィアに移動された。日高大使はムッソリーニをはじめ、政府の要人の信頼を得て、日出づる国の紳士として高く評価されるようになった。文学と芸術に造詣が深い彼はマリネッティと交友関係を結び、ローマの家を捨てて北部に避難したことで経済的に困っていた詩人を、一時大使公邸で食客として迎えるほど、金銭面で援助した。その関係でマリネッティの最後の詩の一つは日高大使に捧げられた。「飛行詩人」というフランス語の詩で、日本の航空兵の勇敢さを称賛したものだった。当時、美人のマリネッティ夫人と大使との間の恋愛物語の噂さえあった。大使は真っ赤な薔薇の花を添えて日本刀を夫人に贈ったそうである。

とにかく失脚の結果、ドイツに対して弱腰になったムッソリーニはさらに日本の支援を期待し、日高を重視していた。そのうえ、スイスへ運ぶように何回も大使に重要な書類を渡した。そのなかに、幻のチャーチルとの書簡も含まれていたという噂もあったが、ムッソリーニの日記があったのはほぼ確実である。また、政府の要人は大使に書類、資金、貴重品などを預けたようである。しかし、戦後はムッソリーニの書類をはじめ、預けられたものは行方不明になり、それについて大使は何も説明していない。マリネッティ家から預かったものは返された事実を考えると、それは不自然である。しかも、日高は日本の文学事典に名前が載るほど、優秀な執筆者であったのに、彼が立ち会った重要な歴史的出来事について何も書かなかったのも不思議である。

ところで四月十七日、ムッソリーニは最後の抵抗戦を準備するためミラノへ移動した。急な決定で、エミーリア・ロマーニャ出身の黒シャツで構成された彼の防衛隊は付いて行けなかった。車に乗る前、彼は黙って長い間ラケーレを見つめた。その後夫婦は再び逢うことがなかったのである。戦況はすでに絶望的であったが、最後が間近いとは誰も思わなかった。今までの経験からすれば、ドイツ軍の抵抗は粘り強く、連合軍の侵攻もあまり積極的ではなかった。したがって、アペニン山脈の戦線が崩壊しても、ドイツ軍は共和国軍とともにポー川に防衛線を張ることが予定されていた。それは、共和国政府とドイツの進駐軍の司令部との間に決まったことである。

ローマ建国記念日である四月二十一日、ムッソリーニはファシスト・レジスタンス双方の戦死者を弔うミサをミラノのドゥオモ大聖堂で行ない、その後に和平を呼びかける国民へのメッセージを発表することを予定していた。しかし二十日、状況が破滅的であるのは明らかとなった。ドイツ軍は共和国軍を見捨て、抵抗することなく後退しつつあった。実際ドイツ進駐軍の首脳は、共和国政府はもちろんドイツ政府にも知らせず連合軍と秘密降伏交渉を開始していた。ムッソリーニは二十一日の催しを諦め、最後の抵抗のため、できるだけの軍事力をヴァルテリーナへ合流させるように指導した。そして、今や終わりであると覚悟して、自分の精神的な遺書を託すように、彼がもっとも信頼した優秀な新聞記者カベーラを呼び、最後のインタヴューを行ない、「私は如何にしてももう終わりである。しかし、イタリアの歴史はこの一週間、あるいはこの一カ月で終わるものではない。イタリアはいずれの日か甦り、私が望んだように、もう一度偉大となるだろう」という強い確信を表明した。そして、自分に対する後世の評価について「安心して、それを冷静に待つ」と言い切った。翌二十一日ローマ建国記念日、ファシスト党の小学生団体は平然とミラノの中心街をパレードした。しかし、同じ日にボローニャが陥落し、連合軍の後に入ってきたパルチザン隊はファシスト狩りを始めた。

二十二日の新聞に最後の「共和国通信」が載った。「予想外の演説の先取りの報告」という見出しで、ムッソリーニは皮肉な調子で、当時間もなく開催される国連設立のためのサンフランシスコ会議の展開を想像し、中南米の小国の代表者はいきなり演壇に登り、敗戦国と中立国が参加しない会議は世界会議と言えないと告発して、なお歴とした民主主義国家のバルト三国の代表者の欠席について問いかけたことで出席者を動揺させたという仮想の話を展開した。このように、戦後体制に対する疑問を投げかけて、彼は執筆活動を終えた。また、二十四日にヒトラーからの最後の通報が届き、改めて戦況逆転の念願を述べた。ヒトラーも、ムッソリーニと同じように、イタリアのドイツ軍はすでに降伏したことを知らなかった。

ムッソリーニは二十二日、国民解放委員会に和解の提案を届けさせた。国家機構を委譲し、その代わりに共和国軍のヴァルテリーナへの引き揚げが阻止されないように要求した。共和国軍はレジスタンス武装勢力と南政府軍と交戦を中止するが、連合軍に対して抗戦を継続する。自分のために何も要求しないが、ファシスト党員やその家族の安全の保証を要求した。先方は話し合いへの意向を示したので、二十五日午後、ムッソリーニはミラノ大司教館で国民解放委員会の首脳と会見したが、彼らには交渉の姿勢はなく、無条件降伏の要求を繰り返すばかりであった。ファシスト党員の処遇に関しては、委員長のカドルナ将軍は「黒い旅団」を含む共和国軍に対し、連合国側が国際法上の戦争捕虜の待遇を与えることを決めたと偽善的に伝えるに留まり、パルチザン隊がそれを無視するのを決定していることは伝えなかった。会談の間に、ムッソリーニはドイツのイタリア進駐軍が降伏交渉をしていることを初めて知った。これで彼は大いに憤慨するとともに、もはや交渉の余地がなくなったと悟ったので、会談は途切れた。

パルチザンによる逮捕

その夜ムッソリーニはミラノを去り、ヴァルテリーナへ向かうファシスト部隊の集結地であるコモへ向かった。黒い旅団一個小隊とムッソリーニの護衛に当てられたドイツ軍親衛部隊を合わせた自動車隊が編成された。ムッソリーニは自分の機関銃を手にして車に乗り、またミラノにいた共和国政府要人や、長男ヴィットーリオ、クラレッタとその弟らも加わった。ボンバッチも、「死ぬまで彼について行こう」と腹を固め、加わった。

出発する前、彼はミラノ県庁に集まっていた黒い旅団の隊員を自分に対する忠誠の宣誓から解放し、これからの行動を各自の判断に委ねた。彼はカドルナ将軍の言葉を信じて、降伏する兵士は戦争捕虜の待遇を受けると思い、流血を避けようとした。しかし、ミラノの黒い旅団は最後までムッソリーニについていく決意が固かった。パヴォリーニはミラノに残り、そこの軍事力を結集して翌日コモへ向かうことになっていた。県庁での別れは劇的であった。ミラノでの最後の防衛戦を支持して、ムッソリーニの出発に反対した人が大半であった。ムッソリーニが車に乗ろうとしたら、傷痍軍人会の会長である盲目の詩人カルロ・ボルサーニは大声で叫んで、「ドゥーチェ！　出発するな！　我々と一緒に残れ！

我々は貴方を守るのだ！」と、止めようとした。ムッソリーニはうろたえたが、パヴォリーニは彼を車のなかへ押し込んだ。そして、パヴォリーニの命令で二人の若い黒シャツは丁寧にボルサーニを退場させた。

二十五日に「国民解放委員会」が決起を宣言したものの、当日も翌日の午前中もミラノはファシスト勢力の管理下に混乱もなく安定していた。二十六日にはパヴォリーニが、ファシスト部隊とその家族を乗せた二百台のトラックを率いてコモへ向かった。士気の高い三千人以上の兵士であったが、彼らがコモに着いたとき、ムッソリーニはすでに街を離れていた。

二十五日午後九時、ムッソリーニがコモに着いた時点では期待したほどの軍事勢力は集まっておらず、かえって街には敗北と裏切りの雰囲気が漂っていた。すでにパルチザン側に寝返る準備を進めていた県知事にとってムッソリーニ一行は歓迎せざる客であり、彼はムッソリーニに情勢を極めて悲観的に報告した。ムッソリーニは見捨てられた気持ちとなり、翌朝午前四時コモを出て三十キロほど離れた同じコモ湖の畔にあるメナッジョに移動することに納得した。この町とその周辺は地元の黒い旅団の管理下にあり、またヴァルテリーナへの道の途中であった。実はコモには多くの共和国軍勢力が集結しつつあり、人数が足りないわけでも士気が失せているわけでもなかった。欠けていたのは指導者たるムッソリーニ自身の指揮力であった。疲労困憊した彼は、この土壇場にまたもや性格的弱点を露呈したのである。

彼は鋭い政治的感覚と人々の情熱をかき立てる力をもってはいたが、速やかに決定し命令を与える能力を有していなかった。几帳面な性格の持ち主であった彼は、非常事態を管理する決断力に欠けていた。皆が彼の決定を仰ぐこの重要な時に、彼は自ら指揮を執ることなく消極的な姿勢で側近に任せてしまったのであった。コモでの状態は、能力がある伍長でも収拾できたものであったが、あいにくそのような伍長はおらず、軍事行動に邪魔になる大臣や政府要人が多くいた。党書記長として黒い旅団の指揮官であったパヴォリーニも、固い信念と自己犠牲の精神に併せて個人としての勇気があったが、軍隊の統率の経験がなく、指揮を執るような人物ではなかった。

コモ滞在中、郊外の別荘でロマノとアンナ・マリアとともに避難していたラケーレに手紙を送り、「自分の生涯の書の最後のページになった」ことを告げ、彼女は本当に愛した唯一の女性であったと断言し、子供たちとともにスイスで安全を求めるように勧めた。ラケーレは彼と電話連絡を取ることに成功し、夫婦は最後の会話を交わした。彼は「自分の宿命に従う」と別れを告げた。二十七日、ラケーレはスイス国境で亡命を求めたが、却下された。政治亡命者を受け入れるという長い伝統を破って、スイスはファシストとその家族に国境を封鎖した。その後、ラケーレはコモのカトリック司教に子供を預けようとしたが、これも拒絶された。最終的に、彼らを匿った家族に災いにならないようにパルチザンに投降してしまった。

コモを離れたとき、ムッソリーニの命運は決したのである。パヴォリーニは自分が率いるミラノの部隊から離れて彼を探し出し、コモに帰るよう説得したが、彼は帰ろうとはしなかった。パヴォリーニはコモに残った軍事力を集めてムッソリーニのもとへ向かおうとしたが、コモに戻ったところすでに部隊は動揺していた。ミラノの部隊はドゥーチェ防衛の気概をもってコモへ行ったが、肝心のドゥーチェが姿を見せずパヴォリーニも街を離れたので、失意が表れてきた。しかも、ムッソリーニがスイスへ亡命したという噂が流され、誰もが自分の身の安全を考え、脱走と転向が始まった。

メナッジョに政府の要人とその家族が集まり、多くはムッソリーニにスイスへの亡命を執拗に進言した。彼は毅然として拒絶したが、何の指導も与えなかった。そこでずっとムッソリーニ一行と一緒にいたグラツィアーニ元帥は、ヴァルテリーナでの抗戦に反対を繰り返して表明し、自分の司令部に戻ると言って去ってしまった。実はその後連合軍に投降して、共和国軍に降伏を命じた。これで事態はさらに混乱した。

その日も、ムッソリーニは相変わらず無気力な姿勢で、自分の周りに騒然と動いていた人々の行動の空しさを感じていた。しかし、精神に混乱がなく、泰然自若として表情は明るくさえあった。目撃者の記憶では、「今までなかった凜々しい風貌」をしていた。やはり、彼はすでに意を決していた。

二十六日の夜、ムッソリーニはメナッジョの黒い旅団の兵舎に泊まった。彼の護衛任務を与えられたのは十四歳の少年黒シャツ隊員二人であったという。午前四時、パヴォリーニが装甲車に乗って帰ってきて報告し、「ドゥーチェ、数千人の兵士を連れて帰るべきでしたが、わが身一つを捧げます」と訴えた。高貴で虚しい言葉であった。この絶望的状況下に、偶然トラック三十台に分乗したドイツ軍高射砲部隊が見えてきた。ヴァルテリーナを通ってドイツへ撤退する予定であった。護衛の親衛隊部隊のビルザー中尉の勧告を受け、ムッソリーニはこの部隊に合流することを決めた。彼とともに護衛の親衛隊部隊と、パヴォリーニの装甲車、政府要人とその家族の乗っていた数十台の車が従った。ドイツの兵士の数は不明であるが、護衛の親衛隊部隊も含むと二百人を下回らなかったであろう。黒い旅団の兵士数十人もいた。

ムッソリーニ一行のなかに長男ヴィットーリオはいなかった。彼はミラノの軍隊を待つためにコモに残っていた。四月二十二日、ペタッチ一家は飛行機でスペインへ亡命することに成功したが、クラレッタは同乗することを拒んだ。妹にスペイン到着まで開けてはいけないと言って手紙を渡した。「私は彼の運命に従っていきます。それは私の運命でもあります。どんなことが起ころうとも決して彼を捨てません。私の献身の最高の美しさを卑怯な行いで壊したくないし、出来るかぎり彼を助け、諦めないで彼と一緒にいます。（中略）私のこと、彼のこと、時と人生を越えた、尊く美しく、聖なる私たちの愛について、いつか真実が語られるようにしてください。貴女は知っているのだから」。

クラレッタは周囲の反対を押し切って、ミラノから出発したムッソリーニの隊列に参加した。ムッソリーニは彼女を見て機嫌が悪くなり、安全な所へ避難するよう命じ、また文書でも危険を冒さないように忠告した。しかし彼女は諦めなかった。

二十七日午前六時過ぎに出発した部隊は数十キロ北上して七時ごろドンゴ村の外れに着いた。ムッソリーニを乗せて先頭を走っていたパヴォリーニの装甲車は、パルチザンから仕掛けられた障害物の前で停止した。山の崖と湖岸に挟まれた難所であった。道の向こう側から発砲があり、装甲車からも機関銃で応戦した。ドイツ兵は何の反応もしなかった。数分後、パルチザン側から白い旗を掲げた数人が現れ、交渉を申し込んだ。実際、パルチザンの勢力はその時点で二十七人だけであった。しかし、ファシストとドイツ側はそれを知るはずもなく、不利な所で包囲されたと思っていた。また、ドンゴの向こうは黒い旅団の管理下の地域であることも知るはずがなかった。ファシスト側が無線連絡をとっていなかったことは混乱の一要因となった。

パルチザンとの交渉には高射砲部隊の隊長が当たった。不自然に六時間もかかった長い交渉の末ドイツ軍部隊は、イタリア人を引き渡すという条件で通過が許された。ここから物語は不透明になり、答えのない疑問が多くなる。まず第一に数百人のドイツ兵が、なぜ軽武装のパルチザン数十名に降伏してしまったかである。第二の謎は、ヒトラーの特命でムッソリーニの護衛に当てられた親衛隊が、なぜ平気で彼を引き渡してしまったかである。第三には、どうしてドイツの護衛隊長がパルチザンとの交渉に六時間も要したかである。連合軍はドイツのイタリア進駐軍の降伏の条件として、ムッソリーニの身柄引き渡しを要求していたことを考えると、ドイツ側がそれを実行して彼をパルチザンに引き渡したという見方もある。

そこで親衛隊の護衛隊長はムッソリーニがドイツ軍の外套を着てトラックに隠れたままでパルチザンの検問を通過するように勧告した。ムッソリーニは最初毅然として拒絶したが、最終的にパヴォリーニやクラレッタらの頼みを聞き入れてドイツ兵に扮装し、そのまま逮捕されたというのが通説である。これが本当であっても驚くには当たらない。例えば、ナポレオンもエルバ島に連行される途中では、プロヴァンス地方で群衆のリンチを免れるために敵兵の服を着て変装している。しかし一方でムッソリーニの変装に関する証拠はない。写真もないし、逮捕後もムッソリーニは自分の外套を着ていたのである。

ともあれ二十七日午後四時、ムッソリーニはパルチザンに逮捕された。パルチザン部隊の幹部は、逮捕の際のムッソリーニの姿についてこのように述べている。「彼の目つきはぼんやりしており、顔は青ざめ、内的な苦痛が彼を襲っていた。不精髭で顎は黒ばみ、頬の白さがさらに目立ち、目は黄色かった。彼の目は極端な疲労を示していたが、恐れは見えなかった」。逮捕のとき、彼は書類で一杯の二つの鞄を手にし、ドイツ兵に自分を守るための抵抗を禁じたようである。ムッソリーニは町役場に連行されたが、不当な扱いを受けることはなかった。間もなく、短い戦闘の結果捕虜となったパヴォリーニも連行された。彼は傷を受け、水に飛び込んだのでびしょ濡れであったが、ムッソリーニに対して正しくファシスト式敬礼を行なった。そのあと続々と随員も逮捕され、クラレッタも弟とともに逮捕された。合計五十一人であった。パルチザンの司令官ピエル・ルイジ・ベリーニ・デレ・ステーレ子爵、コード・ネーム「ペドロ」は二十四歳の穏健派で、南政府と繋がりがあった。彼はすでに南政府に寝返ったコモ県庁に報告し、ムッソリーニの身柄を県庁に引き渡すよう命令を受けた。しかし隊付の共産党系の政治委員、「ピエトロ」ことミケーレ・モレッティは直ちに共産党の司令部にも報告した。

状況がまだ流動的であったのでドンゴは安全ではないと思われ、夕方、ムッソリーニは近くのジェルマジーノの税務警察兵舎に移された。人にわからないように彼の顔は包帯につつまれた。ジェルマジーノでの待遇も丁重であった。税務警察はもともと南部政権についていたが、形として共和国側と協力するように指導を受けて、二重工作を展開していた。終戦時に南部政権への忠誠を明らかにした税務警察は、北部イタリアにおける政府組織の基盤になったが、彼らはファシストに反感をもっていたわけではなかった。ジェルマジーノでムッソリーニはペドロに、ドンゴに残されていたクラレッタによろしく伝えてくれと言った。その伝言を受けたときクラレッタは、泣きながらペドロにムッソリーニの側に行きたいと切願したので、ペドロは彼女をジェルマジーノに連れていった。自分のところへ連れてこられたクラレッタの姿を見たとき、ムッソリーニは驚き、彼女と自分との関係を隠すように冷静さを装って「奥様、貴女もこちらにおいでになったのですか。どうしてついてこられたのですか」と聞いたところ、彼女は「それで良いのです」ときっぱり答えたのである。

深夜、ムッソリーニは包帯でつつまれたまま、クラレッタとともに急にジェルマジーノの兵舎から連れ出され、激しい雨の中、不思議なほど遠回りさせられて近くのボンザニーゴ村のデ・マリア家の農家に泊まらされた。捕虜の身になった二人は、生涯最後の夜をその農家で過ごした。長年続いた彼らの関係でも、一晩中一緒に過ごしたのはこれが最初で最後であったようである。

ムッソリーニの死の謎

ボンザニーゴへの移送はムッソリーニの運命にとって決定的な転換点であった。逮捕のときから、彼は南部政権に近い勢力に囚われていたのであるが、この移送でピエトロらの共産党分子の手に渡されたのであった。この後なにが起きたのかは謎である。確実なのは、二十九日朝、ミラノのロレート広場で、二人が死体の姿でさらし者となったことだけである。しかも、逮捕の時点からさらし者にされる時まで、二人の写真が残っていないことも不自然である。いつ、どこで、誰に、どのように殺されたのかは謎である。しかしもっとも大きな謎は、なぜ今日まで二人の死の真相が隠蔽されているのか、である。二人の死についての謎の裏に隠されたもっとも大きな謎は、おそらくなぜ殺されたのかに関わる問題であろう。

ムッソリーニ逮捕の報告は、ミラノへ移動した「イタリア北部国民解放委員会」の指導部へ二十七日夕方伝えられた。この委員会はファシスト政権首脳や戦犯容疑者を逮捕し、裁判に掛けるよう命令していたが、ムッソリーニについてはその身柄を連合国に渡すことが対連合国イタリアの降伏条件の一つであった。しかしその時点でこの「解放委員会」に代わって事実上の権力を握っていたのは、共産党の指導の下に結成されたいわゆる「イタリア北部決起委員会」であった。この組織はファシスト党員と社会共和国軍人の即時無差別処刑を決定していた。ムッソリーニ逮捕の報告が届いたとき、決起委員会は「ヴァレーリオ大佐」に彼の身柄確保の任務を与えた。ヴァレーリオ大佐は共産党系パルチザン隊長ワルテル・アウディジオとされるが、その真偽については今日でも議論がある。アウディジオは三〇年代の共産党弾圧の時に懲役判決を受け、ムッソリーニに直訴した結果、ポンツァ島での抑留に減刑され最終的に解放された。

ヴァレーリオとともに共産党の武装隊の司令官ルイジ・ロンゴの側近、アルド・ランプレーディも出発した。彼らに連合軍に対する通行許可証を発行したのはアメリカ軍情報機関の幹部であったのも注目に値する点である。二人は信頼できる十六人の共産党系パルチザンを選び、二十七日深夜ミラノを発った。出発時には、社会党代表で後にイタリア大統領となるサンドロ・ペルティィーニが「やるべきことをやれ！」とヴァレーリオを励ました。ヴァレーリオ一行は翌二十八日午後二時ごろドンゴに到着し、ペドロから捕虜名簿を受け取って、その中から死刑になる者の身柄引き渡しを要求した。クラレッタの名前が出たとき、地元のパルチザンの司令官のペドロはびっくりして、「これは女性だ！　何も悪いことをしていないのに」と反論したが、「彼女も私の名簿に載っている。余計なことを言うな」とヴァレーリオはあっさり答えた。

その後、アウディジオの話によると、彼は車でデ・マリア家に向かった。そこでムッソリーニとクラレッタを乗せた。彼らを解放に来たと偽ったので、二人は抵抗なくついてきたという。アウディジオと一緒にランプレーディとムッソリーニの監視に当たっていたモレッティ（ピエトロ）も車に乗った。村外れのジュリーノ・ディ・メッゼグラにあるベルモンテ荘の前に車を止め、ムッソリーニとクラレッタの二人を別荘の玄関脇の壁の前に立たせたという。

ここからアウディジオの話はさらに不透明になる。彼の叙述は次々に六度も変わったからである。二人はここで殺害されたというが、その状況は明らかではない。特に誰が発砲したか、どのようにクララレッタが殺されたかの点が曖昧である。当初アウディジオは自分で機関銃を発砲したと述べていたが、後に話を改め、自分の銃は故障していて発砲したのはランプレーディだったと言っている。ムッソリーニはなお生きていたので、アウディジオが拳銃二発で止めをさしたという。クラレッタについては最初、殺す予定がなかったのに、ムッソリーニに抱きついたので偶発的に殺したと言い、そのあと、ムッソリーニが殺されてから「彼女の番になった」と言った。二十八日午後四時十分であった。ムッソリーニは没年齢六十一、クラレッタは三十三であった。この叙述は多少の矛盾があるが、通説となっている。

二人の死に関する真相は第二次世界大戦にまつわる秘密の一つであるが、確実なのは通説が虚偽であることだけである。デ・マリア夫人はある新聞記者に「知られている話はすべて嘘です」と漏らしているし、アウディジオ自身もあるとき「もし真相を暴露したらみんな驚くだろう」と述べたことがある。恐らくベルモンテ荘玄関脇の銃殺は、二人が前もって殺されていた事実を隠蔽するための見せ掛けであろう。なお、ムッソリーニの死に関わった何人もの者は、あるいは殺され、あるいは行方不明となった。重要な書類が入っていたとされるムッソリーニの鞄は一時パルチザンに押収されたが、最終的に行方不明となった。同じように、逮捕者が持ち合わせた多額の現金と貴重品と、閣僚たちが保管していた社会共和国政府の莫大な資金も大部分は接収されたが、最終的に行方不明となった。恐らくムッソリーニとファシスト党幹部殺害の背景には、書類と金の問題も絡んでいる。

一九四五年から今日まで、ムッソリーニの死の謎に関して多くの推測がなされてきたが、真面目な研究も何の結論にも至っていない。通説では共産党が関わっていたとされ、この点については現在まで否定する根拠はない。しかし、ムッソリーニ研究の権威であるデ・フェリーチェもその伝記の最後の章を書かないで他界した。デ・フェリーチェを含め多くの研究家が、ムッソリーニの死とイギリス情報機関との関わりを指摘している。またヴァレーリオの通行許可証が、アメリカ軍により発行されたことを重視する研究者もいる。自殺説も完全に否定されてはいないし、また格闘の末偶発的に殺されたとの見解もある。

旧イタリア共産党の関係者は真相を知っているはずだが、現在のところ公にしていない。旧共産党の保管資料がムッソリーニ死後五十年目に公開されるだろうとの期待があり、実際その年には一九五〇年代に作成された報告書が公開された。しかしこの報告書は、最終的にムッソリーニとクラレッタは二十八日午後四時、ジュリーノ・ディ・メッゼグラでアウディジオではなく、ランプレーディにより殺害されたという通説を再確認するにほぼ留まった。ただし二つの重要な点について訂正がなされている。まずムッソリーニが処刑の際怯えて混乱していたという従来の叙述は改められ、銃を向けられた彼は勇ましく殺害者に顔を向け、コートをはだけて「胸を撃て!」と叫んだということである。またクラレッタの殺害は偶発的なものではなく、故意になされたものであったことも確認された。

ともあれ二人の処刑の後、ヴァレーリオはドンゴに戻り、前もって指名されたパヴォリーニなど十五人の捕虜を湖のほとりに並べた。そのうち五人は共和国政権の大臣で、三人はファシスト党の幹部であったが、彼らは死刑に値する人物であったかどうかの問題はさておき、その他はファシストですらなかったボンバッチャや、ボローニャ大学のコッポラ学長、新聞記者、公務員ら、戦争責任とは無関係な人々ばかりであった。偶然ドイツ軍高射砲部隊とともに移動中だった空軍将校も、ムッソリーニ付のパイロットと思われて死刑者の名簿に載せられた。彼らは背中を向けさせられ、パルチザンたちが彼らに何千発もの機関銃を乱射した。

皆は「イタリア万歳！」や「ファシズム万歳！」を叫びながら勇ましく死んだ。なかには「ドゥーチェ万歳！」と叫んだ者もいたという。ボンバッチだけは「社会主義万歳！」と叫んだ。イタリア共産党の創立者だった彼は、ファシスト党の幹部とともに共産党員に殺される希有の運命を得た。虐殺の後、クラレッタの弟マルチェーロも殺された。それから死骸をトラックに積み込み、ミラノへと出発した。途中、ムッソリーニとクラレッタの死体を載せた。

トラックは二十九日夜明けミラノに到着し、計画通り中央駅近くのロレート広場に止まり、ガソリンスタンドで不気味な荷物を降ろした。ちょうどその場は数カ月前、ドイツ軍がテロの報復のため、十五人の政治犯を銃殺し、さらし者にしたところであった。この事件にはファシスト政権の責任はなく、むしろムッソリーニはドイツ大使に激しく抗議したのであった。しかし共和国首脳の死骸をここに晒すことで、その惨事への報復とすることが決められていた。したがって晒すべき死体は犠牲者と同数の十五人とすることになっていたが、計画が狂った。ドンゴで予定通り十五人は処刑されたが、それにムッソリーニとクラレッタの死体が加わったため、全部で十七人分の死体があったのである。

晩春のよく晴れた日であった。間もなく群衆が広場に集まり、死体を罵ったり叩いたりした。特にムッソリーニの死体が対象とされた。最終的には群衆によく見えるように、彼らの死体はガソリンスタンドの屋根から逆さ吊りにされた。クラレッタもそうであった。彼女が逆さまにぶら下げられたその途端に、群衆から猥褻な笑い声が上がった。スカートがめくれて、裸の下半身が露になったのであった。偶然そこにいた若い神父は、遺体を吊るすのに使われ置き去りにされていた梯子に素早く上り、群衆に罵られるなかで彼女のスカートを引き上げ、自分のベルトでくくり付けたのであった。

何人ものファシストがここへ運ばれて殺されたが、そのなかには、一九三九年突然書記長を解任されたスタラーチェもいた。彼は社会共和国の理念に共鳴したが、政治活動への参加は依然許されず、一時なんの理由もなくファシスト党タカ派から投獄される境遇にもあった。終戦時彼はミラノにいた。そしてファシストたちが殺されるなかで、彼は仲間と運命を共にすることを決心したかのように、二十九日の朝トレーニングウエアを着て、ミラノの中心街でランニングをした。たちまち認められ、ロレート広場に引っ張り出された。そこでようやく解任以来初めてムッソリーニに再会する機会を得た。そして、彼自身が規定した順序で右手を挙げて死者にファシスト式敬礼を捧げ、群衆の罵声のなかで銃殺されてしまった。

この惨状は午後、連合軍が決起委員会に死体を片付けるよう命令するまで続いた。偶然、同じ二十八日にファリナッチも銃殺された。彼はパヴォリーニの指導を無視して、まだ時間に余裕があると思いクレモナに残っていたが、二十七日、連合軍が迫ってきたので、いよいよ車でコモへ向かって出発した。途中、戦線から引き揚げた共和国軍の部隊に出合い、隊長はコモまで護衛していこうと提案すると、彼はきっぱりと断った。「駄目だ。俺と共に行くと、きっと殺されるぞ。お前たちはまだ若いのだ、生き続けてくれ。将来を頼む」と言い、「コモへ行ってもしょうがない。われらの軍隊はすでに崩壊しつつある。しかし俺は行く。最期まで自分の運命を貫くのだ」と付け加えて去って行った。間もなくパルチザンに逮捕され、翌二十八日に銃殺された。ムッソリーニの永遠のライバルだったファリナッチも、最期に臨んだ時、ムッソリーニと同じ心境であったのかも知れない。

『菊と刀』でルース・ベネディクトは、戦争がつくる極限的条件の中では国民の本質が現れると指摘している。しかも救出の可能性がない敗北というより極限的な状況下では、人間の性格の本質が原始的な形で現れる。最後の抵抗を覚悟してコモに着いたファシストたちも、状態が行き詰まったと気づいたとき、それぞれ自分の性格に従って行動したのであった。ある者はパニックに陥り、ある者は裏切り、ある者は勇ましく戦った。しかし、死が確実になったという、より劇的な瞬間には皆が潔く、敢えて言えば自分の理想に忠実でありつつ、ファシストとして命を終えたのである。

ムッソリーニが「ルードウィッヒとの対話」を締めくくって述べたように、「誰でも、自分の性格に合った死を以て死する」。

終章 ムッソリーニの神話

保田與重郎の洞察

大方の伝記は主人公の死で終わるのが通例であろうが、ムッソリーニの場合、物語はその後も続くのである。彼の遺体は波瀾の多い運命をたどり、その顚末を伝記の一部分として記しておく必要があるからである。自分が死後も安らかに眠れないだろうことを、彼は生前から覚悟していた。弟の死を悼んで書いた『アルナルドの一生』で、彼は自分の死後について心境をこのように語った。

私の望むことは一つだけである。両親の傍らに、(郷里プレダッピオの)サン・カッシアーノの墓地に葬られることである。死んだ後も静かに置いてくれると考えるほど、私は単純な人間ではない。革命という偉大なる変革を指導した者たちの墓の周りに、平穏はあり得ない。

この文章には、自分が二十世紀を代表する大思想を作り出した革命家を自負していたムッソリーニの自惚れに近い自尊心さえ感じられるが、果たして彼はこの文章を綴ったとき、自分の遺体の運命を想像できたのであろうか。しかし、彼のロレート広場での受難について、不思議としか言えない予言めいた文章がある。

ロレート広場の惨事ほど、冷酷極まる出来事はイタリアの歴史にない。食人種の部族さえ、死者に対して残虐な暴行を働かない。リンチを加えたあの者たちは、将来を代表するどころか、原始人へ回帰した者であると指摘すべきである。しかも、原始人のほうが、文明人より道徳的に健全であったかもしれない。

ムッソリーニがこの文章を書いたのは、一九二〇年六月である。ちょうどあのロレート広場で鉄道員のストライキをめぐる騒動でデモ隊が警察官を殺害し、その遺体を辱める事件があった。ムッソリーニは『ポポロ・ディタリア』の社説でこの惨事を激しい言葉で非難したが、今から見ると、この文章は不気味である。ムッソリーニは自分の運命を予言したように見える。しかも、彼の言葉はロレート広場の惨事に対するイタリア人の心境を代弁しているとも言える。

イタリアの歴史において要人の死体を辱める例は滅多になかった。また、ロレート広場でさらし者にされた人間の数や、女性も含まれている点や、蛮行を極めた群衆の執念を考えると、このような事件が二十世紀に起こり得るとは夢にも思えなかったイタリアの人々は衝撃を受け、国民としての恥を感じた。二十九日、この惨事を知った詩人ウンガレッティは、イタリア国民の気持ちを代表するように「死者を殺すのを止めろ!」で始まる詩を即座に書いた。古代ローマ時代から、遺体を尊重し、死者の過ちを許すことは文明社会の重要な基礎の一つとされていたからである。あの残酷な風景からイタリアの戦後史が始まったことは、今日でもほとんどのイタリア人が忘れたい事実である。

さて、ミラノに進出した連合軍司令部の命令で、夕刻、ついにムッソリーニたちの遺体はロレート広場から移動され、ミラノ市営遺体安置場に運ばれた。ここで翌三十日早朝、ムッソリーニの死体の解剖がミラノ大学の著名な教授によって行われた。しかし、解剖がパルチザンの監視の下で行われたので、レジスタンスにとって都合の悪いことは伏せられたようである。それでもなお、解剖の結果とヴァレーリオの話とは矛盾する点がある。また、クラレッタの死体の解剖が行われなかったのも、謎の一つである。レジスタンス指導部が解剖を禁じたことを考えると、彼女が殺される前に暴行を受けた証拠を隠蔽する意図があったとの推測は当然であろう。解剖の際に、アメリカ軍の情報機関員がその場に現れ、連合軍の命令によりムッソリーニの脳の一部を持ち帰った。その一部はアメリカへ送られ、セント・エリザベス精神病院で分析された。アメリカ当局は脳の分析によってムッソリーニの梅毒の疑惑を裏付けようとしたが、その痕跡が見当たらなかったことはかえって疑惑を払うための決定的な根拠となった。不思議な偶然であるが、この病院には、ムッソリーニの崇拝者であった詩人エズラ・パウンドが精神異常状態で強制保護されていた。

解剖のあと、ムッソリーニの遺体はミラノのムソッコ墓地の一画に埋葬された。その近くの一画で、終戦直後ミラノで殺害された九百数十人のファシストの遺体は眠っている。彼の墓は毎日のように、唾を吐いたり、立ち小便をしたりという嫌がらせの対象となったが、一九四六年四月、若いファシストの一組が夜間密かに彼の遺体を掘り起こし、安全なところへ移動した。しかし、慌てたために、足一本が落とされてしまった。この事件は大きな反響を及ぼしたが、八月に隠し場所を発見した警察が遺体を押収し、治安維持の目的で保管したのである。遺族はその後何回も引き渡しを要求し、国民からも一定の共感を得ていたが、政府はこれを当分受け入れなかった。ようやく、一九五七年八月三十日に、ネオ・ファシスト系の政党の内閣への支持の見返りに、遺体は未亡人ラケーレに引き渡された。これも不思議な偶然であるが、当時の首相はプレダッピオの名門ゾーリ家の出身で、彼の叔母は昔サレジオ会の学校へのムッソリーニの入学を推薦した人であった。

ムッソリーニの遺体は、彼が存命中にプレダッピオのサン・カッシアーノ墓地に両親のために造った小さな礼拝堂に安置された。しかし、それでも遺族は満足していなかった。ムッソリーニの脳の一部をまだアメリカ当局が保有していたからである。ついに、未亡人ラケーレの要請に応えて、一九六六年に駐伊アメリカ大使館の事務員がラケーレの自宅を訪れ、粗末な封筒を渡した。そのなかにあの脳の一部が入っていた。封筒の表に書かれたムッソリーニの名前の綴りが間違っていたことで、長女エッダは大いに怒った。封筒はそのまま、棺に納められた。

現在、ムッソリーニは故郷の墓地で、彼に先立った両親と次男ブルーノと、彼の後に亡くなった妻ラケーレ、長男ヴィットーリオ、三男ロマノ、長女エッダ、次女アンナ・マリアに囲まれて、質素な環境で眠っている。彼は生前このことを望んでいたし、家族と故郷に生涯思いを寄せていた孤独な独裁者にはもっともふさわしい墓であるかも知れない。彼の遺体はナポレオンと違って、首都の中心に建つ国立霊廟に納められる栄光に浴してはいないが、レーニンやスターリンのように霊廟から放り出される侮辱も受けていない。しかも、毎年二十万人ぐらいの人々がこの辺鄙な墓地を訪れている。プレダッピオはイタリアの新たな名所になった。お土産産業は町の経済を支えている。時計から葡萄酒まで、あらゆる「ムッソリーニ・グッズ」がよく売れている。

ムッソリーニとクラレッタの殺害現場とされるジュリーノ・ディ・メッゼグラにある壁には早くから誰かが二人の冥福を祈って密かに墨で十字架を描いていた。その後、イタリア社会共和国軍の遺族会は鉄製の十字架をはめ込んだ。そして、現場を訪れる人が多くなったので、「歴史的事件の場所──一九四五年四月二十八日」と記された曖昧な標札が掛けられた。町議会では、何回も記念碑を建てることについて議論があり、ついに一九九八年に氏名と死亡年月日が記された二つの標札が掛けられたが、パルチザン団体の抗議を受けて、その後外された。あの鉄製の十字架は何回も盗まれ、何回もはめ込まれたが、そこを人々は訪れて花を捧げていた。ただし、夜になると嫌がらせに立ち小便する者もいた。ついに、そこは殺害の場ではないことが判ったので十字架がなくなった。

クラレッタの遺体もムッソリーニと同じくムソッコ墓地に埋葬され、リータ・コルフォスコの偽名で十一年間も放置されていた。コルフォスコはイタリア語で「暗い心」の意味があり、治安当局は安っぽいユーモアを込めたのであろう。しかし彼女の遺体もついに、一九五六年に当局から遺族に引き渡された。亡命先のスペインで映画女優として成功した妹のミリアムは、クラレッタの遺体を安置するため、ローマのヴェラーノ墓地に白い大理石の立派な礼拝堂を建てた。今日でも、その前を通る心ある者はささやかな花を捧げている。

妻ラケーレは、戦後ナポリ沖にあるイスキア島に軟禁された。ムッソリーニの遺体の返還をきっかけに郷里のプレダッピオに帰り、夫の墓を守りながら余生を過ごした。一時、レストランを開いたが、うまく行かず店をたたんだ。エネルギッシュな気質はその死まで衰えず、夫の名誉を守り、時勢をきびしく批判し続けた。その率直な態度や素朴な生活ぶりや苦難に耐える力強さのために多くの国民の尊敬と同情を得た。

ムッソリーニの家族やラケーレの親戚も含めると、何人もの者が戦死した。そのなかでも妹エドヴィージェの長男、ジュゼッペ・マンチーニは、十五歳から二十二歳のローマ出身の青年兵士四十二人とともにパルチザンに殺された。偶然ムッソリーニが殺された同じ日である。二十歳であった。

私がムッソリーニの最期を語るのに、《処刑》ではなく、《殺害》という語を使用したことに読者の多くは違和を感じたであろう。なぜなら「日本の東条英機は戦勝国に裁かれたが、イタリアのムッソリーニは自分の国民に裁かれた」ということがずっと言われてきたからである。しかし果たしてそう言っていいのであろうか。法律的な観点からも道徳的な観点からも、ムッソリーニは《裁かれた》とは言えない。彼が逮捕されたとき、レジスタンスの指導部でローマにあった「国民解放委員会」は、一九四三年のイタリアの降伏条件に従って、ムッソリーニを連合軍へ引き渡すため、彼の身柄をコモ県知事に預けるように命じた。

しかし、ムッソリーニ殺害は、司令部の命令に反して、自称「イタリア北部決起委員会」という実体のない形だけの機関によって決定された。この委員会はレジスタンス組織のなかでの正式な機関ではなく、共産党が指導権を握った北部の武装勢力が「国民解放委員会」の指令に束縛されることなく戦後処理を行うために形成された便宜上の委員会であった。しかも、この委員会もムッソリーニを裁いたとは言えない。ムッソリーニの殺害は密室で決められ、いわゆる「イタリア北部決起委員会」はこの決定を事後に承認したに過ぎなかった。ムッソリーニの殺害は共産党の首脳により決定され、共産党の武装組織により実施された。しかも、殺害の事情は今でも謎に包まれ、何かが隠されているのではないかという疑惑もある。

ムッソリーニはイタリア国民により裁かれるどころか、彼は裁かれないように殺害されたというのが事実である。ムッソリーニの公判は、イタリア国王をはじめ、連合国にとって不愉快なものになるはずであったので、彼を闇に葬ったほうがよいと考えられたのである。イタリア進駐ドイツ軍は、連合軍との秘密交渉で決められた通りムッソリーニの身柄を引き渡し、連合軍は彼を共産党に引き渡すという筋書きがあったようである。そして、その裏にイギリスが動いた可能性が考えられる。逆説的であるが、この陰謀はムッソリーニの思惑に一致していた。彼は何よりも勝利者に裁かれるという侮辱を受けたくなかった。

しかも彼は、敗北してなお生き残ることを不名誉としていたし、自殺もまた、潔しとしなかった。彼が望んでいたのは、殺されて犠牲者になることであっただろう。

保田與重郎が存命のころ、私は彼とムッソリーニの最期について話す機会があった。私がムッソリーニの行動は不可思議であったと説明したとき、彼は語気を強めて、「いや、セント・ヘレナだ！　彼は死を求めていた。犠牲がなければ、民族的な英雄になれないからである」と喝破した。保田のこの言葉はみごとにムッソリーニの心理を把握していたと思える。またムッソリーニの将来のイメージも予言した。英雄についての神話を形成するために、悲劇的な死は欠かせない条件である。ムッソリーニは最悪の侮辱を受け、情婦と一緒に殺され、さらに二人の遺体は群衆の凌辱に晒された。彼の運命は保田與重郎が言ったセント・ヘレナより悲惨であり、エズラ・パウンドが『ピサ詩篇』で歌ったように、「十字架に釘付けられ」るものであった。しかし、この悲劇は彼の罪悪を清め、彼の汚名を雪いだ。そして、クラレッタの死は、ムッソリーニの不名誉になるはずだったあの情事を、二十世紀のもっとも感動的な恋愛物語に昇華させた。

ヴァレーリオによると、彼は発砲する前、ムッソリーニに向かって「イタリア国民の名前でお前を処刑する」と叫んだという。ヴァレーリオ（あるいは、実際に発砲した謎の人物）が本当にこの言葉を発したことさえ疑わしいが、とにかくこの言葉は虚構に過ぎなかった。ムッソリーニが殺されたとき《イタリア国民》は不在であった。イタリア国民による裁きは、彼の死の後に始まったのである。

イタリア人の心理の二重性

憎悪と崇拝の対象として、ムッソリーニは戦後イタリアの上にその影を投げかけた。彼は《あの戦争》の評価をはじめ、民族の歴史をどう理解するかという国民間の見解の相違を象徴する存在となった。一方で彼は崇拝者による熱狂的な称賛の対象となった。悲運の最期のために、彼らの目にムッソリーニは信念に殉じた英雄として映り、彼らの情熱をさらにかきたてたのである。その象徴的な現象は追悼ミサである。すでに一九四六年四月二十八日、ムッソリーニの命日にイタリア各地で彼の冥福を祈るミサが行われ、当時ファシスト分子に対する抑圧が比較的ゆるかった南部では参加者が特に多かった。その後も毎年追悼ミサが行われ、ムッソリーニを偲ぶ人たちにとって欠かせない年中行事のようなものとして、今でも盛大に開催されている。カトリック教の儀式の裏にファシズム特有の宗教観が現れ、ムッソリーニはイタリア民族精神の具現として祀られている。

反面、国を破滅に追い込んだ暴君として彼を非難し、憎悪の対象とする人々も少なくなかった。戦後約三十年間、これはいわゆるネオ・ファシストを除くほとんどの政治勢力と知識人の共通の見解であった。しかし、一般民衆の間では、ムッソリーニに対する反感はそれほどではなかった。イタリア人は相変わらず、ファシズムとムッソリーニを区別し、戦争さえしなければよい為政者であったと考えていた。ともあれ、評価を別にして、彼に対する関心は旺盛であった。出版界でムッソリーニは大事な存在になった。彼に関する本はたくさん出たし、新聞・雑誌でも、非難したり、ほめたり、スキャンダルをあばいたり、逸話を紹介したりと、彼に関する話題は絶えなかった。この現象は今でも続いている。

冷静な評価のためには、内戦の後遺症が癒えるのを待たなければならなかった。ローマ大学のレンツォ・デ・フェリーチェ教授の『ムッソリーニ伝記』の第四巻の評価について一九七〇年代後半に展開されたいわゆる「ファシズム論争」は、イタリアの戦後精神史のなかでも重要な節目であった。学界だけではなく、言論界と政界も巻き込んだこの大きな国民的討論の結果、ファシズムに関するタブーが解かれ、歴史的事実に基づいた冷静な評価への道が拓かれた。それでもムッソリーニの評価に関する対立は残ったが、それほど激しくなくなってきた。ムッソリーニの生誕百周年に当たった一九八三年には、イタリア全土で研究会を中心として記念事業が行われた。主催はファシスト党の伝統を継いだ「イタリア社会運動」であったが、参加者の思想的な位置は多様であった。特に注目すべきことに、行事は各地で穏やかな雰囲気のなかで行われ、反対のデモは一切なかった。そのたった五年前には、なかなか想像できないことであった。この変化はムッソリーニのイメージの改善をもたらした。

一九九〇年代はムッソリーニとイタリア・ファシズムの見直しの時代であったが、二〇〇〇年代に入ると雰囲気は徐々に変わり、ムッソリーニはマス・メディアと教育の場で悪玉にされるようになった。特に彼を責めたのはユダヤ人を差別した人種保護法である。二〇一〇年代にこの風潮がさらに厳しくなり、例えば、ずっと穏やかに開催された追悼ミサを禁止する動きも見えてきた。国民の政治不信と所謂ポピュリズムの台頭の時代に起きているムッソリーニ叩きの現象は、彼の存在が危険視されていることを示している。死亡から七十年以上経ている今日、ムッソリーニはほとんどのイタリア人にとって過去の人物となったが、にもかかわらずあらゆる世論調査の結果、彼はもっとも注目されている歴史的人物の一人である。しかも、彼に対して好感をもっている人も少なくない。

この根強い人気の理由は何であろうか。大衆心理学の専門家によると、イタリア人の歴史的記憶のなかに、ムッソリーニの時代は社会が安定し、国家機構が順調に機能していた明るい時代として残っているという。ムッソリーニは社会と政治をうまく総括した常識のあるロマーニャ人として理解されている。現状に不満をもち、今の政治家を信用しないイタリア人にとって、ムッソリーニは憧れの対象になっているという。この解釈には説得力はあるが、ムッソリーニの人気の理由をすべて説明し尽くすには至っていない。国民の深層心理に働きかけるより根本的な理由がある。まず、人生のロマンである。社会の低い地位から自分の力で出世し、天下を取り、側近に裏切られて失脚し、恋人とともに殺されたという激動の生涯は、民族的英雄の伝説の筋書きである。しかも、ムッソリーニの死は神話の哀れなる主人公の最期のロマン的な要素のほかに、イタリア人の道徳観に訴える側面もある。自分たちは《風見鶏》であるという意識をもっているイタリア人は、死をもって自分の行動を徹底した人物として密かにムッソリーニを尊敬している。

実際、イタリア人の国民としての精神史を、ムッソリーニ抜きに語ることは不可能である。彼はイタリア史において、一時的にせよ、国民全体を指導し、国民全体から支持を得た最初で最後の人物であった。例えば、大きな人気を得たガリバルディをはじめとして、イタリア統一闘争時代のリソルジメントの指導者たちもその立場を獲得できなかった。リソルジメント運動は一部のイタリア人に限られた現象であり、国民意識を形成するには至らなかった。ガリバルディ神話も後に、とりわけファシスト政権の時代に作られたものである。大体、大衆は国家統一闘争に対して無関心、あるいは反対であった。リソルジメントから生まれた新しい国家に対する国民の不信感はムッソリーニ人気の遠因の一つである。彼が『我が従軍日記』で指摘したように、国民としての連帯意識が生まれたのは、第一次世界大戦の塹壕のなかであった。あの戦争が育てた新しい世代は、イタリア人がかかえていた二流民族という劣等感を払拭し、戦勝から得た大きな自信をもって将来に臨もうとしたときに、ムッソリーニを代弁者・指導者として仰いだのである。

このような人物の出現は奇跡的なこととして受け止められ、彼は「神の摂理により送られた」人間とさえ見なされるようになった。実際、カトリック教会との和解協定の締結を歓迎する演説で、教皇ピウス十一世はムッソリーニを「神の摂理が私に会わせて下さった人物」であると言い切っている。彼はムッソリーニがいなかったら国家と教会との間の和解が成立しなかったと言ったが、この言葉はカトリック信者のなかでムッソリーニの人気を向上させる宣伝の種として巧みに利用された。その結果、彼が神の摂理によりイタリアに送られた人物であるという認識は一時、大衆のなかに広まったのである。

例えば、エチオピア戦争での勝利のあと、あるヴァチカンの外交官は「ムッソリーニの相次ぐ成功を見ると、彼がまさに神の摂理により送られた人物である確信を得た」と日記で記し、この国民感情を素直に表現した。ちなみに、この外交官は戦後、ヨハネス二十三世として教皇となり、二十世紀の偉大な教皇としての評価を得た。やはり、多くのイタリア人にとって、ムッソリーニは《ついに》神の摂理により送られた、永年期待されていた人物であった。《ついに》という言葉を重視したい。民族的英雄の出現は、昔からイタリア人が深層心理に育んでいた期待であった。

ダンテの『神曲』の冒頭は幽玄で難解である。ダンテは、十二世紀の予言者ヨアキム・ダ・フィオレの影響を受けて、自分の体験やイタリアの事情について比喩的に述べている。この記述のなかで、雌狼を追い出す「ヴェルトロ」(猟犬)という存在に注意したい。

これ（雌狼）と婚する獣はおほく
また猟犬の来てこれを憂ひのうちに
死なしめるまで、尚ほ数が多からう。
この猟犬の糧は土や錫蠟にあらず
知と愛と徳にして、その国（正確には「出自」：ヴルピッタ注）は
フェルトゥロとフェルトゥロの間であらう。
処女カミーラ、エウリアロとトゥルノ
またニソが傷をうけて身を殉ぜし
低き伊太利亜の彼は救済となるであらう。（中山昌樹訳）

雌狼に譬えられたローマ教会の頽廃を嘆いたヨアキム・ダ・フィオレの予言では、ヴェルトロは教会を元の廉潔さに戻らせる人物とされたが、ダンテの解釈では、ヴェルトロはイタリアを中心として帝国を復活させる賢明な皇帝である。ヴェルトロの寓話は早くから『神曲』の読者を魅了し、イタリア民族を昔の栄光へ導く英雄がいつの日か出現するだろうという期待を生み出した。何人もの歴史的人物が一時ヴェルトロとして仰がれたが、この期待はいつも裏切られた。

したがって、ムッソリーニが現れたとき、彼をヴェルトロの体現として見なすことは自

然の帰結であった。ちなみに、ダンテの記述の一般的解釈で、ヴェルトロは、ロマーニャ地方（一説、乏しい家族）の出自で、富を追求せず私利私欲のない「知と愛と徳」に恵まれた人物とされたので、この予言はムッソリーニに適合すると思われた。ファシスト党はムッソリーニ人気を向上させるため、巧みにヴェルトロの寓話を利用したが、それは単なるデマではなかった。それを素直に信じていた人々は多かった。ファシスト党のもっとも優れた知識人とされているボッタイが、第二次大戦後述べたように、「ムッソリーニの周辺にいた人々は彼がヴェルトロであることを疑わなかった」と言っている。

とりわけ、ジェンティーレはさらに進んでヴェルトロが民族の精神であると信じ、ムッソリーニがこの精神の体現者であると信じていた。ムッソリーニに対する彼の私欲のない忠誠心はこのような宗教的信仰に近い確信に支えられたのであった。ジェンティーレの発想は、民族という抽象的な観念を特定の生身の人物として具体化しようという、大衆の深層心理に宿る欲求を、哲学的な形で表現したものであるといえよう。ムッソリーニの神話は、彼の個人としてのカリスマを越えて、この欲求から生まれたものである。その故に、イタリア人にとって、ムッソリーニは無関心ではいられない人物なのである。

デ・フェリーチェの『ムッソリーニ伝記』の後を追ってイタリアで盛んになったムッソリーニ研究の重要なテーマは彼と国民の関係、つまりムッソリーニ神話の謎である。ナポリ大学のアウレリオ・レプレ教授は『イタリア人としてのムッソリーニ』でイタリア人の性格と感情を代表することに、彼の人気の根本的な理由を求めている。この説に共鳴する人は多い。レプレの著書はロレート広場の惨事で終わるが、著者は群衆の蛮行はムッソリーニがもたらした多くの災難に対する報いであったと主張しつつも、左記のコメントで結んでいる。

死体に容赦なく暴力を働く群衆には、かつて威圧的だったイメージを卑しめ、かつて受けいれられ、称賛さえされた神話を滅却する意志もあった。この滅却においてのみ過去の完全な除去がありえる。そして、多くの人々にとって、自己免罪も。

過去の除去と自己免罪は日本人が言う《みそぎ》であろう。あるいは、イタリア国民は自分の長所と短所を具現化し、自分の夢を託した人物を卑しめることにより、民族の心理に宿る《内なる》ムッソリーニを打ち消そうとしたのである。しかし、《過去の完全な除去》は甘い自己欺瞞に過ぎない。そして、もしムッソリーニがイタリア人の深層に宿る《内なる》存在であるとすれば、簡単に打ち消し得るものではあるまい。イタリアのファシズム現象の鋭い研究によって注目されている評論家ジョルダーノ・ブルーノ・グエーリが指摘するように、「イタリア人は自分たちに似合っていた（ファシズムの）体制に情熱をもって溶け込んだ。ムッソリーニに自らの姿を重ねて彼を崇拝していた」のである。ムッソリーニも、自分をイタリア国民の代表者として自任していた。しかも、「私はファシズムを創造したのではなく、イタリア人の深層から引き出しただけである」と述べ、この一体感の認識を示したのであった。

ムッソリーニの神話には、国民としてのイタリア人のコンプレックスが見え隠れする。ローマ帝国の崩壊以来、統一国家をもった経験がないにもかかわらず、不思議にも民族の意識を形成してきた彼らの深層心理に、帝国の末裔という自負による優越感と、二流民族であるという自虐的自己認識による劣等感とが共存している。イタリア人の心理はこの二つの極の間を彷徨《さまよ》っている。ムッソリーニが提示した栄光の運命にイタリア人は心酔し、彼を民族の代表として崇拝した。

しかし、彼が示した道は険しかった。イタリア人はやがて栄光の夢から目を覚まし、安全な不名誉から彼らを追い出そうとしたムッソリーニを嫌うようにならざるを得なかった。《内なるムッソリーニ》を打ち消すとは、帝国への危険な夢を忘れ、二流民族の楽な状況に甘んじることである。生前、ムッソリーニは作家マラパルテに「イタリア人に殺されるのが自分の運命である」と言ったことがある。その時彼は恐らく、イタリア人の心理の二重性が脳裏にあったのかも知れない。そして、時にローマ人の末裔たる偉大な民族として称賛したり、時に二千年近い屈辱を経験した貧弱な国民として蔑視したりという、イタリア人に対するムッソリーニの評価の豹変も、この二重性の認識から生じたのであろう。しかし、二流国家の地位に対する挑戦への誘惑として、ムッソリーニは永くイタリア人の心理に残るだろう。もしイタリア人が民族として残るとすれば。

その死から二千年以上経った今日でも、ユリウス・カエサルの評価に関して感情的な対立は衰えていない。一方で彼はローマ共和国の自由体制を滅ぼした覇者として憎悪の対象であり、他方では帝国という偉大な理念を抱いた指導者として称賛の対象である。ムッソリーニはカエサルではなかろうが、カエサルと同じ運命を逃れることはできないであろう。歴史のなかで彼の意味を問うとすれば、個人の自由とは何か、民族共同体の運命とは何か、という根本的な問題に直面せざるを得ないからである。しかし、この問いについて誰もが納得する解答は見当たらない。

◆ムッソリーニ関連年譜

（　）内は月・日

西暦	歳	年譜	関連事項
一八八三	0	プレダッピオ村字ドヴィアで誕生(7・29)	カール・マルクス死去
一八八五	2	弟アルナルド誕生(1・11)	
一八八八	5	妹エドヴィージェ誕生(11・10)	
一八九〇	7	ドヴィアの小学校に入学したと思われる	
一八九二	9	ファエンツァのサレジオ会の寄宿小学校三年度編入(9)	
一八九四	11	フォルリンポポリの「ジョズエ・カルドゥッチ」寄宿小学校五年度編入(10)	日清戦争起こる(8)
一八九五	12	同地の「ジョズエ・カルドゥッチ」師範予備学校に入学(10)	
一八九六	13		イタリア軍、エチオピアのアドゥワで惨敗(3)
一八九八	15	同地の「ジョズエ・カルドゥッチ」師範学校に入学(10)	
一九〇〇	17		ヴィットーリオ・エマヌエーレ三

一九〇一	18	同地の市立劇場でヴェルディの追悼演説(1・28) 師範学校卒業(7・8) 教育問題専門誌に最初の記事が掲載(12・1)	世即位(7)
一九〇二	19	グアルティエリ小学校臨時教員採用(2・10) スイスへ行く(7・9) ローザンヌで浮浪者として逮捕、最初の牢獄経験(7・24) 土木労働者組合事務長として採用(8・2)	
一九〇三	20	スイスから国外追放、翌日スイスへ再入国(7・1) 母の重病のため一時帰郷(10・27)	
一九〇四	21	スイスを去る(11・14)	日露戦争起こる(2)
一九〇五	22	徴兵のため、ヴェローナで狙撃隊に入隊(1・8) 母ローザ・マルトーニが死去(2・19)	
一九〇六	23	兵役を終える(9・4) トルメッツォで小学校教師となる(11)	
一九〇七	24	フランス語検定試験に合格(11)	
一九〇八	25	オネーリア専門学校フランス語教諭(3~6) プレダッピオで農民闘争の煽動家として逮捕(7・18) 父と	

		ともにフォルリーへ移転（11・1）	
一九〇九	26	オーストリア帝国領のトレントで労働委員会事務長となり『労働者の未来』紙の編集長を兼ねる（2〜）　オーストリアから追放（9・24）	マリネッティ「未来派宣言」を発表（2）
一九一〇	27	フォルリーで週刊紙『階級闘争』を創刊、社会党支部書記長となる（1・9）　このころからラケーレ・グイディと同棲、長女エッダが誕生（9・1）　ミラノの社会党大会に参加（10・21）　父アレッサンドロが死去（11・19）	「イタリア国粋協会」設立（12）
一九一一	28	フォルリー州支部が社会党から離党（4・23）　最初の著書『社会主義者の見たトレント地方』刊行（5）　トルコとの戦争に反対する騒動の首謀者として逮捕（10・14）、懲役一年の判決	
一九一二	29	減刑により出所（3・12）、その後フォルリー支部は社会党へ復帰　レッジョ・エミーリアの社会党大会で執行部入り（7・7）　党機関紙『アヴァンティ！』の編集長となる（12・1）　ミラノへ移る（12）	
一九一三	30	初の男子普通選挙にフォルリー選挙区から出馬し落選	

		(10)『ユートピア』誌を創刊(12・1)	
一九一四	31	アンコナの社会党大会でフリーメーソン追放を決議させる(4・26)「赤い週間」の騒動を指導(6・8～12)ミラノ市会議員に当選(6・14)『アヴァンティ!』紙で社会党の全面中立路線を批判し辞職に追い込まれる(10・18)『ポポロ・ディタリア』紙創刊(11・15)、その直後社会党から追放される(11・24)「革命的行動ファショ」結成(12・1)	第一次世界大戦勃発(7) 日本、対独宣戦布告(8)
一九一五	32	最初の決闘(2・25) 兵役に召集され狙撃隊に配属(8・31) 病気のための休暇を利用してラケーレと民事結婚(12・16)	イタリア、オーストリアに宣戦布告(5)
一九一六	33	伍長に昇格(2・29) 長男ヴィットーリオ誕生(9・21)	イタリア、対独宣戦(8)
一九一七	34	擲弾筒の爆発のため重傷を負う(2・23) 軍病院で国王と対面(3・7) 除隊を命じられる(6)	米、対独宣戦(4) ロシアにソヴィエト政府樹立(11)
一九一八	35	次男ブルーノ誕生(4・22)	イタリア軍、ヴィットーリオ・ヴェネトで大勝(10)、オーストリア、イタリアに降伏、ドイツも降伏し、大戦終結(11)

一九一九	36	「戦闘ファショ」を結成(3・23) ダンヌンツィオ、フィウメを占領(9・12) 総選挙で惨敗(11・16)	ヴェルサイユ条約調印(6)
一九二〇	37	ミラノで「戦闘ファショ」第二回大会(5・24) 飛行機操縦の練習始める(7) ラパロ条約の調印を支持しダンヌンツィオと決裂(11) ダンヌンツィオ、フィウメから撤退(12)	国際連盟発足(1)
一九二一	38	総選挙で衆議院に当選(5・15) 社会党と和解協定を結ぶ(8・2) ローマで「戦闘ファショ」第三回大会、「国民ファシスト党」結成(11・7〜9)	リヴォルノの大会で社会党分裂、左派が共産党結成(1) ヒトラー、ナチス党首となる(7)
一九二二	39	ローマ進軍(10・28) 国王から総理大臣に任命される(10・30) 衆院、大多数で新内閣を信任(11・17)	スターリン、ソ連共産党書記長に就任(4)
一九二三	40	衆院、新選挙法を決定(7) イタリア軍、コルフ島に上陸(8・31)	ヒトラー、ミュンヘンでクーデターを起こす(11)
一九二四	41	ユーゴと友好条約締結、フィウメ問題が解決(1) ソ連と通商条約を締結(2) 総選挙で与党連合が絶対多数を獲得(4・6) 社会党書記長マッテオッティが殺される(6・10)	
一九二五	42	衆院での強気の演説で独裁政権を宣言(1・3) ザニ	

		ボーニによる暗殺未遂事件(11・4) ラケーレとの宗教結婚(11・28)	
一九二六	43	労働組合法を制定(3・11) 第二暗殺未遂事件(4・7)、九、十月にも狙撃される	
一九二七	44	国家保護特別裁判所を設立(2・11) 労働憲章を発布(4・21) 三男ロマノ誕生(9・26)	
一九二八	45	英語での『自叙伝』刊行(11)	日本で治安維持法改正、死刑・無期刑を追加(6)
一九二九	46	教皇庁と和解(2・11) 国民投票で単一党の名簿が大多数で承認(3・24) 次女アンナ・マリアが誕生(9・3) 家族とトルローニャ荘に移転(11・15) ポンティーネ湿原の干拓を開始(11・23)	
一九三〇	47	長女エッダ、ガレアッツォ・チャーノと結婚(4・24)	独総選挙でナチス党百七議席に躍進(9)
一九三一	48	弟アルナルドが死去(12・21)	満州事変勃発(9)
一九三二	49	新都市リットーリア誕生(12・18)	上海事変勃発(1) 五・一五事件起こる(5・15)
一九三三	50	ファシスト党、政権獲得十周年の記念行事としてバル	ヒトラー政権誕生(1) 日本、国

		ボ率いる飛行機団が大西洋横断	際連盟脱退(3)　独、国際連盟脱退(10)
一九三四	51	協調組合法を制定(2・5)　ヒトラーとの最初の会談(6・14〜15)	ヒトラー、ナチス党内の反対派粛清(6)　オーストリア国内でナチス蜂起しドルフス首相を暗殺(7)
一九三五	52	エチオピアとの開戦を宣言(10・2)	日・伊間のラジオ交換放送成功(2)　仏人民戦線結成(7)
一九三六	53	エチオピアでの戦勝(5・5)　帝国創立を宣言(5・9)	二・二六事件(2・26)　スペイン内戦始まる(7)　日独防共協定締結(11)
一九三七	54	ドイツへの公式訪問(9・25〜29)　日独防共協定に参加(11・6)　国際連盟を脱退(12・11)	盧溝橋事件で日中戦争勃発(7)
一九三八	55	ヒトラーがイタリアを訪問(5・3〜9)　ミュンヘン会談(9・29〜30)　人種保護法を制定(11・10)	独、オーストリアを併合(3)
一九三九	56	衆議院が廃止され、その代わりに「ファシスト党及び協調組合議会」が設置される(3・11)　アルバニアを併合(4・7)　戦争回避のための緊急首脳会議の開催を試みる(8・31)	ノモンハン事件(5)　独ソ不可侵条約調印(8)　独軍、ポーランドに進攻、第二次世界大戦勃発(9)

一九四〇	57	イギリス・フランスに宣戦布告(6・10)　バルボ戦死(6・28)　ギリシャに宣戦(10・28)　バドリオ、統合参謀本部長を辞職(11・26)	日本、仏領インドシナに進駐(9)
一九四一	58	フランコと会談(2・12)　次男ブルーノ、飛行機事故で死去(8・7)　ヒトラーとロシア戦線を視察(8・24〜28)　アメリカに宣戦布告(12・11)	日ソ中立条約調印(4)　日本、米・英に宣戦布告(12)
一九四二	59	北アフリカ戦線を視察(6・29〜7・20)　国会での最後の演説を行う(12・2)	ミッドウェー海戦で日本軍大敗(6)　米軍、北アフリカに上陸(11)
一九四三	60	フェルトレでヒトラーと会談(7・19)　国王から解任・逮捕されバドリオ政権成立(7・25)　スコルツェニーによる救出(9・12)　ファシスト党を「共和ファシスト党」として再構成(9・15)　ガルダ湖畔のガルニャーノへ移る(10・8)　バドリオ政権、ドイツに宣戦布告(10・13)　共和ファシスト党のヴェローナ大会(11・14)	独軍、スターリングラードで敗北(2)　枢軸軍、北アフリカで敗北(5)　連合軍シチリア島上陸(7)
一九四四	61	労働者の経営参加の法規が決定(2・12)　ジェンティーレ殺害される(4・15)　ヒトラーと会談(4・22〜23)　ドイツで訓練中のサン・マルコ師団を視察(4・24)	連合軍、ローマ南方のアンツィオに上陸(1)　連合軍ローマ入城(6)　ヒトラー暗殺未遂事件(7)

		ヒトラーとの最後の会談（7・20） ミラノのリリコ劇場で演説（12・16）	
一九四五		アペニン山脈の戦線を視察（1・25〜26） ダンヌンツィオ死去七周年の記念演説（3・1） ミラノへ移る（4・17） ミラノを去る（4・25） ドンゴで逮捕される（4・27） ペタッチとともにジュリーノ・ディ・メッゼグラで殺害され（4・27）、翌日ミラノのロレート広場に晒される。その後ミラノのムソッコ墓地に埋葬される	ヒトラー自殺（4） 在伊独軍降伏（4）、独、連合国へ無条件降伏（5） 日本、ポツダム宣言を受諾して降伏（8） 国際連合成立（10）
一九四六		遺体、ネオ・ファシスト分子により奪還される（4・23） 遺体、警察から接収され、秘密の場所に保管される（8・12）	ウンベルト二世即位（5） イタリア共和国を宣言（6）
一九五七		遺体、遺族に返還される（8・30）	
一九六六		アメリカ政府が保管した脳の一部が遺族に返還される（3・25）	

参考文献

ベニート・ムッソリーニ著、栗田三吾訳『新政治の開始——自一九二二年十月二十八日至一九二三年十二月二十三日』〈ムッソリーニ全集〉第三巻　日本評論社　一九三五年
ベニート・ムッソリーニ著、村松正俊訳『ファシズモ原理——自一九三二年至一九三三年』〈ムッソリーニ全集〉第九巻　日本評論社　一九三五年
ベニート・ムッソリーニ著、下位春吉訳『世界新秩序への胎動』〈ムッソリーニ全集〉第八巻　改造社　一九四一年
ベニート・ムッソリーニ著、下位春吉編『我が塹壕日記・其他』〈ムッソリーニ全集〉第九巻　改造社　一九四一年
ベニート・ムッソリーニ著、木村毅編『わが自叙傳』〈ムッソリーニ全集〉第十巻　改造社　一九四一年
ベニート・ムッソリーニ著、中村恒夫訳『自己を語る』中央公論社　一九三三年
ローラ・フェルミ著、柴田敏夫訳『ムッソリーニ』紀伊國屋書店　一九六七年
長沼博明著『ファシズム革命』現代思潮社　一九七二年
レンツォ・デ・フェリーチェ著、藤沢道郎・本川誠二訳『ファシズム論』平凡社選書　一九七三年
ルッジェロ・ザングランディ著、上村忠男訳『長い旅——ファシズムと永続革命の世代』サイマル出版会　一九七三年

ベニート・ムッソリーニ著、永淵一郎訳『甦るファシズム――ムッソリーニの語録と素顔』経済往来社　一九七四年
ポール・ギショネ著、長谷川公昭訳『ムッソリーニとファシズム』〈文庫クセジュ〉白水社　一九七四年
レンツォ・デ・フェリーチェ、マイケル・アーサー・レディーン著、西川知一・村上信一郎訳『ファシズムを語る』ミネルヴァ書房　一九七九年
ラケーレ・ムッソリーニ、アルベール・ザルカ著、谷亀利一訳『素顔の独裁者――わが夫ムッソリーニ』角川書店　一九八〇年
松永伍一著『ムッソリーニの脳』アディン書房　一九八〇年
田之倉稔著『イタリアのアヴァン・ギャルド――未来派からピランデルロへ』白水社　一九八一年
『ユリイカ』第十六巻十一号（特集・ファシズムの美学）青土社　一九八四年十一月
ファシズム研究会編『戦士の革命・生産者の国家――イタリア・ファシズム』太陽出版　一九八五年
ロベルト・ジェルヴァーゾ著、千種堅訳『私は愛に死ぬ――ムッソリーニと恋人クラレッタ』新潮社　一九八四年
藤沢道郎著『ファシズムの誕生――ムッソリーニのローマ進軍』中央公論社　一九八七年
マクス・ガロ著、木村裕主訳『ムッソリーニの時代』文藝春秋　一九八七年
村上信一郎著『権威と服従――カトリック政党とファシズム』名古屋大学出版会　一九八九年
ヴィクトリア・デ・グラツィア著、豊下楢彦ほか訳『柔らかいファシズム――イタリア・ファシズムと余暇の組織化』有斐閣選書　一九八九年
田之倉稔著『ファシストを演じた人びと』青土社　一九九〇年

河野穣著『ファシズム下金属機械産業の労使関係』(上・下) 第一書林 一九九一年
B・パルミーロ・ボスケージ著、下村清訳『イタリア敗戦記――二つのイタリアとレジスタンス』新評論 一九九二年
B・パルミーロ・ボスケージ著、下村清訳『ムッソリーニの戦い――第二次世界大戦』新評論 一九九三年
ジャンニ・トニオロ著、浅井良夫、C・モルテーニ訳『イタリア・ファシズム経済』名古屋大学出版会 一九九三年
ノルベルト・ボッビオ著、馬場康雄、押場靖志訳『イタリア・イデオロギー』未來社 一九九三年
石田憲著『地中海新ローマ帝国への道――ファシスト・イタリアの対外政策1935―39』東京大学出版会 一九九四年
大森実著『ムッソリーニ――悲劇の総統』講談社文庫 一九九四年
木村裕主著『ムッソリーニ――ファシズム序説』清水書院 一九九六年
ジャン・フランコ・ヴェネ著、柴野均訳『ファシズム体制下のイタリア人の暮らし』白水社 一九九六年
アドルフ・ヒトラー、ベニート・ムッソリーニ著、大久保昭男訳、アンドレ・フランソワ＝ポンセ解説『ヒトラー＝ムッソリーニ秘密往復書簡』草思社 一九九六年
高橋進著『イタリア・ファシズム体制の思想と構造』法律文化社 一九九七年
藤澤房俊著『大理石の祖国――近代イタリアの国民形成』筑摩書房 一九九七年
ウンベルト・エーコ著、和田忠彦訳『永遠のファシズム』岩波書店 一九九八年
伊東章著『ムッソリーニ夜話――二十世紀を造り損ねた男の素顔』日本図書刊行会 一九九八年

アンジェロ・デル・ボカ編著、高橋武智日本語版監修、関口英子ほか訳『ムッソリーニの毒ガス――植民地戦争におけるイタリアの化学戦』大月書店　二〇〇〇年
田之倉稔著『ファシズムと文化』山川出版社　二〇〇四年
山口定著『ファシズム』岩波現代文庫　二〇〇六年
山崎充彦「イタリア・ファシズム、その日本における受容と表現形態」、関静雄編著『「大正」再考』所収、ミネルヴァ書房　二〇〇七年
パオロ・ニコローゾ著、桑木野幸司訳『建築家ムッソリーニ――独裁者が夢見たファシズムの都市』白水社　二〇一〇年
ニコラス・ファレル著、柴野均訳『ムッソリーニ』（上・下）、白水社、二〇一一年
木村裕主著『ムッソリーニの処刑』講談社文庫、二〇一五年
木村裕主著『ムッソリーニを逮捕せよ』講談社文庫、二〇一五年
W・シヴェルブシュ著、小野清美・原田一美訳『三つの新体制――ファシズム、ナチズム、ニューディール』名古屋大学出版会、二〇一五年
藤澤房俊著『ムッソリーニの子どもたち――近現代イタリアの少国民形成』ミネルヴァ書房　二〇一六年

＊

ALESSI, Rino, *Il giovane Mussolini*, Le Edizioni del Borghese, Milano, 1970
BOCCA, Giorgio, *Mussolini socialfascista*, Garzanti, Milano, 1983
DE BEGNAC, Ivon, *Vita di Mussolini*, 3 vols, Mondadori, Milano, 1936–1939

DE BEGNAC, Yvon, *Taccuini mussoliniani*, Il Mulino, Bologna, 1990
DE FELICE, Renzo, *Mussolini*, 8 vols, Einaudi, Torino, 1970–1997
DE FELICE, Renzo & Luigi Goglia, *Mussolini, il mito*, Laterza, Roma-Bari, 1983
ERRA, Enzo, *Le radici del fascismo*, Settimo Sigillo, Roma, 1998
GATTA, Bruno, *Mussolini*, Rusconi, Milano, 1988
GUERRI, Giordano Bruno, *Fascisti*, Mondadori, Milano, 1995
LEPRE, Aurelio, *Mussolini l'italiano*, Mondadori, Milano, 1995
MUSSOLINI, Benito, *Scritti e discorsi*, 12 vols, Hoepli, Milano, 1933–1939
MUSSOLINI, Benito, *Opera Omnia*, 37 vols, La Fenice, Firenze, 1951–1963
MUSSOLINI, Edvige, *Mio fratello Benito*, La Fenice, Firenze, 1957
MUSSOLINI, Rachele, *Benito il mio uomo*, Mondadori, Verona, 1958
MUSSOLINI, Vittorio, *Mussolini e gli uomini del suo tempo*, 1977
PINI, Giorgio & Duilio SUSMEL, *Mussolini, l'uomo e l'opera*, 4 vols, La Fenice, Firenze, 1953–1955
PISANÒ, Giorgio, *Gli ultimi cinque secondi di Mussolini*, Il Saggiatore, Milano, 1996
ROMANO, Sergio, *Mussolini*, Longanesi, Milano, 2000
SARFATTI, Margherita, *DUX*, Mondadori, Milano, 1926
TRIPODI, Nino, *Il fascismo secondo Mussolini*, 1978
ZANELLA, Alessandro, *L'ora di Dongo*, Rusconi, Milano, 1993

*

DEAKIN, Frederick William, *The brutal friendship: Mussolini, Hitler and the fall of Italian Fascism*, Weidenfeld & Nicolson, London, 1962

GREGOR, A. James, *Young Mussolini and the Intellectual Origins of Fascism*, University of California Press, Berkeley, 1979

JOES, Anthony James, *Mussolini*, Franklin Watts, New York, 1980

KIRKPATRICK, Ivone, *Mussolini: Study of a Demagogue*, Odhams, London, 1964

LYTTELTON, Adrian, *The Seizure of Power: Fascism in Italy, 1919–1929*, Weidenfeld & Nicolson, London, 1973

MACK SMITH, Denis, *Mussolini*, Weidenfeld & Nicolson, London, 1981

MEGARO, Gaudens, *Mussolini in the Making*, H. Mifflin, Boston & New York, 1938

MILZA, Pierre, *Mussolini*, Fayard, Paris, 1999

RIDLEY, Jasper, *Mussolini*, Constable, London, 1997

STERNHELL, Zeev, *Naissance de l'idéologie fasciste*, Fayard, Paris, 1989

後記

歴史家ではない私が、諸家の叱責を蒙る覚悟でベニート・ムッソリーニの伝記という煩多な課題に敢えて挑戦したのは、なぜであろうか。実は日本での三十余年にわたる私の生活がそうさせたと言えるのである。私は大かたの日本人が、教養のある人々も含めて、ムッソリーニに関する知識が乏しいことを、何度も痛感した。それは冷笑を誘うステレオタイプに過ぎないし、ムッソリーニを軽視する姿勢の裏に、日本人のイタリアそのものに対する評価の低さを感じたものである。現在、イタリアは確かに日本で人気の国であることは間違いない。しかしながら、そのイタリアのイメージは、地中海料理やブランド物やデザインや美術やオペラやセリエAやスポーツカーなどである。総じて言うと《甘い生活》に関わるものである。けれども、ひょっとすると働き蟻の日本人は、遊び好きなキリギリスのイタリア人を羨ましがりながらも、心の底では蔑視しているのかも知れない。

ともあれ、あの《甘い生活》の裏にある、統一国家になってから約一世紀半の間、イタリア民族が経験した激動の歴史について、ほとんどの日本人は知るところがない。ムッソリーニはある意味で、この希望と挫折の歴史を象徴しているのである。彼の大いなるドラマの背景には、イタリア国民の大いなる季節がある。そのことを私は、日本人に知ってもらいたかった。とりわけ、絶望のなかにあって多くのイタリア人が、思想の正否を別にしても、どのように自分の志を貫いたかを。そのためにこそ私は、日本では余り知られることのないイタリア最新の研究成果を踏まえて、独断的ではあるかもしれないが、これまでのステレオタイプとは異なったムッソリーニのイメージを紹介することにしたのである。

今年イタリアでは、「ベニート・ムッソリーニとともに第三ミレニアムへ」という二〇〇〇年のカレンダーが、八十万部というカレンダーとしてはトップのベストセラーになった。新しいミレニアムを迎えるイタリア人にとって、ムッソリーニはいまだに不思議な魅力を発揮しているのだが、その根底には民族の歴史への深い認識があるのではなかろうか。勝者の論理をもって歴史を判断しがちな日本人に、この事実についてよく考えてもらいたい。

私事であるが、私は五歳のとき母に連れられてガルダ湖畔のあのオルソリーネ荘の質素な書斎にムッソリーニを訪ねたことがある。子細はほとんど記憶に残っていないが、母の話によると、椅子によじ登ろうとして、お叱りを受けたそうである。別れ際に、母はサイン入りの写真を求めると、ムッソリーニは無愛想に「それをどうするつもりですか。いつか窓から投げ捨てるのでしょう」と反問した。バドリオのクーデター後、イタリアの町の路面は投げ捨てられたムッソリーニの写真でいっぱいだったが、ドゥーチェに対する敬愛の念からガルダ湖にたどり着いた母が、そんなことをするはずはなかった。このように犠牲者ぶることは、ムッソリーニの暗い側面であった。しかし母は彼の言葉をまともに受けて、「私たちの世代は過ちを犯した」と認め、「しかし次の世代に責任はありません。写真を息子に与えてください」と付け加えた。その言葉にムッソリーニは気が晴れ、私をだきかかえて写真をくれたのである。この写真は戦後の混乱を乗り越えて、今でも私の書斎に飾られている。私は彼がだきかかえた何千人の子供の一人に過ぎないが、彼が思いを寄せた日本で、私がいつの日かムッソリーニの伝記を著すだろうことを知っていたら、きっと喜んだに違いないと考えたい。

本書執筆のためにかかった長い年月に思いを馳せると、多くの友人に励まされ、指導をいただいたのは誠に有り難いことである。特に私の口述を筆記し、最初の書き下ろしを整理して下さった國學院大学・日本文化研究所の共同研究員である菅浩二、読者の観点から貴重なアドヴァイスを与えて下さった京都の高橋智太郎の両君には心からお礼を述べたい。二人とも逸材で得難い友人である。また、この著書が日の目を見たのは、中央公論新社の平林孝氏の並々ならぬご尽力のおかげである。彼には編集上の形式と内容にわたって指導をいただき、私の拙い日本語を矯正して貰っただけではなく、彼の信頼を得たことで、私は自分なりのムッソリーニを綴ることができた。しかも自分の力を超えた仕事の苦しさによる失望から、これを投げだそうと思ったとき、平林氏は偽らぬ友情をもって私を何度も支えてくれた。彼には、何よりも私を心強くさせてくれたことに感謝したいのである。

二〇〇〇年十一月

ロマノ・ヴルピッタ

ちくま学芸文庫版後記

今年の初め、ちくま学芸文庫で拙著を出す提案があった時、よい意味で驚いた。そして、私のささやかな仕事が評価されたと感じた。実際、この時点での出版は時を得たと思う。欧米での所謂ポピュリズムと右翼政党の台頭の現象はファシズムの復活として捉えられ、日本でも二十世紀の独裁者に対する興味が醸成されている。したがって、ムッソリーニの「再考」のためにふさわしい時である。

拙著が中央公論新社から出版されてからの十数年間は深刻な変化の時代だった。身近では、中公叢書版の担当編集者の平林孝氏は不帰の人となり、私は貴重な友人を失った。当時、國學院大学の研究員だった菅浩二氏は准教授になり、京都の高橋智太郎氏は教育・芸術分野で活動をし、私に貴重なアドバイスを与えて下さっている。視野を広げると、日本やイタリアは大きく変わり、しかも世界全体が行き詰まってしまった感もある。

ムッソリーニが政権獲得への道を歩みだしたのは一九一九年で、ほぼ百年前だった。当時のイタリアの状態は現在の先進国のそれに類似している。一言で言うと、「内憂外患」である。従来の社会の崩壊、経済の停滞、不安定な国際関係。そして、この問題に積極的に取り組まない政治家に対する国民の不満。しかも、ほとんどの国で従来の政党は求心力を失い、脱思想、脱政治の時代となった。この精神的環境の中、個人は動機を失い、社会も生命力を失ってしまった。この現象を富める社会の病理として片付けられるだろうか。或いは、これは歴史の当然の成り行きであるという安易な結論に甘んじてよいだろうか。

一九九〇年代の初頭、ソ連の崩壊の後、フランシス・フクヤマはあの力作で「歴史の終焉」を告げた。二十世紀を特徴付けた自由主義対全体主義・市場経済対管理経済の対決は、前者の決定的な勝利で終わり、これから自由主義・市場経済体制に挑戦できる相手がなく、この体制が永遠に継続するだろうという主張であった。しかし、フクヤマの主張が発表されてから間もなく事実によって否定されてしまった。イスラム原理主義を始めに、自由主義・市場経済体制に挑戦する勢力は台頭し、現秩序を脅かしている。しかし、思考の面での「歴史の停止」の意味で解釈すれば、歴史の終焉説に一理を認めざるを得ない。現代人が歴史の感覚を失くしてしまったからである。歴史が民族の精神の中で生きたものではなく、過去の物語として捉えられてしまった。しかし、ファシズムの哲学者とされているジェンティーレが指摘したように、人間の自己意識の中、過去は現在であり、将来でもある。読者諸君が、拙著を読んで、歴史とは何か、現在とは何かということについて少しでも考えるようになれば、私の微々たる努力が目的を果たすと考えたいのである。

最後に、拙著の文庫本化に当たって、多少の訂正と追加を加えた。その細かい整理など、厄介な編集作業を進めていただいた若き有能な編集者北村善洋氏にお礼を申し上げます。

15-16, 37-39, 44-53, 57, 60-61, 75, 239-240, 243-244, 247
ムッソリーニ，アンナ・マリア 244-245, 336, 379, 398
ムッソリーニ，ヴィットーリオ 226, 245, 247, 279, 281, 292, 305, 307, 320, 336, 342, 366, 369, 377, 381, 398
ムッソリーニ，エッダ 245, 248, 268, 357, 359, 398
ムッソリーニ，エドヴィージェ 39, 53, 55, 236, 238, 241, 279, 368, 400
ムッソリーニ，ブルーノ 245, 247, 302-305, 336, 398
ムッソリーニ，ベニート・アルビノ 259-260
ムッソリーニ，ラケーレ 32, 100, 132, 177, 179, 191, 228, 237-250, 252, 255-256, 259-260, 279-280, 302, 304, 321, 323, 325, 335-336, 341-342, 345, 359-360, 369, 374, 379, 398, 400
ムッソリーニ，ロマノ 245, 336, 379, 398
メッテルニヒ，クレメンス・フォン 88
毛沢東 14
モーリヤック，フランソワ 12
モルガーニ，マンリオ 327
モレッティ，ミケーレ（ピエトロ） 384, 387
モレル，テオドール 344, 361

ヤ・ラ 行

保田與重郎 402
ヨハネス二十三世 407
ラファネーリ，レーダ 257, 260
ランプレーディ，アルド 387-389
リッチョッティ，ジュゼッペ 336
リッベントロップ，ヨアヒム・フォン 293
ルーズヴェルト，フランクリン 11, 278, 305, 307-308
ルートヴィッヒ，エミル 41-42, 59, 85, 87, 181, 230-232, 329
ルソー，ジャン＝ジャック 68
ルナン，エルネスト 89
ル・ボン，ギュスターヴ 25-26
レイノー，ポール 294
レーニン，ウラジーミル・イリッチ 11, 14-15, 19, 84-85, 102-103, 124, 196, 250, 252, 349, 392, 398
レーム，エルンスト 279-280
レオ十三世 50
レプレ，アウレリオ 409-410
レンシ，ジュゼッペ 79-80
レンツィ，マッテオ 10
ロッコ，アルフレード 190
ロッシ，チェーザレ 198, 205
ロンバルディ，アンナ（グイディ，アンナ） 239-240
ロンメル，エルヴィン 301, 316
ロンゴ，ルイジ 387

フェデルツォーニ，ルイジ　201, 322
フェラリン，アルトゥーロ　312
福田和也　140
フス，ヨハンネス　107
プッチーニ，ジャコモ　15, 220, 222
ブファリーニ＝グイディ，グイド　329
フランソワ＝ポンセ，アンドレ　288
ブルートゥス　329
ブルーノ，ジョルダーノ　89
プレッツォリーニ，ジュゼッペ　95, 99
フロイト，ジークムント　12, 286
ベイカー，ジョセフィン　275
ペタッチ，クララ（クラレッタ）　261-269, 283, 293, 303, 322-323, 352, 359-360, 377, 381-385, 387-391, 397, 399, 402
ペタッチ，フランチェスコ・サヴェーリオ　262, 268
ペタッチ，マルチェーロ　267, 359, 390
ペタッチ，ミリアム　359, 399
ペトラルカ，フランチェスコ　266
ベネディクト，ルース　392
ヘミングウェイ，アーネスト　135
ベリーニ・デレ・ステーレ，ピエル・ルイジ（ペドロ）　384-385, 387
ベルクソン，アンリ　14, 33, 88
ペルティーニ，サンドロ　387
ベルルスコーニ，シルヴィオ　10
ペロン，フアン・ドミンゴ　296
ボース，チャンドラ　310
ボッカ，ジョルジョ　365
ボッタイ，ジュゼッペ　159, 182, 279, 302-303, 318-319, 322, 327, 357, 409
ボッビオ，ノルベルト　147
ボルサーニ，カルロ　377-378
ボンバッチ，ニコーラ　103-104, 144, 161, 196, 226, 232, 349, 377, 390

マ 行

マキャヴェリ，ニッコロ　12, 22, 24, 210
マクシミリアン（メキシコ皇帝）　39
マスカーニ，ピエトロ　222
マッツィーニ，ジュゼッペ　14-16, 44, 47-48, 94
マッテオッティ，ジャコモ　159, 197-198, 204-205, 207-208, 227, 328, 330
マドルッツォ枢機卿　99
マラパルテ，クルツィオ　411
マリーニ軍曹　335
マリネッティ，トンマーゾ　15, 29, 122, 141, 144, 146, 148, 178, 219, 222, 257, 329, 373-374
マルクス，カール　17-19, 42, 49, 52-53, 81, 84, 120, 285
マルコーニ，グリエルモ　222
マルトーニ，ローザ　37, 39, 48
マンチーニ，ジュゼッペ　400
三島由紀夫　182
ミルザ，ピエール　10
ムーティ，エットレ　328
ムッソリーニ，アルナルド　39, 55, 57, 178, 227, 304
ムッソリーニ，アレッサンドロ

322, 357
デ・マリア（家） 385, 387-388
土井晩翠 311
トゥラーティ，フィリッポ 111
トスカニーニ，アルトゥーロ 146, 219-222
トリアッティ，パルミーロ 154, 214
ドルフス，エンゲルベルト 280
トレヴェス，クラウディオ 111, 128

ナ 行

ナヴァーラ，クイント 198, 236, 256
ナセル，ガマール＝アブドゥル 316
ナポレオン 41-42, 115, 337, 383, 398
ニーチェ，フリードリヒ 14, 18, 92-94, 102, 112, 131, 153, 254, 272, 338
ニッティ，フランチェスコ・サヴェリオ 146, 172
ネンニ，ピエトロ 106-107, 129, 232, 334

ハ 行

パヴォリーニ，アレッサンドロ 346-347, 371, 377-384, 390, 392
パウロ 49
パウンド，エズラ 11, 397, 402
バクーニン，ミハイル 39, 44-45, 49
バッティスティ，チェーザレ 96-99, 121
パドヴァーニ，アウレリオ 158-159, 167, 189, 200
バドリオ，ピエトロ 290, 298, 318-319, 323, 325-326, 330-333, 336, 339-340, 342, 345, 350, 359, 369
バブーフ，フランソワ・ノエル 67
バラバノーヴァ，アンジェリカ 84, 104, 126-127, 237, 239, 250-253, 257, 260, 285
パルティチェーラ，クラウディア 99
バルボ，イタロ 157, 165, 168, 171, 173-174, 279, 297, 364
パレート，ヴィルフレード 14-17, 80-82, 94, 153, 170
ビアンキ，ミケーレ 174
ピエトロ→モレッティ，ミケーレ
ビスマルク，オットー・フォン 62
日高信六郎 310, 323, 373-374
ビッソラーティ，レオニダ 104, 129
ヒトラー，アドルフ 9, 11, 15, 34, 132, 234, 277-282, 284, 286-289, 291-293, 297-298, 301, 304-310, 320, 323-324, 328, 330, 338-339, 342-345, 355, 357-358, 361-363, 366, 370, 376, 382
ピウス十一世 407
ピランデルロ，ルイジ 200, 222
ビルザー中尉 381
ピレーリ子爵 193
ファクタ，ルイジ 168-169, 172, 176-178
ファリナッチ，ロベルト 23, 157, 165, 189, 207, 286, 322, 328, 392
フアレス，ベニート 39
フェデリーチ，リッカルド 265, 352

コスタ，アンドレア　39, 45, 111
コッポラ，ゴッフレード　390
ゴーリキー，マキシム　12
コリドーニ，フィリッポ　112, 117
コルフォスコ，リータ　399

サ　行

サヴォナローラ，ジロラモ　22, 369
ザカリエ，ゲオルク　344, 366
サダト，アンワル　316
ザニボーニ，ティート　210, 334
サランドラ，アントニオ　129, 172, 178
サルヴェーミニ，ガエタノ　15, 187
サルファッティ，グラッシーニ・マルゲリータ　22, 236-237, 250, 252-257, 260, 268, 285, 369
ジェンティーレ，ジョヴァンニ　13, 15, 19, 21, 183-184, 199, 217-218, 222-223, 319, 347, 409
ジボルディ　23
下位春吉　311-312
シュタウフェンベルク大佐　362
シュテルンヘル，ゼエブ　13
シュペングラー，オズヴァルト　15
ジョリッティ，ジョヴァンニ　74, 117, 148-151, 161-163, 170, 172, 174, 182, 186, 203, 238
杉村陽太郎　313-314
スコルツァ，カルロ　322
スコルツェニー，オットー　338-341
スターリン，ヨシフ　214, 278, 289, 316, 349, 398
スタラーチェ，アキッレ　228-229, 391
ストラヴィンスキー，イーゴリ　12
スピノザ，バルーフ・デ　88
スペンサー，ハーバート　68
セラーティ，ジャチント・メノッテイ　84, 90, 104, 127
副島道正　313-314
ゾラ，エミール　57, 66
ゾーリ，パルミラ　58
ソレル，ジョルジュ　14, 17, 82-83, 107, 121, 153, 227, 272

タ　行

ダ・フィオレ，ヨアキム　407-408
ダラディエ，エドゥアール　288
ダルセル，イーダ　259-260
ダンテ　16, 68, 71, 89, 209-210, 407-409
ダンヌンツィオ，ガブリエーレ　11, 13, 15, 129, 137, 144-145, 150-151, 166-167, 169, 172, 174-175, 222, 311, 360, 366-367
チェンバレン，ネヴィル　288
チプリアニ，アミルカレ　39, 113
チャーチル，ウィンストン　11, 278, 289, 293, 308, 317, 331, 372-374
チャーノ，ガレアッツォ　224-225, 268, 280, 291, 299, 303, 312, 318-319, 322, 328, 357-359
チャーノ，コスタンツォ　225
チャップリン，チャールズ　10
デ・アミーチス，エドモンド　91
デ・ヴェッキ，チェーザレ・マリーア　174, 179, 322
デ・ガスペリ，アルチーデ　97
デ・ステファニ，アルベルト　184
デ・フェリーチェ，レンツォ　389, 404, 409
デ・ボーノ，エミーリオ　174, 198,

人名索引

ア行

アイゼンハワー，ドワイト・D　331
アウディジオ，ワルテル（→ヴァレーリオ）　386-389
アオスタ公爵　171, 300
アックアローネ，ピエトロ　319, 327
市川左團次（二代目）　12
ヴァレーリオ（→アウディジオ，ワルテル）　386-387, 389-390, 397, 402
ヴィットーリオ・エマヌエーレ三世　74, 132, 194, 225
ヴィットーリオ・エマヌエーレ二世　270
上田敏　311
ヴェルディ，ジュゼッペ　69
ヴェルトロ　407-409
ウンガレッティ，ジュゼッペ　396
ウンベルト（後のウンベルト二世）　225
ウンベルト一世　73
エジソン，トーマス　12
エレオノーラ・H　86, 237, 239
オイエッティ，ウゴ　28
オリヴェッティ，アンジェロ・オリヴィエーロ　83, 285

カ行

カエサル，ユリウス　10, 236, 329, 412
カサリーニ，アルマンド　204
カドルナ，ルイージ　376-377
カベーラ，ジャン・ガエタノ　375
ガリバルディ，ジュゼッペ　49, 406
カルドゥッチ，ヴァルフレード　63, 70-72
カルドゥッチ，ジョズエ　62-63, 67-68, 71, 89
ガルビアティ，エンツォ・エミーリオ　323-324
ガロ，マクス　126
ガンディー，マハトマ　11
カント，イマヌエル　68
キェディーニ（家）　240
グエーリ，ジョルダーノ・ブルーノ　410
グラツィアーニ，ロドルフォ　299, 346, 363, 371, 380
グラムシ，アントニオ　15, 110, 124, 134, 144, 161, 213-214, 222
クラレッタ→ペタッチ，クララ
グランディ，ディーノ　157, 165, 279, 318-319, 321-323, 327, 357-358
クリショーヴァ，アンナ　111, 186-187, 254
クリスピ，フランチェスコ　62, 64, 73, 75
クレオパトラ女王　236
クローチェ，ベネデット　176, 202, 222
グロンキ，ジョヴァンニ　184
ゲーリング，ヘルマン　335, 342
ゲッベルス，ヨーゼフ　343
ゲルラハ大尉　341

本書は、二〇〇〇年十二月十日、中央公論新社より中公叢書として刊行された。

言葉にのって

ジャック・デリダ
林好雄／森本和夫／本間邦雄訳

自らの生涯をたどり直しながら、現象学やマルクスとの関係、嘘、赦し、歓待などのテーマについて肉声で語った、デリダ思想の到達点。本邦初訳。

声と現象

ジャック・デリダ
林好雄訳

フッサール『論理学研究』の綿密な読解を通して、「脱構築」「痕跡」「差延」「代補」「エクリチュール」など、デリダ思想の中心的〝操作子〟を生み出す。

省察

ルネ・デカルト
山田弘明訳

徹底した懐疑の積み重ねから、確実な知識を探り世界を証明づける。哲学入門者が最初に読むべき、近代哲学の源泉たる一冊。詳細な解説付新訳。

哲学原理

ルネ・デカルト
山田弘明／吉田健太郎／久保田進一／岩佐宣明訳・注解

『省察』刊行後、その知のすべてが記された本書は、デカルト形而上学の最終形態といえる。第一部の新訳と解題・詳細な解説を付す決定版。

方法序説

ルネ・デカルト
山田弘明訳

「私は考える、ゆえに私はある」。近代以降すべての哲学は、この言葉で始まった。世界中で最も読まれている哲学書の完訳。平明な徹底解説付。

公衆とその諸問題

ジョン・デューイ
阿部齊訳

大衆社会の到来とともに公共性の成立基盤は衰退した。民主主義は再建可能か？　プラグマティズムの代表的思想家がこの難問を考究する。（宇野重規）

旧体制と大革命

A・ド・トクヴィル
小山勉訳

中央集権の確立、パリ一極集中、そして平等を自由に優先させる精神構造――フランス革命の成果は、実は旧体制の時代にすでに用意されていた。

ニーチェ

G・ドゥルーズ
湯浅博雄訳

〈力〉とは差異にこそその本質を有している――ニーチェのテキストを再解釈し、尖鋭なポスト構造主義的イメージを提出した、入門的な小論考。

ヒューム

G・ドゥルーズ／アンドレ・クレソン
合田正人訳

ロックとともにイギリス経験論の祖とあおがれる哲学者の思想を、二〇世紀に興る現象学的世界観の先どり、《生成》の哲学の嚆矢と位置づける。

カントの批判哲学
G・ドゥルーズ
國分功一郎訳
近代哲学を再構築してきたドゥルーズが、三批判書を追いつつカントの読み直しを図る。ドゥルーズ哲学が形成される契機となった一冊。新訳。

スペクタクルの社会
ギー・ドゥボール
木下誠訳
状況主義――「五月革命」の起爆剤のひとつとなった芸術＝思想運動――の理論的支柱で、最も急進的かつトータルな現代消費社会批判の書。

論理哲学入門
E・トゥーゲントハット／U・ヴォルフ
鈴木崇夫／石川求訳
論理学とは何か。またそれは言語や現実世界とどんな関係にあるのか。哲学史への確かな目配りと強靭な思索をもって解説するドイツの定評ある入門書。

ニーチェの手紙
茂木健一郎編・解説
塚越敏／眞田収一郎訳
哲学の全歴史を一新させた偉人が、思いを寄せる女性に綴った真情溢れる言葉から、手紙に残した名句まで――書簡から哲学者の真の人間像と思想に迫る。

存在と時間 上・下
M・ハイデッガー
細谷貞雄訳
哲学の根本課題、存在の問題を、現存在としての人間の時間性の視界から解明した大著。刊行時すでに哲学の古典と称された20世紀の記念碑的著作。

ドストエフスキーの詩学
ミハイル・バフチン
望月哲男／鈴木淳一訳
ドストエフスキーの画期性とは何か？《ポリフォニー論》と《カーニバル論》という、魅力にみちた二視点を提起した先駆的著作。（望月哲男）

表徴の帝国
ロラン・バルト
宗左近訳
「日本」の風物・慣習に感嘆しつつもそれらを〈零度〉に解体し、詩的素材としてエクリチュールとシーニュについての思想を展開させたエッセイ集。

エッフェル塔
ロラン・バルト
宗左近／諸田和治訳
伊藤俊治図版監修
塔によって触発される表徴を次々に展開させることで、その創造力を自在に操る、バルト独自の構造主義的思考の原形。解説・貴重図版多数併載。

エクリチュールの零度
ロラン・バルト
森本和夫／林好雄訳註
哲学・文学・言語学など、現代思想の幅広い分野に怖るべき影響を与え続けているバルトの理論的主著。詳註を付した新訳決定版。（林好雄）

映像の修辞学

ロラン・バルト
蓮實重彦／杉本紀子訳

イメージは意味の極限である。広告写真や報道写真、そして映画におけるメッセージの記号を読み解き、意味を探り、自在に語る魅惑の映像論集。

ロラン・バルト 中国旅行ノート

ロラン・バルト
桑田光平訳

一九七四年、毛沢東政権下の中国を訪れたバルトの旅行の記録。それは書かれなかった中国版「記号の国」への覚書だった。新草稿、本邦初訳。（小林康夫）

ロラン・バルト モード論集

ロラン・バルト
山田登世子編訳

エスプリの弾けるエッセイから、初期の金字塔『モードの体系』に至る記号学的モード研究まで。初期のバルトの才気が光るモード論考集。オリジナル編集・新訳。

エロスの涙

ジョルジュ・バタイユ
森本和夫訳

エロティシズムは禁忌と侵犯の中にこそあり、それは死と切り離すことができない。二百数十点の図版で構成されたバタイユの遺著。（林好雄）

呪われた部分 有用性の限界

ジョルジュ・バタイユ
中山元訳

『呪われた部分』草稿、アフォリズム、ノートなど15年にわたり書き残した断片。バタイユの思想体系の全体像と精髄を浮き彫りにする待望の新訳。

エロティシズム

ジョルジュ・バタイユ
酒井健訳

人間存在の根源的な謎を、鋭角で明晰な論理で解き明かす、バタイユ思想の核心。禁忌とは、侵犯とは何か？ 待望久しかった新訳決定版。

純然たる幸福

ジョルジュ・バタイユ
酒井健編訳

著者の思想の核心をなす重要論考20篇を収録。文庫化にあたり「クレー」「ヘーゲル弁証法の基底への批判」「シャプサルによるインタビュー」を増補。

エロティシズムの歴史

ジョルジュ・バタイユ
湯浅博雄／中地義和訳

三部作として構想された『呪われた部分』の第二部。荒々しい力〈性〉の禁忌に迫り、エロティシズムの本質を暴く、バタイユの真骨頂たる一冊。（吉本隆明）

ニーチェ覚書

ジョルジュ・バタイユ編著
酒井健訳

バタイユが独自の視点で編んだニーチェ箴言集。ニーチェを深く読み直す営みから生まれた本書には二人の思想が相響きあっている。詳細な訳者解説付き。

王の二つの身体（下）
E・H・カントーロヴィチ
小林公訳
王朝、王冠、王の威厳。権力の自己荘厳のメカニズムを冷徹に分析する中世政治神学研究の金字塔。必読の問題作。全2巻。

世界システム論講義
川北稔
近代の世界史を有機的な展開過程として捉える見方、それが〈世界システム論〉にほかならない。第一人者が豊富なトピックとともにこの理論を解説する。

裁判官と歴史家
カルロ・ギンズブルグ
上村忠男／堤康徳訳
一九七〇年代、左翼闘争の中で起きた謎の殺人事件。冤罪とも騒がれるその裁判記録の分析に著者が挑み、歴史家のとるべき態度と使命を鮮やかに示す。

中国の歴史
岸本美緒
中国とは何か。独特の道筋をたどった中国社会の変遷を、東アジアとの関係に留意して解説。初期王朝から現代に至る通史を簡明かつダイナミックに描く。

共産主義黒書〈ソ連篇〉
ステファヌ・クルトワ／ニコラ・ヴェルト
外川継男訳
史上初の共産主義国家〈ソ連〉は、大量殺人・テロル・強制収容所を統治形態にまで高めた。レーニン以来行われてきた犯罪を赤裸々に暴いた衝撃の書。

共産主義黒書〈アジア篇〉
ステファヌ・クルトワ／ジャン＝ルイ・マルゴラン
高橋武智訳
アジアの共産主義国家は抑圧政策においてソ連以上の悲惨を生んだ。中国、北朝鮮、カンボジアなどでの実態は我々に歴史の重さを突き付けてやまない。

ヨーロッパの帝国主義
アルフレッド・W・クロスビー
佐々木昭夫訳
15世紀末の新大陸発見以降、ヨーロッパ人はなぜ次々と植民地を獲得できたのか。病気や動植物に着目して帝国主義の謎を解き明かす。（川北稔）

民のモラル
近藤和彦
統治者といえど時代の約束事に従わざるをえなかった18世紀イギリス。新聞記事や裁判記録、ホーガースの風刺画などから騒擾と制裁の歴史をひもとく。

増補 大衆宣伝の神話
佐藤卓己
祝祭、漫画、シンボル、デモなど政治の視覚化は大衆の感情をどのように動員したか。ヒトラーが学んだプロパガンダを読み解く「メディア史」の出発点。

ちくま学芸文庫

ムッソリーニ　一《いち》イタリア人《じん》の物語《ものがたり》

二〇一七年八月十日　第一刷発行

著者　ロマノ・ヴルピッタ

発行者　山野浩一

発行所　株式会社　筑摩書房

東京都台東区蔵前二―五―三　〒一一一―八七五五

振替〇〇一六〇―八―四一二三

装幀者　安野光雅

印刷所　株式会社精興社

製本所　株式会社積信堂

乱丁・落丁本の場合は、左記宛にご送付下さい。
送料小社負担でお取り替えいたします。
ご注文・お問い合わせも左記へお願いします。
筑摩書房サービスセンター
埼玉県さいたま市北区櫛引町二―六〇四　〒三三一―八五〇七
電話番号　〇四八―六五一―〇〇五三

ISBN978-4-480-09807-8 C0122